Manipolazione Mentale

Manipoli o Sei Manipolato?

5 Libri in 1

Intelligenza Emotiva, Psicologia Oscura, Il Linguaggio del Corpo, Comunicazione Assertiva e Come Analizzare le Persone

Eleonora Ferrari

SOMMARIO

LIBRO I - INTELLIGENZA EMOTIVA

INTRODUZIONE

L'intelligenza emotiva si riferisce alla capacità di identificare e gestire le proprie emozioni, così come quelle degli altri.

Si dice generalmente che l'intelligenza emotiva includa almeno tre abilità: consapevolezza emotiva, o la capacità di identificare e nominare le proprie emozioni; la capacità di sfruttare quelle emozioni e applicarle a compiti come pensare e risolvere problemi; e la capacità di gestire le emozioni, che include sia la regolazione delle proprie emozioni quando necessario, sia l'aiutare gli altri a fare lo stesso.

In questo libro approfondiremo l'argomento, guardando con occhio analitico ogni sfaccettatura dell'intelligenza emotiva, delle sue potenzialità, dei benefici e dell'impatto che ha nella società odierna.

Approfondiremo l'argomento nel rispetto di ogni singola Informazione e per donare al Lettore il Giusto Punto di Vista efficiente e professionale.

Vi auguriamo una Buona Lettura!

CAPITOLO 1: COS'È L'INTELLIGENZA EMOTIVA E COME USARLA

Sono finiti i giorni in cui l'intelligenza era un punteggio di prova o un numero sulla scala del QI. Grazie alla tecnologia moderna, dalle scansioni cerebrali ai social media, si sta diffondendo l'idea che l'intelligenza sia più sfaccettata e più complessa.

Ma qual è il significato dell'intelligenza emotiva? Mentre è facile pensare che l'Intelligenza Emotiva o EQ (come viene comunemente chiamato dal termine Quoziente Emozionale) sia tutto incentrato sui sentimenti, in realtà è un'idea nata dalla ricerca psicologica e ora rafforzata dalle neuroscienze. Mentre IQ è un termine familiare, EQ si sta ancora facendo strada nel vernacolo popolare.

In poche parole, l'EQ è la consapevolezza di una persona delle proprie emozioni e la sua capacità di usare quella consapevolezza nelle situazioni della vita. Quanto bene ti capisci? E usi questa conoscenza per avere successo nel mondo che ti circonda?

Nel libro ampiamente riconosciuto Emotional Intelligence 2.0, l'EQ è definito come: "la tua capacità di riconoscere e comprendere le emozioni in te stesso e negli altri e la tua capacità di usare questa consapevolezza per gestire il tuo comportamento e le tue relazioni". Le reazioni istintive indicano una mancanza di regolazione emotiva necessaria per la gestione.

Intelligenza emotiva: perché può interessare molto più del QI

Da quando lo scienziato Edward Thorndike ha scritto per la prima volta chiamata intelligenza sociale negli anni '20 - "la capacità di comprendere e gestire uomini e donne, ragazzi e ragazze" - l'idea che l'intelligenza sia multiforme si è diffusa a macchia d'olio. Solo 70 anni dopo, Peter Salovey (Presidente della Yale University) e John Mayer (gli Einstein della teoria dell'EQ) hanno coniato il termine Intelligenza Emotiva. Negli anni '90, l'EQ è entrato nella coscienza della cultura pop grazie a un libro dello scrittore scientifico del New York Times Daniel Goleman.

Anche così, ora è ampiamente riconosciuto e accettato che l'intelligenza personale è una combinazione di EQ, QI e personalità. L'intelligenza emotiva, la capacità intellettuale e i tratti della tua personalità costituiscono il tuo marchio unico di "smart". Il motivo per cui l'intelligenza emotiva può essere vista come l'aspetto più vitale dei tre è perché, se manca, le emozioni possono dirottare il nostro cervello logico e dominare la nostra personalità in modo negativo.

I QUATTRO PILASTRI DELL'INTELLIGENZA EMOTIVA

L'intelligenza emotiva è un termine ampio. Prima di approfondire, rivisitiamo la definizione: l'EQ è la consapevolezza di una persona delle proprie emozioni e la sua capacità di usare quella consapevolezza nelle situazioni della vita. Si tratta in parte di comprendere e in parte di agire sulle emozioni.

Puoi pensare all'EQ come a una scala verso il successo e i ricercatori l'hanno suddivisa in quattro fasi principali:

- **Consapevolezza di sé**. L'EQ inizia con la comprensione di te stesso. Essere in grado di riconoscere le proprie emozioni è il primo passo e questa capacità non è così facile come potrebbe sembrare. Alcuni ricercatori separano ulteriormente I '"autoconsapevolezza" in categorie come autorealizzazione, autostima e autoconsapevolezza emotiva. Chiunque abbia assistito allo scoppio d'ira di un bambino stanco può probabilmente capire che gli esseri umani non sono necessariamente dotati di autoconsapevolezza emotiva incorporata. Ma più forte è la tua comprensione delle emozioni, più forte è il tuo EQ generale.

- **Autogestione**. Il passo successivo dopo aver riconosciuto le proprie emozioni è regolarle. In realtà ci sono alcune cose che i teorici dell'EQ dicono che devi fare prima di poter gestire con successo le tue emozioni.

1) Percepisci le tue emozioni. 2) Comprendi queste emozioni a livello tecnico. 3) Interpreta il vero significato di quelle emozioni in base al contesto. 4) Poi, finalmente, puoi gestire le tue emozioni. Autogestione significa approfondire la consapevolezza di sé. Significa affrontare ed esprimere correttamente le proprie emozioni. Le persone con forti capacità di autogestione sono fiduciose nella propria indipendenza perché comprendono sé stesse. Sono assertivi ma non prepotenti perché sanno come esprimere le emozioni in modo appropriato. E anche quando le cose vanno male, una persona con capacità di gestione emotiva ben sviluppate si calma prima di affrontare il problema o esplodere sugli altri.

- **Consapevolezza sociale**. Il terzo pilastro dell'EQ è la capacità di comprendere le emozioni e le azioni di coloro che ti circondano. Per un equalizzatore ben sviluppato, non è sufficiente essere intelligenti nella propria testa, è necessaria una profonda consapevolezza del mondo che ti circonda. Che si tratti di coscienza globale e sociale o di essere consapevoli di coloro che fanno la spesa dietro di te, la consapevolezza sociale richiede che tu sia consapevole e ti connetti in modo appropriato con il tuo ambiente. I ricercatori spesso misurano la consapevolezza sociale in base alle capacità decisionali di una persona, al senso di responsabilità sociale e alla capacità di giudicare la realtà.

- **Gestione interpersonale**. Infine, l'EQ richiede interazioni intelligenti. Una cosa essenziale che ha l'EQ che il QI non ha è una componente pratica e sociale. Per una forte gestione interpersonale, devi combinare la tua comprensione delle tue emozioni, le tue osservazioni sulle altre persone e la tua capacità di autoregolarti, oltre a rispondere agli altri con rispetto.

Una persona con un EQ elevato che eccelle nella gestione interpersonale è spesso un buon decisore e risolutore di problemi, non è impulsiva, gestisce bene lo stress, si adatta al suo ambiente, sa come stabilire dei limiti ed è altamente empatica. Queste qualità li aiutano ad essere efficaci nella comunicazione interpersonale.

L'EQ è un atto di equilibrio tra questi quattro pilastri, per non parlare degli attributi all'interno di ciascuno di essi. Come per quasi tutto, la forza in un'area non significa necessariamente forza in ogni area. Il dottor Steve Steff, consigliere di leadership Fortune 500 e fondatore di Crisis Care International, utilizza l'analogia dei muscoli umani. Ogni pilastro è come un gruppo muscolare, costituito da caratteristiche individuali che sono uniche ma lavorano insieme. Vogliamo costruire muscoli per una forza equilibrata e non lasciare che i muscoli si atrofizzino. Quindi, se una parte del tuo EQ è più bassa dell'altra, il passo successivo naturale è sviluppare le tue caratteristiche più deboli per rafforzare il gruppo muscolare generale.

IL TUO QUOZIENTE EMOTIVO (EQ) PUÒ CAMBIARE E CRESCERE

Questo ci porta alla parte migliore dell'EQ e al motivo per cui tutti, dai datori di lavoro ai neuroscienziati e agli psicologi, stanno investendo nella ricerca sull'EQ: può evolversi e cambiare, a differenza del QI.

"L'intelligenza è la tua capacità di apprendere, ed è [in gran parte] la stessa a 15 anni come a 50 anni. L'intelligenza emotiva, d'altra parte, è un insieme flessibile di abilità che possono essere acquisite e migliorate con la pratica ... Puoi sviluppare un'intelligenza emotiva elevata anche se non sei nato con essa ".

La spiegazione del perché l'EQ può svilupparsi nel tempo è radicata nel cervello. Sebbene il cervello sia estremamente complesso, allo scopo di spiegare come cambia l'EQ, prenderemo in considerazione tre parti: il midollo spinale, il sistema limbico e la corteccia frontale. L'input sensoriale di base arriva attraverso il midollo spinale e passa attraverso il sistema limbico (il "cervello emotivo") prima di arrivare alla corteccia frontale (il "cervello razionale"), dove avviene il pensiero analitico. Ciò significa che il tuo cervello di solito elabora gli input sensoriali emotivamente prima in modo analitico. Spiega anche perché l'EQ può crescere: il cervello emotivo è essenzialmente una superstrada che trasporta informazioni dal punto A al punto B, e le vie del cervello sono costituite da neuroni, che possono cambiare e crescere.

Come con l'analogia muscolare, più "alleni" il tuo cervello emotivo, più energia invii a quella parte del tuo cervello. Più energia, più neuroni costruiranno connessioni per trasportare quell'energia. Una singola cellula cerebrale può crescere fino a 15.000 connessioni! Con l'esperienza di vita - e la pratica - la mente umana può imparare ad essere emotivamente più intelligente.

EQ È LA CONSAPEVOLEZZA DI UNA PERSONA DELLE PROPRIE EMOZIONI E LA SUA CAPACITÀ DI UTILIZZARE TALE CONSAPEVOLEZZA NELLE SITUAZIONI DELLA VITA.

Nei prossimi capitoli, approfondiremo perché l'EQ è importante, come testare il tuo EQ e come svilupparlo. Quanto bene ti capisci? Usi questa conoscenza per avere successo nel mondo che ti circonda? Quanto dipende il successo lavorativo da un EQ sano? Un EQ elevato non significa necessariamente essere socievoli o emotivi, ma un EQ squilibrato può manifestarsi come problemi di rabbia, mancanza di fiducia o eccessiva sicurezza, bassa tolleranza allo stress, difficoltà a prendere decisioni, sensazione di agitazione interiore o difficoltà a entrare in empatia con gli altri.

L'intelligenza emotiva è ciò che rende il tuo marchio personale di "smart" completamente unico e quindi inestimabile.

Se ti stai chiedendo della sensibilità emotiva o di come smettere di preoccuparti e iniziare a vivere, l'intelligenza emotiva è un modo favoloso per costruire la forma fisica emotiva.

Ciò riguarda anche l'aspetto lavorativo.

Hai mai reagito al cambiamento organizzativo alzando gli occhi al cielo e dicendoti tranquillamente: "Ci risiamo"? O non dicendo così tranquillamente agli altri: "Non l'abbiamo provato prima?"?

I cambiamenti sul lavoro possono essere emotivamente intensi, suscitando confusione, paura, ansia, frustrazione e impotenza. Gli esperti hanno persino affermato che l'esperienza di affrontare un cambiamento sul lavoro può imitare quella delle persone che soffrono di dolore per la perdita di una persona cara. Poiché il cambiamento può essere così estenuante fisicamente ed emotivamente, spesso porta al burnout e mette in moto un ciclo insidioso che porta a una resistenza ancora maggiore al cambiamento.

Nessuno vuole essere un ostacolo al cambiamento, resistendo istintivamente a nuove iniziative o sforzi. Non fa bene a te, alla tua carriera o alla tua organizzazione. Migliorare la tua adattabilità, una competenza critica di intelligenza emotiva, è la chiave per rompere questo ciclo. Fortunatamente, questa è un'abilità che può essere appresa.

La prossima volta che la tua organizzazione introduce un grande cambiamento, considera queste quattro strategie di intelligenza emotiva per aiutarti ad abbracciare il cambiamento piuttosto che prepararti ad esso:

- **Individua la fonte della tua resistenza.** Comprendere le ragioni alla base della tua resistenza richiede un alto livello di autoconsapevolezza. Ad esempio, se stai resistendo perché sei preoccupato che il cambiamento ti faccia sembrare incompetente, puoi creare un piano di apprendimento per le nuove abilità di cui avrai bisogno per avere successo. Oppure, se temi che il cambiamento interferisca con la tua autonomia, puoi chiedere alle persone che guidano lo sforzo come puoi essere coinvolto nel processo. Anche se non ti piace la direzione in cui si sta muovendo l'organizzazione, essere coinvolto nell'implementazione può aiutarti a ritrovare un senso di controllo e ridurre la tua voglia di resistere.

Metti in discussione la base della tua risposta emotiva. Le nostre reazioni emotive al cambiamento spesso riflettono le nostre interpretazioni - o "storie" - che ci convinciamo della verità. In realtà, le nostre storie sono spesso inconsce e raramente in linea con la realtà. Chiediti: qual è la mia emozione principale associata a questo cambiamento? È paura, rabbia, frustrazione? Una volta identificata l'emozione, chiediti di cosa si tratta? Cosa credo sia vero che mi sta facendo arrabbiare / impaurire / frustrare? Questo tipo di domande aiuta a illuminare le storie che guidano le nostre emozioni e influenzano le nostre percezioni.

Ad esempio, un alto dirigente nel settore dei trasporti ha identificato la sua intensa reazione emotiva come rabbia. Mentre continuava a mettere in discussione le basi della sua rabbia, ha scoperto una storia di fondo: era impotente e vittima dell'imminente iniziativa di cambiamento. Con questa nuova consapevolezza è stata in grado di separare la sua reazione emotiva e la "storia" dagli eventi reali. Ciò le ha permesso di identificare diverse opzioni per assumere nuove responsabilità di leadership per un aspetto importante dell'iniziativa di cambiamento. Con queste nuove opportunità per riprendere il suo potere, la sua mentalità è passata dal pensare che i cambiamenti le stavano accadendo, a concentrarsi su come avrebbe potuto assumere un ruolo di leadership che avrebbe creato nuove opportunità sia per la sua carriera che per l'organizzazione.

- **Prendi la tua parte nella situazione**. Non è sempre facile capire il ruolo che giochiamo nel creare una situazione negativa. Una persona consapevole di sé riflette su come i propri atteggiamenti e comportamenti contribuiscono alla propria esperienza del cambiamento. Ad esempio, diciamo che hai notato te stesso diventare sempre più immediatamente teso ogni volta che senti di un nuovo cambiamento. Praticare la consapevolezza ti permetterà di esaminare i tuoi sentimenti e il modo in cui influenzano il tuo atteggiamento. Qualsiasi negatività o pessimismo avrà un impatto sul tuo comportamento, prestazioni e benessere (e non in senso positivo). Riflettendo su come la tua reazione iniziale contribuisce a una catena negativa di eventi, sarà più facile adattare il tuo atteggiamento per essere più aperto a considerare nuove prospettive, che alla fine cambieranno il modo in cui reagisci a tutto.

- **Alza la tua prospettiva positiva**: le cose possono sembrare un po' desolate quando non sei d'accordo con un nuovo cambiamento, ma gli studi dimostrano che avere una prospettiva positiva può aprirci a nuove possibilità ed essere più ricettivi al cambiamento. Porsi alcune semplici domande ti aiuterà a pensare in modo più ottimistico. Innanzitutto, chiediti dove sono le opportunità con questo cambiamento? E poi, in che modo queste opportunità aiuteranno me e gli altri?

La capacità di adattarsi rapidamente e facilmente al cambiamento è spesso un vantaggio competitivo per un leader. La prossima volta che ti senti resistere, usa i quattro approcci sopra per creare slancio ed energia psicologica per te e gli altri. Fai la scelta intenzionale non solo per abbracciare il cambiamento, ma per spingerlo positivamente in avanti.

10 CONSIGLI SULL'INTELLIGENZA EMOTIVA PER I LEADER

Eppure essa non è semplicemente un'abilità che i leader acquisiscono e mettono su uno scaffale, ma qualcosa che richiede diligenza e pratica per essere incorporata nelle interazioni quotidiane.

1. Sii il cambiamento che cerchi

Desideri un comportamento emotivamente più intelligente da parte dei tuoi team? Guarda nello specchio. I leader con EQ hanno una sorta di superpotere: danno il tono a un'organizzazione modellando ciò che desiderano promuovere, invece di reagire a eventi e circostanze. Ciò significa che [i leader] devono dedicare un po' di tempo a pensare a quali comportamenti vogliono dai loro team, pensare ai loro comportamenti e a come le loro azioni possono contribuire alla cultura dei loro luoghi di lavoro. Avranno bisogno di applicare le loro capacità di intelligenza emotiva per essere consapevoli dei propri comportamenti e applicare l'autocontrollo su quei comportamenti per impostare la temperatura [per] la loro squadra.

2. Ascolta con il tuo terzo orecchio

È facile sentire quello che qualcuno sta dicendo; ascoltare è un'altra cosa. Le persone ad alto livello di intelligenza emotiva ascoltano con il loro terzo orecchio, afferma il dottor Steven J. Stein, fondatore e presidente esecutivo di Multi-Health Systems, che sviluppa e gestisce le valutazioni del quoziente emotivo (EQ).

"Non è solo quello che qualcuno ti dice, è anche il messaggio sottostante", dice Stein. "Cosa significano veramente? Quando qualcuno dice che sta bene, per esempio, è proprio vero? O c'è dell'altro nella loro vita di cui evitano di parlare per ora? " Raccogli dati oltre a ciò che viene detto.

Inoltre, l'ascolto attivo può aiutare a colmare le lacune. Sii pienamente presente e concentrato su ciò che [l'altra persona] sta dicendo, senza pensare a una risposta.

3. Ferma i dirottamenti cerebrali: mettere in pausa

Quando l'amigdala percepisce una minaccia, prende letteralmente il controllo della corteccia prefrontale del tuo cervello.

Durante la serie di webcast Brainpower, Goleman ha esplorato come i leader possono costruire la loro capacità di intelligenza emotiva comprendendo la neuroscienza dietro le reazioni emotive negative. Quando l'amigdala percepisce una minaccia, ha spiegato Goleman, prende letteralmente il controllo della corteccia prefrontale in quello che lui definisce un "dirottamento dell'amigdala". Il risultato? Un'improvvisa reazione emotiva - rabbia, paura, disperazione - che porta a una risposta che è spesso inappropriata, sproporzionata o inefficace.

La soluzione? Quando senti che sta succedendo, fermati. Pratica un esercizio di consapevolezza. Concentrati sul tuo respiro. Fare una passeggiata. O semplicemente prenditi un momento per riconoscere la reazione. Ognuna di queste pause può servire a disattivare l'amigdala e ad energizzare la corteccia prefrontale.

4. Conosci te stesso

Una delle qualità più importanti di un leader con un'elevata intelligenza emotiva è che conosce sé stesso, soprattutto come si sente. Mentre molte persone sanno se si sentono bene o male, le persone con EQ alto sanno se sono agitate, ansiose, eccitate, paurose o nervose. Può sembrare banale, ma non lo è. Comprendendo chiaramente i tuoi sentimenti, sei in grado di gestirli meglio. Questo è stato ben documentato dalla ricerca negli ultimi 25 anni.

Ci sono una serie di situazioni in cui potresti non essere chiaro su come ti senti o i tuoi sentimenti ti stanno travolgendo. Prenditi un minuto per pensarci. Prendersi il tempo per coinvolgere la parte pensante del tuo cervello e diventare consapevole di come ti senti riguardo a una situazione particolare può aiutarti a rispondere in modo emotivamente intelligente.

5. Identifica i tuoi trigger

Cosa sai per certo ti lascerà imbarazzato o umiliato?

Non puoi prevedere la tua reazione a ogni situazione, ma ci sono alcune circostanze che sai che ti faranno pressione. Gill Hasson, coach professionale e autrice di Intelligenza emotiva: gestire le emozioni per avere un impatto positivo sulla tua vita e carriera, suggerisce di scrivere quelle situazioni in modo da non essere accecato ogni volta da esse.

Cosa può renderti improvvisamente insicuro o dubbioso? Cosa ti frustra immediatamente? Che tipo di situazioni ti fanno sentire deluso e risentito? Cosa sai per certo ti lascerà imbarazzato o umiliato?

Chiediti periodicamente cosa ti senti in una varietà di situazioni.

6. Assumersi la responsabilità

Hai incolpato qualcun altro per aver subito come ti sei sentito?

Mentre pensi a quelle occasioni in cui ti sei sentito in colpa, arrabbiato, turbato, geloso o deluso, considera la tua prima reazione. Hai incolpato qualcun altro per come ti sei sentito? In qualsiasi momento hai pensato o detto "Mi hanno fatto sentire ...? "In futuro, cerca di essere più consapevole delle situazioni e degli eventi quando incolpi altre persone e situazioni per come e cosa ti senti. In ogni situazione in cui ci sono difficoltà o contese, chiediti "Come o cosa mi sento?" e poi rispondi a te stesso dicendo "Mi sento" e non "mi sta facendo sentire".

7. Mostra EQ per aumentare la tua credibilità

La maggior parte dei leader considera l'intelligenza emotiva come parte integrante delle connessioni personali che hanno al lavoro. Ma questa è solo una parte della storia. L'autoconsapevolezza che dimostri attraverso la tua umiltà e l'autocontrollo evidente nella tua moderazione contribuiscono entrambi alla fiducia e alla connessione che puoi generare con gli altri. Inoltre, la tua intelligenza emotiva può contribuire al modo in cui gli altri credibili ti vedono come un leader, al quale vogliono seguire quando dimostri risonanza nell'essere in sintonia su un problema e compostezza nei momenti di stress. Sia la compostezza che la risonanza sono qualità affinate dall'esperienza e dimostrano che sei stato in grado di imparare e diventare un leader ancora migliore.

8. Lascia il giudizio alla porta

EQ può essere particolarmente utile quando si offre feedback a individui o team. Un feedback efficace può ispirare o motivare; ma un feedback fornito in modo inadeguato può portare a risentimento, rabbia e prestazioni ridotte. Deutschendorf suggerisce di tenere un paio di cose quando ci si prepara a fornire feedback. In primo luogo, "rendilo tempestivo", dice "Controlla le tue emozioni prima di incontrare il dipendente. Chiedi loro un feedback e ascolta attivamente e fagli sapere cosa hai sentito dire. Attenersi ai fatti e tralasciare i giudizi ".

9. Aumenta la tua empatia

"È più difficile di quanto sembri e richiederà un po' di pratica, ma le persone apprezzeranno anche gli sforzi più goffi".

EQ ed empatia vanno di pari passo. In effetti, l'empatia è ciò che differenzia i migliori leader. Coinvolge due dimensioni: una dimensione cognitiva - comprendere il compito che le altre persone devono svolgere - e una dimensione emotiva - riconoscere l'umanità degli altri.

I leader dovrebbero conoscere meglio i propri dipendenti a livello personale al fine di riconoscere e quindi convalidare le loro esperienze emotive. Rispondere con empatia significa far sapere al tuo dipendente che hai sentito e capito sia quello che hanno detto, sia come si sentono. È più difficile di quanto sembri e richiederà un po' di pratica, ma le persone apprezzeranno anche gli sforzi più goffi.

Fare domande è un buon punto di partenza. Non limitare le tue domande a ciò che pensano. Chiedi come si sentono o controlla un'osservazione che stai facendo, ad esempio dicendo: 'Ho notato che non hai detto molto su questo cambiamento. Come va per te? Una volta che un leader può comprendere le emozioni degli altri, può allinearle meglio con i compiti per ottenere risultati migliori.

10. Riconoscere che la costruzione di EQ richiede lavoro

Quando le persone leggono di intelligenza emotiva, sembra piuttosto facile", afferma il dottor David Caruso, psicologo del management e ricercatore associato del Yale Center for Emotional Intelligence. "Ed è abbastanza facile. La cosa difficile è fare queste cose in modo coerente e in tempo reale. Devi esercitarti. " La buona notizia è che può essere un processo dinamico e i suoi effetti cumulativi.

CAPITOLO 2: L'EMPATIA

L'empatia è un concetto ampio che si riferisce alle reazioni cognitive ed emotive di un individuo alle esperienze osservate di un altro. Avere empatia aumenta la probabilità di aiutare gli altri e mostrare compassione. L'empatia è un elemento costitutivo della moralità: per le persone seguire la regola d'oro, è di aiuto se riescono a mettersi nei panni di qualcun altro.

È anche un ingrediente chiave di relazioni di successo perché ci aiuta a comprendere le prospettive, i bisogni e le intenzioni degli altri.

Sebbene possano sembrare simili, c'è una chiara distinzione tra empatia e simpatia. Secondo Hodges e Myers nella Encyclopedia of Social Psychology, "Empatia è spesso definita come la comprensione dell'esperienza di un'altra persona immaginando sé stessi in una data situazione: Si comprende l'esperienza dell'altra persona come se la si stesse vivendo, ma senza che lo stia realmente sperimentando. Viene mantenuta una distinzione tra il sé e l'altro. La simpatia, al contrario, implica l'esperienza di essere commossi o di rispondere in sintonia con un'altra persona.

EMPATIA EMOTIVA E COGNITIVA

I ricercatori distinguono tra due tipi di empatia. Soprattutto in psicologia sociale, l'empatia può essere classificata come una risposta emotiva o cognitiva. L'empatia emotiva consiste di tre componenti separate. La prima è provare la stessa emozione di un'altra persona ... La seconda componente, angoscia personale, si riferisce ai propri sentimenti di angoscia in risposta alla percezione della situazione di un altro ... La terza componente emotiva, provare compassione per un'altra persona, è quella più frequentemente associata con lo studio dell'empatia in psicologia.

È importante notare che i sentimenti di angoscia associati all'empatia emotiva non rispecchiano necessariamente le emozioni dell'altra persona. Hodges e Myers notano che, mentre le persone empatiche provano angoscia quando qualcuno cade, non provano lo stesso dolore fisico. Questo tipo di empatia è particolarmente rilevante quando si tratta di discussioni sul comportamento umano compassionevole. Esiste una correlazione positiva tra provare preoccupazione empatica ed essere disposti ad aiutare gli altri. Si ritiene che molti dei più nobili esempi di comportamento umano, incluso l'aiuto a estranei e persone stigmatizzate, abbiano radici empatiche. Resta il dibattito sul fatto che l'impulso ad aiutare sia basato sull'altruismo o sull'interesse personale.

Il secondo tipo di empatia è l'empatia cognitiva. Questo si riferisce al modo in cui un individuo può percepire e comprendere le emozioni di un altro. L'empatia cognitiva, nota anche come accuratezza empatica, implica "avere una conoscenza più completa e accurata dei contenuti della mente di un'altra persona, incluso il modo in cui si sente". L'empatia cognitiva è più simile a un'abilità: gli esseri umani imparano a riconoscere e comprendere lo stato emotivo degli altri come un modo per elaborare emozioni e comportamenti. Sebbene non sia chiaro esattamente come gli esseri umani sperimentino l'empatia, c'è un crescente corpo di ricerca sull'argomento.

Come ci immedesimiamo?

Gli esperti nel campo delle neuroscienze sociali hanno sviluppato due teorie nel tentativo di acquisire una migliore comprensione dell'empatia. Il primo, Simulation Theory, "propone che l'empatia è possibile perché quando vediamo un'altra persona provare un'emozione," simuliamo "o rappresentiamo quella stessa emozione in noi stessi in modo da poter sapere in prima persona come ci si sente".

C'è anche una componente biologica in questa teoria. Gli scienziati hanno scoperto prove preliminari di "neuroni specchio" che si attivano quando gli esseri umani osservano e provano emozioni. Ci sono anche "parti del cervello nella corteccia prefrontale mediale (responsabili di tipi di pensiero di livello superiore) che mostrano una sovrapposizione di attivazione per pensieri e giudizi sia focalizzati su sé stessi che su altri".

Alcuni esperti ritengono che l'altra spiegazione scientifica dell'empatia sia in completa opposizione alla teoria della simulazione. È la Teoria della Mente, la capacità di "capire cosa pensa e sente un'altra persona sulla base di regole su come si dovrebbe pensare o sentire". Questa teoria suggerisce che gli esseri umani possono utilizzare i processi cognitivi del pensiero per spiegare lo stato mentale degli altri. Sviluppando teorie sul comportamento umano, gli individui possono prevedere o spiegare le azioni degli altri.

Sebbene non vi sia un chiaro consenso, è probabile che l'empatia coinvolga più processi che incorporano sia risposte automatiche, emotive, sia ragionamenti concettuali appresi. A seconda del contesto e della situazione, possono essere attivate una o entrambe le risposte empatiche.

COLTIVARE L'EMPATIA

L'empatia sembra sorgere nel tempo come parte dello sviluppo umano e ha anche radici nell'evoluzione. In effetti, "forme elementari di empatia sono state osservate nei nostri parenti primati, nei cani e persino nei ratti", afferma il Greater Good Science Center. Da una prospettiva evolutiva, gli esseri umani iniziano a mostrare segni di empatia nelle interazioni sociali durante il secondo e il terzo anno di vita.

Ci sono prove convincenti che comportamenti prosociali come l'aiuto altruistico emergono nella prima infanzia. I neonati a partire dai 12 mesi di età iniziano a confortare le vittime dell'angoscia, e i bambini di età compresa tra 14 e 18 mesi mostrano comportamenti di aiuto spontanei e non ricompensati.

Mentre sia le influenze ambientali che quelle genetiche modellano la capacità di una persona di entrare in empatia, tendiamo ad avere lo stesso livello di empatia per tutta la vita, senza declino correlato all'età. Secondo "Empathy Across the Adult Lifespan: Longitudinal and Experience-Sampling Findings", "Indipendentemente dall'età, l'empatia era associata a un profilo di benessere e interazione positivo. "

Ed è vero che probabilmente proviamo empatia a causa del vantaggio evolutivo: "L'empatia si è probabilmente evoluta nel contesto della cura dei genitori che caratterizza tutti i mammiferi. Segnalando il loro stato attraverso il sorriso e il pianto, i bambini umani esortano il loro tutore ad agire ... le femmine che hanno risposto ai bisogni della loro prole hanno riprodotto quelle che erano fredde e distanti ", secondo il Greater Good Science Center. Questo potrebbe spiegare le differenze di genere nell'empatia umana.

Ciò suggerisce che abbiamo una predisposizione naturale allo sviluppo dell'empatia. Tuttavia, fattori sociali e culturali influenzano fortemente dove, come e a chi si esprime. L'empatia è qualcosa che sviluppiamo nel tempo e in relazione al nostro ambiente sociale, diventando finalmente "una risposta così complessa che è difficile riconoscerne l'origine in risposte più semplici, come la mimica del corpo e il contagio emotivo".

PSICOLOGIA ED EMPATIA

Nel campo della psicologia, l'empatia è un concetto centrale. Dal punto di vista della salute mentale, coloro che hanno alti livelli di empatia hanno maggiori probabilità di funzionare bene nella società, segnalando "circoli sociali più ampi e relazioni più soddisfacenti. L'empatia è fondamentale per costruire relazioni interpersonali di successo di tutti i tipi, nel nucleo familiare, sul posto di lavoro e oltre. La mancanza di empatia, quindi, è un'indicazione di condizioni come il disturbo antisociale di personalità e il disturbo narcisistico di personalità. Inoltre, per i professionisti della salute mentale come i terapisti, avere empatia per i clienti è una parte importante del trattamento di successo. "I terapisti che sono altamente empatici possono aiutare le persone in trattamento ad affrontare le esperienze passate e ottenere una maggiore comprensione sia dell'esperienza che dei sentimenti che la circondano".

Esplorare l'empatia

L'empatia gioca un ruolo cruciale nell'interazione umana, sociale e psicologica durante tutte le fasi della vita. Di conseguenza, lo studio dell'empatia è un'area di grande interesse per psicologi e neuroscienziati in molti campi, con nuove ricerche che compaiono regolarmente.

CAPITOLO 3: GESTIONE DELLA RABBIA

La rabbia non è né buona né cattiva

Ci arrabbiamo tutti. Chiunque prima o poi assapora questa condizione o stato d'animo. Ovviamente ci arrabbiamo. Ma la rabbia in sé non è né buona né cattiva. È quello che ne fai che conta.

"La rabbia è un'emozione negativa, ma non è necessariamente un male", afferma Brad Bushman, professore di comunicazione presso la Ohio State University che studia rabbia, aggressività e violenza. "La rabbia fa sentire le persone forti e potenti, il che può motivarle a difendere ciò che credono sia giusto."

Considera, ad esempio, il ruolo della rabbia nei movimenti sociali e come può motivarci a correggere i torti che vediamo. Può anche portare a risultati migliori, avvisando gli altri di stare attenti a qualche situazione pericolosa.

Ma i normali livelli di rabbia possono facilmente passare al regno malsano. Caso in questione: la testa calda che lotta per andare d'accordo con gli altri. Le relazioni soffrono, ovviamente, a meno che non impari a controllare i tuoi problemi di rabbia. Ma la ricerca mostra che anche la salute lo fa.

Cosa sta succedendo nel cervello arrabbiato?

"Se qualcuno versa il caffè sul tuo laptop, la frequenza cardiaca e la pressione sanguigna aumentano: questa è la risposta fisiologica", afferma Bushman. "Quindi etichetteresti la tua eccitazione, ad esempio chiamandola 'rabbia', se la persona lo ha fatto apposta o se pensi che l'abbia fatto."

E la rabbia provoca un aumento del cortisolo, l'ormone dello stress. Durante eruzioni di rabbia prolungate e frequenti, parti del sistema nervoso si attivano fortemente, il che può influenzare il sistema immunitario nel tempo. Quindi, come puoi imparare a controllare la tua rabbia?

Controllati

È difficile fare scelte intelligenti quando sei in preda a un'emozione negativa. Invece di cercare di convincerti a scendere da una scogliera, evita di scalarla in primo luogo. Per controllare la tua rabbia, identifica i segnali di pericolo che stanno iniziando a infastidirti. Quando li riconosci, allontanati dalla situazione. Oppure prova le tecniche di rilassamento per ridurre al minimo la tua irritazione.

Tempera le tue aspettative

"Gran parte della rabbia deriva dall'avere aspettative irrealistiche sugli altri, sul mondo in generale e su noi stessi ", afferma lo psicologo Bernard Golden, PhD, fondatore di Anger Management Education e autore di Overcoming Destructive Anger: Strategies That Work. Spesso li manteniamo senza riconoscerli sul momento. Essi comprendono le aspettative che 'altri dovrebbero comportarsi come me,' 'La vita dovrebbe essere giusta,' e 'Se il mio compagno davvero ama me non dovrebbe _____.'

Allontanati

È facile soffermarsi sulle cose dopo che sei stato provocato. Ma farlo è come usare la benzina per spegnere un incendio; alimenta la fiamma solo mantenendo attivi i sentimenti di rabbia.

La prossima volta che qualcuno ti fa arrabbiare, prova questa strategia per controllare la tua rabbia: fingi di vedere la scena da lontano. In altre parole, fingi di osservare come una mosca sul muro, piuttosto che come un partecipante alla situazione. Le persone arrabbiate sono immerse nella situazione e tendono a rimuginare su ciò che le ha fatte arrabbiare. Quando le persone adottano una prospettiva fly-on-the-wall, sono meno immerse. Fanno un passo indietro rispetto alla situazione provocatoria.

Pratica la meditazione

"Negli ultimi due decenni c'è stato un aumento degli studi sull'uso della meditazione di consapevolezza per affrontare la rabbia e l'aggressività", dice Golden. In uno studio, pubblicato nel 2017 su

Mindfulness, i ricercatori hanno scoperto che i partecipanti che hanno praticato la meditazione quotidiana per tre settimane hanno ridotto sostanzialmente il comportamento aggressivo.

Ma non devi essere una testa calda che ha bisogno di rinfrescarsi per raccogliere i frutti. Né devi dedicare grandi parti della tua giornata alla meditazione, anche solo pochi minuti al giorno possono fare una grande differenza.

Piuttosto che sfidare pensieri irrazionali, la meditazione consapevole enfatizza la capacità di osservare i tuoi pensieri, sentimenti e sensazioni senza esserne sopraffatti. Aiuta le persone a riflettere sul significato della loro rabbia e su come rispondere piuttosto che reagire ad essa.

Respira profondamente

Anche se non ti prendi del tempo per meditare davvero, puoi goderti gli esercizi di respirazione. Fare respiri profondi riduce l'eccitazione psicologica. In particolare, aiutano a rallentare la frequenza cardiaca e mantengono la mente concentrata su qualcosa di diverso dalla fonte del tuo stress.

Sudare

L'esercizio fornisce uno sbocco salutare per l'aggressività e stimola il rilascio di sostanze chimiche cerebrali che fanno sentire bene. Non sorprende, quindi, che la ricerca, inclusa una revisione di studi pubblicati nel 2019 su Acta Scientific Medical Sciences, abbia scoperto che l'esercizio fisico è un modo efficace per gestire la rabbia.

Trascendi il momento

La prossima volta che ti arrabbi con un amico, un partner o un altro membro della famiglia, evoca l'immagine di un'esperienza in cui hai sentito una maggiore cura o amore per quella persona. Un altro trucco: "Immaginati in futuro guardando indietro a questo evento e chiediti: 'Come mi sentirò dopo aver intrapreso questa azione?' "

Prenotare un appuntamento con uno psicologo

La terapia cognitivo comportamentale può aiutarti a imparare a individuare i fattori scatenanti della rabbia e a controllare le reazioni. "La ristrutturazione cognitiva implica imparare a identificare e sfidare le distorsioni nel pensiero", afferma Golden. Questi includono ciò che è noto come catastrofico (assumendo automaticamente che ti trovi in una situazione più minacciosa di quanto tu sia in realtà) e la personalizzazione (credendo che le dichiarazioni o i comportamenti degli altri siano diretti verso di te, quando non lo sono).

Se la rabbia è un sintomo di un problema più grande come la depressione, prenotare una consulenza con uno psicologo potrebbe essere una soluzione.

Sii padrone di te stesso

Hai tutte le potenzialità per superare ogni problema di rabbia. Devi guardare dentro di te e capire che la chiave per riuscire è nella tua determinazione all'automiglioramento. Una volta rafforzata questa idea, ti renderai conto che avrai le chiavi per la serenità e del controllo psicofisico.

CAPITOLO 4: COME AVERE FIDUCIA IN SÉ STESSI

Nelle otto fasi dello sviluppo umano di Erik Erikson, la prima fondamentale riguarda la "fiducia di base". Si è concentrato sulla fiducia e sulla sfiducia del mondo esterno (specialmente le persone in esso), e per essere sicuri che questo è importante. Eppure spesso quello che sembra "il mondo è inaffidabile" è in fondo, "non mi fido di me stesso per affrontarlo".

Come?

Nessuno è perfetto. Non hai bisogno di essere perfetto per rilassarti, dire quello che senti veramente e dare il massimo alla vita. È il quadro generale che conta di più e la prospettiva a lungo termine. Sì, uno stretto controllo dall'alto verso il basso e una persona ben congegnata possono portare vantaggi a breve termine. Ma a lungo termine, i costi sono molto maggiori, compreso lo stress, le verità imbottigliate e l'alienazione interiore.

Con gentilezza e autocompassione, guarda te stesso. C'è insicurezza, trattenersi, paura di apparire male o di fallire? Se immagini di essere completamente te stesso ad alta voce, c'è un'aspettativa di rifiuto, incomprensione o un attacco vergognoso?

Comprensibilmente, siamo preoccupati per ciò che dentro sembra "cattivo" o "debole". Ma sfida questa etichettatura: queste cose sono davvero così brutte, così deboli? Forse sono solo agitati, disperati o alla ricerca di amore e felicità in modi giovani o problematici.

Forse hai interiorizzato le critiche degli altri e hai esagerato enormemente ciò che non va in te.

Quando ti rilassi e attingi al tuo nucleo, quando sei in contatto con il tuo corpo, nella tua esperienza mentre la esprimi, com'è? Come rispondono gli altri? Cosa sei in grado di realizzare, a casa o al lavoro?

Certo, sii prudente con il mondo esterno e riconosci quando non è davvero saggio lasciar andare, correre dei rischi, parlare. E guida il tuo mondo interiore come un genitore amorevole, riconoscendo che non ogni pensiero, sentimento o desiderio dovrebbe essere detto o messo in atto.

Sii tutto te stesso. Questo giorno, questa settimana, questa vita, guarda cosa succede quando scommetti su te stesso, quando sostieni il tuo gioco. Guarda cosa succede quando ti lasci cadere all'indietro tra le tue braccia, fiducioso che ti prenderanno.

COME MISURARE IL TUO LIVELLO DI FIDUCIA

E se potessi misurare la fiducia? Se potessi dare un numero al grado di fiducia in una relazione, forse potresti vedere le aree che potresti aggiustare e migliorare.

I consulenti Maister, Green e Galford di The Trusted Advisor utilizzano i quattro componenti della fiducia per fornire uno strumento di misurazione concreto che chiamano " equazione della fiducia ":

Misuriamo uno dei tuoi rapporti di lavoro. Scegli un subordinato o un membro del team, qualcuno con cui hai a che fare regolarmente.

1. Assegna a ciascun fattore in cima all'equazione - credibilità, affidabilità e intimità - un punteggio da 1 (basso) a 10 (alto).

Quindi chiediti:

•   Quanta credibilità ho con questa persona?

•   Quanta affidabilità c'è tra di noi?

•   Quanto siamo vicini, aperti e onesti l'uno con l'altro?

Somma i tre numeri.

2. Successivamente, valuta il tuo grado di auto-orientamento (quanto di te stesso inserisci nelle conversazioni) da 1 a 10. Calcola i seguenti criteri:

- Sei fondamentalmente auto-orientato, concentrato su ciò che pensi e desideri dalla relazione?

- Se sei un supervisore diretto, ti concentri principalmente sulle tue aspettative e sui risultati? In tal caso, considera te stesso altamente orientato a te stesso.

- Se il tuo stile di leadership è orientato al coaching, il tuo coinvolgimento personale è inferiore, poiché incoraggi gli altri a trovare soluzioni.

3. Determina il tuo punteggio totale dividendo il primo numero (in alto) per il secondo numero (in basso).

Secondo gli autori del test, un punteggio di circa 5 equivale a una relazione di fiducia, mentre un punteggio di circa 1,25 dimostrerebbe una scarsa fiducia. Puoi abbassare il tuo livello di auto-orientamento aumentando la consapevolezza di sé. Più comprendi le tue stranezze e debolezze, meglio puoi tenere a freno il tuo ego e concentrarti sugli altri.

I leader che non riescono a ottenere la fiducia dei subordinati lotteranno sempre per essere influenti e ispiratori. Concentrati sui quattro componenti chiave della fiducia e misura la tua affidabilità complessiva. Il tuo punteggio chiarirà le azioni da intraprendere per aumentare la fiducia.

COME ABBANDONARE LE ABITUDINI CHE DISTRUGGONO LA FIDUCIA

Molte delle persone di maggior successo al mondo hanno una cosa in comune: una reputazione impeccabile - che, a pensarci bene, non è facile da sviluppare e mantenere.

Come disse una volta il miliardario e leggendario investitore Warren Buffett: "Ci vogliono 20 anni per costruirsi una reputazione e cinque minuti per rovinarla".

Se non hai un'immagine forte e rispettata, non è troppo tardi per aggiustarla. Ecco le cattive abitudini che possono intaccare rapidamente la tua reputazione:

1. Non fidarti del tuo istinto.

"Se qualcosa non va bene, probabilmente non lo è.

Non ignorare il tuo istinto, perché è giusto il 99% delle volte. Non trovare scuse e non metterlo in discussione. Basta e vai avanti. "

2. Ignora la tua reputazione online.

"È inevitabile: quando avrai successo, le persone parleranno male o pubblicheranno online cose negative su di te. Non prendere mai alla leggera quei reclami o commenti. Proteggi il tuo marchio e rispondi immediatamente per telefono o con un messaggio diretto. Se possibile, fallo di persona.

Considera queste situazioni come opportunità, non come problemi.

Ma devi sapere quali battaglie combattere e da quali allontanarti. Alcune persone vogliono solo fare rumore e diffondere negatività, e quelle sono quelle da evitare ".

3. Limitarti a soddisfare le aspettative, invece di superarle.

"Che sia al lavoro o nella tua vita personale, soddisfare semplicemente le aspettative non è sufficiente. Quindi assicurati sempre di sotto-promettere e pubblicare in eccesso.

Quando ricevi un'e-mail o un messaggio di testo, ad esempio, non essere come tutti gli altri rispondendo il giorno successivo. Invece, sorprendi quella persona rispondendola immediatamente. Le persone notano queste cose e quando superi le loro aspettative, apprezzeranno e ti rispetteranno ancora di più ".

4. Prendere scorciatoie.

Per costruire un'ottima reputazione, è necessario mostrare un lavoro di qualità, ponderato e prezioso. Questo può richiedere anni di studio, pratica e duro lavoro, motivo per cui così poche persone lo fanno.

Non prendere scorciatoie è essenziale per costruire una reputazione che ti precede, che faccia desiderare alle persone di lavorare con te e di essere intorno a te.

5. Vergognarsi dei propri fallimenti.

"È facile scoraggiarsi dopo un grosso fallimento. Ma sentirti male e vergognarti per questo può farti perdere di vista tutto l'altro ottimo lavoro che stai facendo e la differenza che stai facendo nella vita delle persone.

Aiuta anche ad essere aperto sui tuoi fallimenti. Se hai intenzione di condividere la tua storia e il tuo successo con il mondo, sii sempre trasparente al 100%. Quando condividi il bene e il male, i critici alla fine verranno dalla tua parte."

6. Essere falso.

"La tua reputazione non dipende solo dal tuo lavoro o dalle tue credenziali. Invece, è un prodotto dell'energia che emani.

Puoi mostrarti come una persona impressionante che ha realizzato cose incredibili, ma ciò non annullerà la certezza di ciò che gli altri pensano intuitivamente di te. Spesso le persone possono capire se sei inautentico.

Alla fine della giornata, tutti gli elementi del successo dipendono dal fatto che tu sia fedele a te stesso. Quando vivi impenitentemente in linea con i tuoi valori, la tua luce risplenderà in un modo che è impossibile ignorare ".

7. Dare priorità alle cose sbagliate.

"Alcune persone hanno pratiche losche solo per guadagnare qualche soldo qua e là, ma non ne vale la pena. La tua reputazione è molto più importante del denaro. È molto simile all'essere genitori: vogliamo che i nostri figli ci vedano come un modello.

8. Incolpare.

Mantenere un'ottima reputazione non significa che non commetterai mai errori; è il modo in cui rispondi a loro che dimostra la profondità e la forza del tuo carattere. "

9. Essere incoerenti.

"In qualità di leader, dovresti sempre chiederti: ho fatto quello che ho detto che avrei fatto e lo ho fatto in modo coerente?

La reputazione è interconnessa al tuo rapporto con la verità. Il punto debole di una cattiva reputazione è che sei diventato un complice del fallimento umano perché le persone che facevano affidamento su di te sono state danneggiate dalle tue violazioni etiche.

Se vuoi migliorare la tua reputazione e cambiare il calibro delle tue relazioni con gli altri, devi dire la tua verità, vivere la tua verità e lasciare un'eredità della tua verità insegnando agli altri. Soprattutto, devi farlo con coerenza. "

CAPITOLO 5: L'AUTOCOSCIENZA

"NON C'È CURA E NESSUN MIGLIORAMENTO DEL MONDO CHE NON INIZI CON L'INDIVIDUO STESSO".
- CARL JUNG

Questa nozione di autosviluppo, come definita da Carl Jung, si basa sulla premessa che la consapevolezza del sé è la base di tutti gli sforzi e le interazioni umane positive. Si ricollega al detto documentato nel corso della storia "nosce teipsum" aka "conosci te stesso "; ma cosa significa effettivamente conoscere sé stessi, qual è la definizione del proprio "sé"?

Questa domanda e il concetto di capire cosa significhi essere "coscienti" di sé stessi come essere umano rimane oggetto di un dibattito senza fine tra le comunità scientifiche e filosofiche. Sebbene questo capitolo non si concentrerà su tali dibattiti, mirerà a coprire brevemente le seguenti aree di ricerca:

• La concettualizzazione, lo sviluppo e la misurazione dell'autoconsapevolezza

• Benefici generali quotidiani di essere più consapevoli di sé

• Intelligenza emotiva e legame con la consapevolezza di sé

• Autoconsapevolezza sul posto di lavoro e leadership

COS'È L'AUTOCONSAPEVOLEZZA?

Come accennato in precedenza, vi è una netta mancanza di consenso tra i ricercatori per quanto riguarda una definizione operativa del termine "sé". Nonostante ciò, sembra esserci un certo livello di comprensione su due punti, in primo luogo, che potremmo non essere mai in grado di conoscere o comprendere scientificamente il sé come entità completa. In secondo luogo, il semplice possesso della consapevolezza cosciente di sé stessi non equivale all'autoconsapevolezza, poiché secondo questa definizione tutti gli animali possiedono un certo livello di autocoscienza; piuttosto questo processo di riconoscimento del sé, cioè di sapere realmente di esistere, si riferisce alla "coscienza".

Ciò che distingue la consapevolezza di sé da questa, e quindi differenzia gli esseri umani da tutti gli altri animali, è la pratica dei processi riflessivi e valutativi durante le esperienze individuali. Questi processi consentono a un individuo non solo di comprendere i propri punti di forza e di debolezza, ma anche di capire come gli altri li percepiscono. Questa concettualizzazione a due componenti dell'autoconsapevolezza è delineata da Baumeister che suggerisce che l'autoconsapevolezza riguarda:

"Anticipare come gli altri ti percepiscono, valutare te stesso e le tue azioni in base a credenze e valori collettivi e preoccuparti di come gli altri ti valutano."

L'anticipazione di come gli altri ti percepiscono viene spesso definita altra consapevolezza. Mayer e colleghi sostengono che questa comprensione di come i nostri comportamenti influiscono sugli altri e, viceversa, di come i comportamenti degli altri influenzano il proprio "sé" può essere utilizzata per informare la nostra autoconsapevolezza.

COME SI SVILUPPA LA CONSAPEVOLEZZA DI SÉ?

Dopo circa i primi sei mesi di vita gli esseri umani sviluppano la capacità di distinguersi come entità oggettive indipendenti, attraverso il riconoscimento del sé negli specchi, l'indicazione autoreferenziale e l'espressione di emozioni autocoscienti.

Successivamente, il bambino inizia a sviluppare la consapevolezza che la sua sensazionale esperienza "interiore" del sé non è ciò che tutti gli altri vedono come il proprio sé "oggettivo" esterno. Ciò allude alla primissima nozione di William James, riguardo al sé oggettivo e soggettivo e ribadisce il punto precedentemente affermato, che il sé è composto da aspetti fisici e psicologici.

Questa discrepanza tra ciò che si sperimenta soggettivamente e il modo in cui gli altri vedono sé stessi oggettivamente, può essere accentuata durante eventi pubblici quando si è consapevoli che l'attenzione degli altri è diretta verso di loro. Fenigstein ha suggerito che esistono due forme di autoconsapevolezza: privata e pubblica. L'autoconsapevolezza privata si riferisce alla comprensione dei nostri stati mentali che sono invisibili agli altri, come pensieri, emozioni, percezioni e obiettivi, solo per citarne alcuni.

Al contrario, l'autoconsapevolezza pubblica si riferisce a una consapevolezza di sé quando l'attenzione di un altro è diretta verso di noi e spesso implica una consapevolezza delle caratteristiche visibili, ad esempio, manierismi, comportamenti e aspetto fisico.

Questi aspetti visibili sono semplicemente un'espressione della nostra identità esterna al mondo e spesso possiamo sentirci obbligati a modificare il modo in cui appariamo agli altri a causa del desiderio di conformarci alle norme sociali percepite o per paura di essere giudicati duramente. In alternativa, si può consapevolmente o inconsciamente alterare la propria rappresentazione esterna del proprio "sé" per nascondere le parti di sé che non vogliono che si vedano; le loro vulnerabilità, ombre e punti ciechi.

Ironia della sorte, questa forma di protezione del proprio vero sé è controproducente, poiché le persone possono spesso "vedere attraverso di essa" e rendersi conto dell'incongruenza con il proprio sé autentico e come stanno effettivamente apparendo. Il feedback degli altri può essere un modo utile per trasmettere queste informazioni ed evidenziare questa discrepanza agli individui, che può provocare in qualche modo un cambiamento del comportamento.

"LA CONSAPEVOLEZZA DI SÉ NON È UN PUNTO DI DESTINAZIONE, MA PIUTTOSTO UN PROCESSO EMERGENTE IN CUI SI ARRIVA CONTINUAMENTE A COMPRENDERE I PROPRI TALENTI UNICI, PUNTI DI FORZA, SENSO DI SCOPO, VALORI FONDAMENTALI, CONVINZIONI E DESIDERI"

Come esseri umani sperimentiamo costantemente il cambiamento, come viene in mente il vecchio adagio, "niente è per sempre", e con il cambiamento arrivano nuove esperienze, incontri con nuove persone e forse nuovi lavori. Tutto ciò ci espone a un'arena per apprendere continuamente i nostri punti di forza e di debolezza, le nostre convinzioni, atteggiamenti ed emozioni, che informano i nostri livelli di autoconsapevolezza e quindi influenzano il nostro desiderio di diventare individui migliori e più autentici.

È probabile, quindi, che la personalità di un individuo si modifichi nel corso della sua vita per riflettere la "maturazione intrinseca biologicamente basata" della psiche o cambiamenti nella consistenza in ordine di rango dei tratti.

Come si misura la consapevolezza di sé? A causa delle complessità intrinseche dell'autoconsapevolezza menzionate in precedenza, non possiamo misurare o quantificare scientificamente direttamente i benefici dell'autoconsapevolezza. Tuttavia, si sa intuitivamente che è positivo per così tanti risultati e si deve convenire che alcune misurazioni sono meglio di niente.

Le valutazioni di feedback multisource, note anche come valutazioni a 360 gradi o multi-rater, sono comunemente utilizzate nelle organizzazioni del settore pubblico e privato per scopi di sviluppo, come metodo per misurare il livello di autoconsapevolezza di un individuo.

In tali casi, gli individui valutano sé stessi e sono valutati da altri in base a una varietà di competenze. I punteggi degli altri sono generalmente aggregati e confrontati con i punteggi di autovalutazione e il grado in cui un individuo è consapevole di sé dipende dalla congruenza tra questi punteggi. Il feedback fornito dagli altri può aiutare un individuo a capire come gli altri li percepiscono, il che può aiutare a fornire una visione di sé più accurata e influenzare le decisioni e i comportamenti futuri.

La ricerca suggerisce che gli individui con alti livelli di autoconsapevolezza, cioè quando c'è congruenza tra le valutazioni del sé-altro, hanno buone relazioni di lavoro e prestazioni migliorate in una varietà di contesti.

Prove più recenti riguardanti l'effetto della congruenza sé-altro vengono discusse in relazione all'efficacia della leadership in seguito ed è intuitivo che questi benefici siano applicabili ai seguaci che hanno anche alti livelli di autoconsapevolezza. Un punto interessante che vale la pena menzionare, è che la maggior parte delle 360 valutazioni tendono a concentrarsi sulla valutazione delle competenze piuttosto che sui comportamenti degli altri o su come appaiono sul posto di lavoro. Questo punto è referenziato verso la fine in relazione alle offerte fornite da Insights.

La neuroscienza e la neuropsicologia misurano l'autoconsapevolezza in relazione a vari processi cognitivi coinvolti nel concetto di conoscenza di sé, come l'autoreferenzialità, l'auto-rappresentazione e il sé -regolamento. Questa ricerca suggerisce che non esiste uno specifico "punto di sé del cervello" poiché il senso del sé di un individuo è distribuito in tutto il cervello con contributi da più sottocomponenti all'interno di diverse regioni del cervello, comprese le aree note per processi di auto-valutazione e autoriflessione.

BENEFICI GENERALI DELLA VITA QUOTIDIANA DELLA CONSAPEVOLEZZA DI SÉ

> *"LA NOSTRA GRANDEZZA NON STA TANTO NELL'ESSERE IN GRADO DI RIFARE IL MONDO, QUANTO NELL'ESSERE IN GRADO DI RIFARE NOI STESSI". - GANDHI*

Questa citazione sottolinea la capacità che abbiamo come esseri umani di alterare i nostri comportamenti, percezioni, atteggiamenti e convinzioni per diventare individui migliori. Affinché questa alterazione si verifichi, deve essere presente un certo livello di consapevolezza. In effetti, la consapevolezza di sé è alla base di una varietà di processi cognitivo-comportamentali che si verificano nella vita di tutti i giorni.

Ad esempio, Morin suggerisce che l'autoconsapevolezza racchiude una moltitudine di `` corollari " come l'autostima, l'autovalutazione, l'autoregolazione, le emozioni autocoscienti, l'autoefficacia, il senso dell'agire, la teoria della mente e parlare di sé.

Sebbene non scientificamente provato, l'autore sostiene che, ad esempio l'autoregolamentazione, cioè i cambiamenti nel proprio comportamento, la resistenza alla tentazione o il filtraggio di informazioni irrilevanti, dipende dall'autoconsapevolezza. Dobbiamo essere consapevoli di quali aspetti del sé devono cambiare per realizzare quei cambiamenti cognitivo-comportamentali.

Un esempio di vita reale sarebbe ricevere feedback da un membro della famiglia che ha la tendenza a parlare con le persone e non ascoltare quando gli altri parlano. Questo ha aumentato i tuoi livelli di autoconsapevolezza e ora puoi regolare consapevolmente il tuo comportamento in modo da astenersi dal parlare degli altri. L'autore allude anche alla discussione di ricerca sul concetto complesso e poco compreso di Teoria della Mente (ToM) e su quanto sia importante per la consapevolezza di sé.

La teoria della mente si riferisce alla capacità di una persona di attribuire stati mentali, ad esempio intenzioni, desideri, pensieri e sentimenti di obiettivi, ad altri. Quindi è intuitivo che ci sia un collegamento intrinseco alla consapevolezza di sé; tuttavia, segue il dibattito riguardo allo sviluppo della consapevolezza di sé o della ToM.

In riferimento a questo dibattito, Morin sostiene che per essere in grado di concepire ciò che gli altri stanno vivendo, dobbiamo prima sviluppare una consapevolezza dei nostri stati mentali. Pertanto, per essere in grado di relazionarci o entrare in empatia con gli altri, dobbiamo prima essere consapevoli delle nostre percezioni, comportamenti e sentimenti.

Attraverso l'introspezione e l'auto-riflessione possiamo aumentare la nostra consapevolezza di sé e quindi la conoscenza e la comprensione di come possiamo reagire in determinate situazioni. Questo può aiutarci a capire perché gli altri possono reagire in un certo modo.

AUTOCONSAPEVOLEZZA E LEADERSHIP

> *"LA PARTE PIÙ IMPORTANTE DELL'ESSERE UN LEADER È MANTENERE IL DESIDERIO DI CONTINUARE A IMPARARE. CIÒ SIGNIFICA IMPARARE SU TE STESSO, SUI TUOI COETANEI E SULLE PERSONE CHE SERVI". - BRIAN KOVAL*

Questa citazione fornisce una narrazione utile per comprendere l'efficacia del leader, ponendo la consapevolezza di sé come base per il suo sviluppo. In effetti, i ricercatori oggi sostengono che la consapevolezza di sé è una componente cruciale di una leadership efficace e comprende sia la consapevolezza delle risorse personali, come punti di forza e debolezza individuali, valori fondamentali e motivazioni, nonché come il leader viene percepito dagli altri.

È intuitivo che questa maggiore consapevolezza possa portare a una moltitudine di risultati, ad esempio, se un leader possiede la consapevolezza dei propri valori fondamentali può fungere da guida per il processo decisionale e quindi influenzare il loro comportamento. Inoltre, se un leader comprende i loro punti di forza e di debolezza, può cercare di sviluppare aree di debolezza consultandosi con gli altri e attingendo alla loro esperienza.

Il processo di miglioramento dell'autoconsapevolezza di un leader è stato ottenuto principalmente attraverso l'uso di feedback a 360 gradi. Ciò include la raccolta di dati sull'efficacia e sui comportamenti dei leader da una varietà di fonti e l'identificazione dei punti in cui le informazioni si sovrappongono o sono in conflitto. Questo processo può aiutare i leader a "comprendere sistematicamente l'impatto del loro comportamento sugli altri".

Inoltre, l'uso di valutazioni di auto-altro è stato costantemente utilizzato all'interno della ricerca come misura dell'efficacia del leader con un approccio specifico di accordo adottato in base al quale gli individui sono assegnati a sovrastimatori, sottovalutatori o in disaccordo, a seconda del livello di congruenza tra le valutazioni di sé e degli altri.

Tali studi esaminano vari risultati delle prestazioni dei leader come le componenti affettive delle relazioni leader-seguace o le valutazioni dei supervisori. Sebbene nel complesso la ricerca suggerisca che quando il sé e le altre valutazioni sono congruenti, l'efficacia del leader è migliorata, ci possono essere contesti specifici in cui sottovalutare o sopravvalutare sé stessi come leader, rispetto alla valutazione di altri può essere efficace.

Le prove che suggeriscono che i leader con alti livelli di autoconsapevolezza (cioè hanno alti livelli di misurato accordo auto-altro) sono:

• Capire meglio i propri punti di forza e di debolezza

• Più consapevoli delle emozioni e della comprensione del loro impatto sugli altri, usa la consapevolezza emotiva per la risoluzione dei problemi e un processo decisionale meno rigido.

• Capace di instillare fiducia e cooperazione nei seguaci.

• Importante per il successo del leader e dell'organizzazione così come per il successo / soddisfazione dei seguaci.

• Visto come più efficace.

• In grado di riconoscere più accuratamente le emozioni, rendersi conto dell'impatto che hanno sul loro comportamento che consente migliori relazioni con i follower

• Capace di riconoscere gli errori

• Decisori più efficaci

Perché i leader con maggiori livelli di autoconsapevolezza potrebbero influenzare questi risultati delineati sopra? Una spiegazione potrebbe essere dovuta al tipo di stile che il leader adotta. Esistono una moltitudine di stili di leadership e quindi teorie; tuttavia qui l'attenzione sarà sulla leadership autentica e trasformativa e su come sono collegati all'autoconsapevolezza dei leader e forse all'autoconsapevolezza dei seguaci.

5 MODI PER MIGLIORARE LA CONSAPEVOLEZZA DI SÉ

Perché la consapevolezza di sé è così importante?

Per realizzare un cambiamento di impatto e duraturo le persone devono essere in grado di guardarsi dentro, riflettere e acquisire familiarità con ciò che trovano. In questo modo si migliora l'allineamento tra le nostre azioni e i nostri standard, che si traduce in maggiori prestazioni, rispetto, fiducia in sé stessi e benessere generale.

1. Consapevolezza e meditazione

Praticare la consapevolezza o la meditazione ti aiuta a concentrarti sul momento presente e prestare attenzione ai tuoi pensieri e sentimenti, senza lasciarti avvolgere da essi. Sei guidato a lasciare che i tuoi pensieri vadano alla deriva senza bisogno di reagire o fare nulla, il che ti aiuta a diventare più consapevole del tuo stato interno.

2. Movimento

Che tu faccia yoga, pilates, corsa, camminata o qualsiasi altra forma di movimento che funzioni per te, nota ciò che il tuo corpo ti sta dicendo. Durante il movimento diventi più consapevole del tuo corpo e di tutti i sentimenti che si manifestano in esso e diventi più consapevole della tua mente e dei pensieri al suo interno, il che aumenta la tua auto-accettazione e consapevolezza di sé.

3. Riflessione e inserimento nel diario

Una pratica d'inserimento in un diario ti consente di essere un osservatore obiettivo dei tuoi pensieri, il che può aiutarti a portare chiarezza su ciò che desideri e su cosa apprezzi. Prenditi il tempo per scrivere ciò che è andato bene oggi, o riflettere su ciò che è stata una sfida, cosa ti ha ostacolato e cosa potresti cambiare o migliorare. Nota cosa potrebbe averti innescato oggi. È altrettanto importante capire da soli entrambi i lati.

4. *Chiedere feedback alle persone di cui ti fidi o ai tuoi cari*

Uno dei modi migliori per costruire la consapevolezza di sé è capire il punto di vista degli altri su di te e quale impatto hai sugli altri. Il modo più semplice è chiedere un feedback onesto. Lo facciamo raramente per paura delle critiche, ma se non lo chiedi non saprai mai cosa pensano gli altri. Ma non fare affidamento solo sul feedback di una persona, raccogli una serie di approfondimenti e valuta cosa vuoi fare con quelle informazioni.

5. *Lavora con un allenatore!*

Puoi ottenere una certa quantità da solo, ma è difficile e a volte hai bisogno di qualcuno che ti mostri uno specchio. La consapevolezza di sé richiede tempo ed è un viaggio che dura tutta la vita e lavorare con un coach qualificato può essere un vero processo di trasformazione.

QUALI SONO I VANTAGGI DELL'AUTOCOSCIENZA

Cosa succede quando diventi consapevole di te stesso?

Tra i vantaggi di diventare più consapevoli di sé ci sono:

- diventare più soddisfatto del tuo lavoro
- riuscire a gestire al meglio le tue emozioni
- migliori capacità di leadership
- relazioni migliorate
- livelli di felicità più elevati
- più creatività
- migliore comunicazione
- migliori capacità decisionali
- più fiducia
- più propensi a fare scelte migliori

Quali sono i due tipi di consapevolezza di sé?

Secondo la Harvard Business Review, ci sono due tipi principali di autoconsapevolezza in psicologia.

Consapevolezza di sé interna

Come suggerisce il nome, l'autoconsapevolezza interna è quanto siamo consapevoli di ciò che sta accadendo dentro di noi. Ciò include i nostri pensieri, sentimenti e come percepiamo noi stessi. Comprende anche quanto conosciamo bene i nostri punti di forza, debolezza, valori fondamentali, priorità, passioni e desideri.

Quando abbiamo un'elevata autoconsapevolezza interna, comprendiamo come influenziamo l'ambiente e coloro che ci circondano. Un'elevata autoconsapevolezza interna ci rende più felici e più soddisfatti. Aiuta anche a combattere ansia, stress e depressione.

Consapevolezza di sé esterna

L'autoconsapevolezza esterna ha più a che fare con l'essere consapevoli di come gli altri ci vedono. Ciò include il modo in cui gli altri vedono i nostri punti di forza, debolezza, valori, passioni e aspirazioni. Quando una persona ha un'elevata autoconsapevolezza esterna, è più brava a vedere le prospettive degli altri e a mostrare empatia. Ciò aumenta notevolmente la loro efficacia nelle posizioni di leadership perché questa pratica rafforza le relazioni.

In che modo la consapevolezza di sé porta al successo?

È facile vedere quanto un'elevata consapevolezza di sé in entrambe le aree possa avvantaggiarti sul posto di lavoro. Quando sei consapevole dei tuoi valori e delle tue passioni, allinea meglio le tue abilità con loro. Inoltre, la capacità di vedere te stesso con precisione ti consente di rilevare e correggere gli errori più rapidamente.

Quali sono gli svantaggi della consapevolezza di sé?

Secondo una ricerca condotta dalla società Myers-Briggs sull'autoconsapevolezza, il più grande svantaggio della consapevolezza di sé è il pensiero eccessivo e l'eccessiva analisi. Un altro possibile svantaggio di una maggiore consapevolezza di sé è che alcuni potrebbero scoprire di avere opinioni esagerate di sé stessi. Potrebbero scoprire che gli altri non li percepiscono come fantastici come si vedono.

Alcune fonti citano che il 99% delle persone crede di essere consapevole di sé, ma solo il 10-15% lo è effettivamente.

Quali sono le caratteristiche della consapevolezza di sé?

Se vuoi raccogliere i frutti della consapevolezza di sé, devi anche conoscere le caratteristiche. Le persone consapevoli di sé hanno le seguenti caratteristiche.

- Saggezza - Quando una persona lavora attivamente per comprendere sé stessa e applica la conoscenza alla propria vita quotidiana, diventa un'abitudine all'apprendimento continuo.

- Onestà - Una persona che è consapevole di sé non si vende allo scoperto, ma non ha nemmeno una visione esagerata di sé stessa.

- Fiducia - Le persone consapevoli di sé vogliono un feedback onesto dagli altri perché li mantiene più consapevoli di come si trovano e di come stanno. Conoscono già i loro punti di forza e di debolezza e ne hanno fatto i conti, rendendoli fiduciosi e sicuri in sé stessi.

- Umiltà - una persona consapevole di sé sa di avere dei difetti. Si rendono conto di aver bisogno dell'aiuto di altre persone per contribuire a sostenere i propri difetti. A loro non importa condividere i riflettori e sollevare gli altri.

Come fai a sapere se sei consapevole di te stesso?

Ci sono molti modi per capire se sei consapevole di te stesso, ma tutti richiedono un po' di auto-riflessione. Eccone alcuni:

- Capacità di fare un passo indietro rispetto alle tue emozioni e rispondere invece di reagire. Puoi rimanere calmo.

- Analizzare troppo il modo in cui ti imbatti negli altri e

come suonano le tue affermazioni e reazioni.

- Non fingere di sapere tutto ed essere consapevoli che non sei l'esperto di tutto.

- Cercare un feedback onesto da parte degli altri e non mettersi sulla difensiva quando qualcuno fa notare qualcosa che potrebbe essere fatto meglio.

- Mantenere una mentalità di crescita e rendersi conto che i fallimenti lungo il percorso fanno parte del processo di apprendimento.

- Conoscere e restare fedeli alle proprie passioni, priorità e valori fondamentali.

- Comprendere i tuoi punti ciechi e le aree in cui non ti vedi chiaramente.

In che modo la consapevolezza di sé influisce sugli altri?

Il tuo livello di autoconsapevolezza ha un enorme effetto sugli altri. Ha un impatto su come li tratti e su quanto si sentono apprezzati. Questo, a sua volta, influenza ciò che pensano di te e il modo in cui rispondono. Quando hai un alto livello di autoconsapevolezza, sei onesto e ben informato, ma non ti comporti come se sapessi tutto. Chiedete feedback e rispondete con empatia.

Permette a ogni membro del team di sentirsi valorizzato e compreso. Quindi, funzionano meglio insieme. Gran parte della consapevolezza di sé implica essere gentili con gli altri oltre che essere onesti e sinceri.

10 VANTAGGI DELLA CONSAPEVOLEZZA DI SÉ

1. Più empatia verso gli altri

Una maggiore empatia verso gli altri è uno dei vantaggi più importanti della consapevolezza di sé. Quando hai la capacità di essere più empatico, ti consente di costruire relazioni migliori. Abbiamo un bisogno universale di essere capiti come persone e vogliamo che i nostri sentimenti siano convalidati. Molto spesso, ne abbiamo più bisogno quando siamo arrabbiati prima di poter ascoltare un punto di vista diverso o una spiegazione più logica.

2. Migliori capacità di ascolto

L'ascolto attivo è un'abilità che sta diventando sempre più scarsa. La buona notizia è che quando inizi a praticare l'ascolto attivo, hai un'impressione positiva. Questo è un buon esempio dell'importanza della consapevolezza di sé perché ti consente di costruire relazioni autentiche. Migliori capacità di ascolto sono una caratteristica della consapevolezza di sé oltre che un vantaggio.

3. Abilità di pensiero critico migliorate

Per iniziare a diventare consapevole di te stesso, devi pensare e riflettere onestamente su te stesso e sulle tue azioni. Devi fare una grande quantità di analisi e separare te stesso dalle tue emozioni per ottenere un'immagine oggettiva. Tutti questi esercizi migliorano le tue capacità di pensiero critico, che puoi applicare a molte altre aree della tua vita.

4. Miglioramento del processo decisionale

Quando ti rendi conto di come ti imbatti negli altri e conosci te stesso e ti prendi il tempo per ascoltare gli altri, oltre ad aggiungere migliori capacità di pensiero critico, migliora anche le tue capacità decisionali. Questo è un enorme vantaggio della consapevolezza di sé. Quando le tue decisioni sono migliori, anche la tua vita è migliore.

5. Migliori capacità di leadership

Chi non vorrebbe un capo che prenda buone decisioni, ascolti i propri dipendenti con empatia e abbia un grande pensiero critico e capacità di risoluzione dei problemi? Questi sono tutti vantaggi dell'autoconsapevolezza che aumentano le capacità di leadership. Sono i leader che le persone vogliono seguire e per cui lavorare.

6. Più autocontrollo

Una maggiore consapevolezza di sé implica anche essere in grado di dare un nome alle proprie emozioni, ma non necessariamente reagire ad esse. Implica imparare a separarsi da loro. Questo porta a essere in grado di pensare oltre le tue reazioni iniziali. Di conseguenza, puoi rispondere invece di reagire quando ti arrabbi, dimostrando più autocontrollo.

7. Maggiore creatività

Anche se potresti non pensare all'aumento della creatività come a un vantaggio dell'autoconsapevolezza sul posto di lavoro, può esserlo. Inevitabilmente sorgeranno problemi che richiedono soluzioni creative. Questo può anche essere un vantaggio personale dell'autoconsapevolezza perché ti consentirà una maggiore soddisfazione personale quando potrai praticare un hobby creativo e sentirti come se producessi un risultato di qualità.

8. Maggiore capacità di cambiare abitudini

Quando sviluppi le capacità di essere in grado di analizzare gli effetti di ciò che stai facendo, sviluppi anche una maggiore capacità di cambiare le tue abitudini. Questo risale al sapere il "perché" dietro quello che stai facendo. Quando hai un grande motivo di fondo per cambiare, è molto più facile implementare quel cambiamento.

9. Maggiore autostima

Una maggiore autostima è un altro vantaggio della consapevolezza di sé. È un prodotto naturale della fiducia, che genera la consapevolezza di sé. Conosci te stesso e affronti i tuoi punti di forza e di debolezza. Non ti vendi allo scoperto, ma non esagerare. È un bel mezzo felice. È adottare una mentalità di crescita e rendersi conto che gli errori sono solo trampolini di lancio per il successo. Questo ti permette di avere un'incredibile quantità di persistenza e fiducia in te stesso. Quindi, anche tu ti senti meglio con te stesso.

10. Prospettive generali migliori

Quando ti prendi il tempo per analizzare tutte le diverse sfaccettature di un problema, ci arrivi con maggiori capacità di pensiero critico e creatività, inoltre prendi in considerazione i punti di vista degli altri perché hai praticato l'ascolto attivo con empatia, ottieni una prospettiva generale migliore. Hai raccolto un'enorme quantità di informazioni da varie fonti e hai fiducia in te stesso e nel tuo team. Questo è un enorme vantaggio dell'autoconsapevolezza sia per te che per tutte le persone intorno a te.

L'ultima cosa che devi sapere sui benefici della consapevolezza di sé

Ci sono molti vantaggi della consapevolezza di sé. Ti aiuta ad avere più empatia per gli altri e ti consente di essere un ascoltatore migliore. Questo, a sua volta, aiuta a costruire la tua relazione con gli altri. Quando coltivi l'autoconsapevolezza, hai bisogno del feedback degli altri e ti rendi conto dei tuoi punti di forza e di debolezza. Tutti i feedback e le riflessioni ti danno una prospettiva generale migliore, più fiducia in te stesso e autostima e aumentano il tuo pensiero critico e le tue capacità creative. Ti consente anche di cambiare le tue abitudini più facilmente, prendere decisioni migliori e avere più autocontrollo. Tutte queste cose aumentano la tua capacità di leadership e ti rendono una persona per cui gli altri vogliono lavorare e seguire perché si sentono apprezzati e accettati positivamente.

CAPITOLO 6: SVILUPPA IL TUO QUOZIENTE INTELLETTIVO

Stiamo parlando di quoziente di intelligenza o QI, come è comunemente noto. Questo strumento standard per misurare la tua intelligenza è molto apprezzato, in quanto è considerato una stima approssimativa del potere del tuo intelletto.

L'emergere dell'industria della conoscenza ha stabilito chiaramente il predominio del cervello sui muscoli. Ciò lo ha reso un termine familiare e la ricerca di come aumentare il QI ha assunto un'importanza speciale, di conseguenza.

Cos'è esattamente il QI?

Il quoziente di intelligenza o QI è il punteggio totale derivato da test standardizzati che misurano l'intelligenza di una persona. In altre parole, il tuo quoziente di intelligenza (QI) è una misura della tua agilità mentale o velocità di comprensione. Prende in considerazione la tua età.

COSA MIGLIORA L'INTELLIGENZA? GENETICA O CONDIZIONAMENTO?

Cosa rende una persona intelligente? Sono i suoi tratti innati (natura) o il condizionamento sociale e l'educazione? Come la maggior parte delle risposte, non è né nero né bianco, ma da qualche parte nel mezzo - nel grigio.

È possibile aumentare la sua intelligenza?

Ecco alcune idee su come farlo.

Come migliorare il QI

Sebbene il QI sia spesso utilizzato per esprimere giudizi sulle facoltà mentali di una persona, naturalmente non è completamente affidabile. Semplicemente perché l'intelligenza è di per sé un termine così astratto e può significare cose diverse per persone diverse. I numeri non mostrano tutti gli aspetti dell'intelligenza di una persona. Eppure, dal momento che è uno dei più test completi là fuori, tutti noi vogliamo poterlo fare. Come?

Ecco alcuni semplici suggerimenti che possono aumentare la potenza del tuo cervello e aiutarti ad aumentare il tuo livello di QI.

1. Risolvi enigma e giochi

I formatori aziendali usano giochi e puzzle all'inizio delle sessioni post-pranzo per compensare gli effetti che inducono il sonno di un pranzo pesante! È molto utile anche perché i giochi e gli enigmi ti aiutano ad affinare e attivare la tua mente.

Questo è molto importante perché i test del QI incorporano test di intelligenza fluida. Qui viene messa alla prova la tua capacità di pensare in modo logico e ragionare con informazioni nuove o non familiari. Si riferisce alla tua memoria di lavoro. Pertanto, giochi e puzzle ti aiutano a migliorare la tua capacità di rispondere a questo aspetto dei test di intelligenza.

2. Prendi l'abitudine di fare esercizio

L'esercizio fisico promuove il flusso di ossigeno, glucosio e sostanze nutritive al cervello. "Una maggiore forma fisica cardiovascolare è associata a punteggi cognitivi migliori", afferma uno studio statunitense del National Institutes of Health. È anche uno dei modi migliori per stimolare il cervello.

Si ritiene che l'esercizio moduli i meccanismi metabolici che supportano il funzionamento del cervello. Quindi, corri, fai jogging, cammina, salta, nuota o, semplicemente, gioca. Aumenta le possibilità di aumentare il tuo livello di intelligenza

3. Limita l'utilizzo dei gadget

Non sorprenderti se i tuoi genitori e i tuoi nonni riescono a totalizzare il conto della spesa più velocemente di te! È perché hanno usato la mente piuttosto che le macchine per calcolare. Oggi usiamo calcolatrici, computer e telefoni cellulari per fare il lavoro per noi.

Un gruppo di inventori pensanti ha spianato la strada a milioni di persone per smettere di usare il proprio cervello e fare affidamento su dispositivi per pensare per loro. Ha portato a una vita conveniente per quanto riguarda la scrittura di lettere, l'esecuzione di transazioni bancarie e il pagamento di bollette. Tuttavia, ha creato un brutto precedente in quanto ha reso il tuo cervello più lento e pigro.

Praticare le tue abilità matematiche eseguendo di tanto in tanto i tuoi calcoli e disattivando il controllo ortografico durante la scrittura, può aiutarti a mantenere attivo il tuo cervello. Imparare uno strumento musicale aiuta anche a stimolare le cellule grigie.

4.Buona alimentazione per una migliore cognizione

Una dieta equilibrata e sana ti assicura di non avere carenze di vitamine, proteine, calcio o ferro, che possono compromettere il tuo potere cerebrale. C'è anche qualche relazione con l'intelligenza e una dieta vegetariana come uno studio britannico, che ha scoperto appunto, che quelli con un QI più alto avevano maggiori probabilità di rivolgersi al vegetarianismo più tardi nella vita.

Sia lo stile di vita che le scelte nutrizionali dei vegetariani sono associati a un forte funzionamento intellettuale e a un declino cognitivo più lento. Considera la scelta mentre impari come aumentare il tuo QI.

5.Pratica yoga e meditazione

Lo yoga è una scienza che sfrutta la capacità innata del corpo di migliorarne i poteri e il funzionamento. Può agire come una spinta cognitiva istantanea. Le asana yoga aiutano ad alleviare lo stress, che migliora il funzionamento del cervello.

Anche il super brain yoga, conosciuto localmente come Thoppukaranam, ha preso piede tra professionisti ed educatori. Questo breve e semplice esercizio aumenta la potenza del tuo cervello, come ha scoperto uno studio statunitense.

La meditazione migliora la circolazione sanguigna al cervello. Circa sei ore a settimana di meditazione possono effettivamente cambiare la struttura del cervello. Questi cambiamenti aiutano ad affinare la concentrazione, a migliorare la memoria e le capacità di multitasking, come dimostrato da uno studio del 2011 condotto da ricercatori affiliati ad Harvard presso il Massachusetts General Hospital (MGH).

La meditazione è associata a una corteccia cerebrale più spessa e più materia grigia. Queste sono le parti del cervello collegate alla memoria, alla capacità di attenzione, al processo decisionale e all'apprendimento. Quindi, la meditazione è un mezzo per aumentare la potenza del cervello.

Quindi, dedica un po' di tempo ogni giorno a seguire questi semplici consigli per condurre una vita più intelligente!

COME AUMENTARE LA TUA INTELLIGENZA EMOTIVA E DOMINARE LE EMOZIONI

Tutti hanno dovuto affrontare una sfida difficile, le scarse prestazioni degli altri o qualcosa che non è andato come previsto.

Quando si verifica una situazione del genere, possiamo iniziare a sperimentare una reazione emotiva. La domanda a cui dobbiamo quindi rispondere è: "Gestiamo le nostre emozioni o ci gestiscono?"

L'intelligenza emotiva, nota anche come EQ, si occupa della capacità delle persone di riconoscere la presenza di una reazione emotiva negativa o "calda" in sé stesse o negli altri. (L'EQ è composto da più caratteristiche: questo è solo un aspetto). Questo tipo di intelligenza comprende anche la capacità dell'individuo di gestire quelle situazioni emotive in un modo che accresce il rispetto, costruisce relazioni e ottiene risultati.

L'intelligenza emotiva è un aspetto importante della leadership efficace e della costruzione di relazioni interpersonali. In effetti, i ricercatori sull'intelligenza emotiva hanno identificato che il 58% delle prestazioni di successo di un individuo in tutti i tipi di lavoro è attribuito all'intelligenza emotiva.

Cosa dobbiamo fare allora per diventare più emotivamente intelligenti? Un modo per farlo è imparare a riconoscere e controllare le nostre reazioni emotive.

Ecco alcuni suggerimenti che ti aiuteranno a gestire i tuoi sentimenti in modo più efficace.

1. Identifica le tue emozioni

Facciamo tutti osservazioni su qualsiasi situazione in cui ci troviamo. Tuttavia ciò che osserviamo è filtrato dalla lente delle nostre esperienze. Di conseguenza, non vediamo gli eventi del tutto chiaramente per quello che sono, ma per quello che siamo. Prendiamo i dati e facciamo qualche interpretazione o giudizio sui dati in base alla nostra esperienza. È il nostro pensiero che a sua volta guida ciò che sentiamo, diciamo e facciamo.

Il primo passo per diventare più emotivamente intelligenti è notare quando i tuoi sentimenti iniziano a manifestarsi. Aumentare la consapevolezza emotiva ti consente di avere il controllo della situazione.

2. Affiora il tuo pensiero

Ogni emozione è preceduta da un pensiero. Poiché l'intensità emotiva può essere travolgente in questo momento, i pensieri sono spesso difficili da identificare. Per far emergere il tuo pensiero, prova a finire questa frase, "Sono arrabbiato perché ..." Finire questa frase tutte le volte che puoi, ti permetterà di scoprire il pensiero che fluttua nel tuo subconscio e spesso non viene identificato.

Più tempo impieghi per identificare il tuo pensiero, più completa sarà la tua visione di ciò che sta guidando i tuoi sentimenti.

3. Identifica i tuoi valori

I tuoi valori sono ciò che è più importante per te. Spesso ci piace definire la reazione emotiva negativa come il simbolo di un valore violato. Il riesame delle nostre precedenti dichiarazioni rivela i valori di preparazione, professionalità, affidabilità e utilizzo del tempo. Essere in grado di identificare i tuoi valori ti consente di valutare oggettivamente se sono stati violati.

4. Fai domande

Sia che tu faccia delle domande a te stesso o a un'altra persona in una conversazione, se puoi rispondere alle domande poste, l'intensità emotiva diminuirà. Per rispondere alle domande, un individuo deve liberare il centro emotivo del cervello che funge da meccanismo reattivo protettivo. Invece, devi attingere alle regioni del cervello a più alto funzionamento, che sono più logiche e razionali.

5. Respirare deliberatamente

Spesso, quando diventiamo emotivi, smettiamo di respirare normalmente. Iniziamo a respirare in modo più superficiale e veloce. Il nostro cervello interrompe le nostre funzioni logiche / razionali per prepararci alla lotta o alla fuga. Una respirazione più lenta e deliberata aiuta il cervello a mantenere il funzionamento cognitivo e la razionalità.

6. Cambia i tuoi movimenti

Puoi cambiare o diminuire la tua intensità emotiva muovendoti fisicamente. In effetti, la ricerca di Amy Cuddy presso l'Università di Harvard suggerisce che colpire un numero qualsiasi di diverse "pose di potere" ci aiuta a diventare più assertivi, ottimisti e più sicuri nelle situazioni di stress.

7. Cambia le tue parole

L'uso di parole arrabbiate in una situazione accesa tende ad intensificare l'emozione che stai vivendo. Al contrario, l'uso di parole più positive ha l'effetto di diminuire l'emozione. Notare la differenza in queste due frasi:

- "Questo mi rende livido!"
- "Questo mi rende curioso."

Poiché il cervello attribuisce un significato alle parole che usiamo, cambiare le parole in una situazione calda cambierà l'intensità emotiva.

Per utilizzare questa strategia in modo efficace, dovrai eseguire tre passaggi:

1.   Ascolta te stesso e identifica le parole arrabbiate o negative che stai usando

2.   Identifica una serie di sostituzioni di parole positive

3.   Usa deliberatamente le parole positive che hai selezionato

Potresti finire per ridere di te stesso quando usi le parole positive, ma sentirai sicuramente cambiare le tue emozioni.

Ognuno ha dei sentimenti. A volte i nostri sentimenti ci ostacolano quando abbiamo bisogno di lavorare in modo efficace con gli altri. Imparare a identificare le tue emozioni, il pensiero dietro di esse e i valori che rappresentano ti aiuterà a capire te stesso e gli altri.

Facendo domande, rallentando il respiro, cambiando i movimenti e le parole, puoi imparare a gestire i tuoi sentimenti e aiutare a disinnescare le reazioni negative di te stesso e degli altri. Una volta superate le emozioni e il pensiero che le guida, puoi risolvere efficacemente le sfide e i problemi che stai affrontando.

Scelta

Gestire le tue emozioni è soprattutto una questione di scelta. Lo vuoi o no? È stato scritto così tanto sulle emozioni e su come affrontarle in modo efficace, eppure molte persone non possono controllare quest'area della vita. Perché? Gestire le emozioni in modo efficace è in realtà come sviluppare un'abilità o un'abitudine. È un modo per fare qualcosa di meglio e, come esseri umani, lottiamo di più contro il cambiamento.

Cambiare il modo in cui di solito fai qualcosa non è facile ed è ancora più difficile quando si tratta di emozioni. Quando ci sentiamo "emotivi", l'ultima cosa che vogliamo fare è calmarci e cercare di affrontare la situazione in modo proattivo; il più delle volte desideriamo lamentarci di ciò che ci turba.

Se capiamo un po' di più su come funzionano le nostre emozioni, siamo in una posizione molto migliore per utilizzare queste informazioni a nostro vantaggio.

La nostra parte emotiva del cervello, il sistema limbico, è una delle parti più antiche rispetto, ad esempio, alla nostra corteccia prefrontale, che è la nostra parte "pensante". Poiché la nostra parte emotiva è così vecchia, e quindi una parte estremamente forte del cervello, è comprensibile che ci si senta come se le nostre emozioni ci guidassero e dirottassero il nostro pensiero, a volte. La parte emotiva del cervello di una persona media è oltre sei miliardi di volte più attiva della corteccia prefrontale.

Per mantenere le cose semplici, diamo un'occhiata a cosa puoi fare per capovolgere questa situazione. Ignorare le emozioni, sopprimerle o non affrontarle tornerà a morderti! Lo stress e l'ansia derivano da emozioni represse, quindi se pensi che affrontare le tue emozioni ignorandole funzionerà, ti sbagli di grosso.

Ecco 4 semplici passaggi per iniziare a controllare le tue emozioni in modo efficace.

1. Il primo passo è la consapevolezza

Se non sei consapevole dei momenti in cui sei eccessivamente emotivo o reagisci in modo eccessivo, come puoi provare a gestirlo? È impossibile. Inizia a monitorare le tue emozioni e dai loro dei nomi. A volte troviamo difficile identificare ciò che stiamo provando. Dare un nome ci aiuta a fare chiarezza, il che è essenziale per andare avanti.

2. Scopri il "perché" delle tue emozioni

Una volta identificato come ti senti, vuoi scoprire perché lo provi. Cosa sta causando questa sensazione dentro di te? Naturalmente, potrebbero esserci un milione di ragioni, e per scoprirlo devi chiederti, come faresti con un amico: "Cosa c'è che non va? Cosa mi fa sentire in questo modo? " La tua mente cercherà sempre una risposta.

Il più delle volte, semplicemente il modo in cui pensi alla situazione ti fa sentire emozioni. Un altro grande motivo per cui proviamo emozioni negative è perché i nostri valori non sono presenti in quel momento o vengono rispettati.

Ricorda: scopri il "perché".

3. Quindi chiediti: "Qual è la soluzione?"

Una volta scoperto il motivo, cosa puoi fare per riprendere il controllo? A volte, potresti dover cambiare il modo in cui pensi alla situazione.

Vedi, i tuoi pensieri portano direttamente ai tuoi sentimenti; quindi se ti senti male, molto probabilmente hai un pensiero negativo che ti fa sentire in quel modo. Se inizi a pensare ad altri possibili modi di guardare la situazione, inizierai a sentirti subito meglio. Ciò su cui ti concentri si espande!

A volte, semplicemente capendo perché ti senti in un certo modo in un determinato momento, le tue emozioni inizieranno a diminuire perché la comprensione porta sempre alla calma.

4. Scegli come vuoi reagire

Questa è la parte più difficile. Il modo in cui reagiamo e gestiamo le nostre emozioni è un'abitudine. Non hai notato quelle persone che si stressano per niente, letteralmente fuori di testa per niente? Quasi ti dispiace per loro. Hanno creato l'abitudine di associare una situazione che non gli piace con "andare fuori di testa". Le loro emozioni li hanno dirottati.

Imparare ad ascoltare le tue emozioni, a identificarle, comprenderle e poi sceglierle, non è qualcosa che decidi di praticare due volte a settimana all'ora di pranzo. No, è con uno sforzo e una disciplina continui che puoi iniziare a sviluppare questa abilità essenziale.

Pensieri finali

Controlli le tue emozioni o ti controllano e ti dirigono davvero?

Non è facile ed è per questo che così tante persone non fanno uno sforzo e si arrendono. Ma una volta che sei in grado di controllare le tue emozioni, la vita cambia per te in più modi di quanto avresti mai immaginato possibile. Non solo ti sentirai molto più autorizzato e in controllo nella vita, ma sarai più felice e molto più sano poiché non sarai stressato o appesantito così spesso.

CONCLUSIONI

Per anni, l'intelligenza è stata misurata utilizzando criteri specifici basati su matematica, ragionamento spaziale, acutezza verbale, logica e memoria. Questi componenti sono stati utilizzati tramite una serie di domande progettate per determinare il proprio QI o quoziente di intelligenza. Considerato a lungo la misura definitiva della capacità di una persona di usare la ragione e la logica per trarre conclusioni prevedibili, il test del QI ha mancato una componente chiave dell'intelligenza reale, che è l'EQ, o intelligenza emotiva.

L'INTELLIGENZA EMOTIVA È ALTRETTANTO IMPORTANTE E VANTAGGIOSA DEI COMPONENTI CHE DEFINISCONO LA MISURAZIONE DELL'INTELLIGENZA TRADIZIONALE. LA CAPACITÀ DI LEGGERE BENE GLI ALTRI, ENTRARE IN EMPATIA E RELAZIONARSI FACILMENTE CON AMICI E SCONOSCIUTI È ESTREMAMENTE PREZIOSA SIA NELLE RELAZIONI PROFESSIONALI CHE PERSONALI.

Il QI tradizionale è relativamente facile da misurare perché si basa su criteri specifici che sono stati perfezionati nel corso di decenni. L'intelligenza emotiva, d'altra parte, è, per definizione, un po' intuitiva poiché ci sono diverse componenti da tenere in considerazione.

Sebbene possa non essere così facile quantificare la propria intelligenza emotiva tramite un test standard di domande e risposte, è altrettanto importante quando si determina la capacità di successo di una persona. Diamo un'occhiata ad alcune delle componenti dell'intelligenza emotiva e al modo in cui alla fine influenzano la vita, sia professionalmente che personalmente.

Quali sono i 6 vantaggi dell'intelligenza emotiva?

L'intelligenza emotiva aiuta un individuo ad auto-realizzarsi e lo avvantaggia in una varietà di modi. Che si tratti di un bambino nel parco giochi che impara a navigare nella struttura sociale dell'adolescenza o di un venditore che cerca di determinare come approcciare al meglio un cliente, la propria intelligenza emotiva è un fattore critico per la comprensione:

• Il mondo attorno a noi

• Come relazionarsi con gli altri

• Come trovare il successo personale e professionale nella società

Le persone con alti livelli di intelligenza emotiva hanno un set di abilità innato che include:

• Autocoscienza

• Capacità di relazionarsi bene con gli altri

• Empatia

• Autocontrollo

• Capace di gestire il cambiamento

• Senso di responsabilità personale

Questi set di abilità sono preziosi in ogni aspetto della vita, sia che si tratti di relazioni personali, di navigazione nel panorama professionale o di rapporti quotidiani con il pubblico. Le persone con un EQ elevato sembrano adattarsi a qualsiasi situazione in modo naturale

Autocoscienza

Probabilmente, il vantaggio più significativo dell'intelligenza emotiva è la consapevolezza di sé.

Un fattore di successo per vivere una vita felice e di successo è capire la propria:

• Emozioni

• Motivazioni

• Punti di forza

- Debolezze

Siamo tutti un prodotto della nostra cultura, educazione ed esperienze. Capire cosa ci rende felici, tristi o spaventati e imparare a gestire queste emozioni ci aiuta in ogni aspetto della vita.

Cos'è esattamente l'autocoscienza?

Ognuno ha il proprio set personale di valori o un sistema di credenze che modella il modo in cui vede il mondo che li circonda e il suo posto in quel mondo.

La consapevolezza di sé è la capacità di capire quanto bene i tuoi pensieri e le tue azioni si allineano veramente con i tuoi valori e il tuo sistema di credenze.

Conoscere:

- Chi sei
- I tuoi punti di forza
- Debolezze
- Trigger

Avere quella comprensione personale è indicativo di autoconsapevolezza.

Capacità di relazionarsi con gli altri

Le persone con un'elevata intelligenza emotiva capiscono istintivamente come relazionarsi con gli altri.

Che si tratti di un cliente esigente in un lavoro al dettaglio o di confortare un amico intimo, le persone emotivamente intelligenti sembrano sapere esattamente cosa fare o dire per diffondere una situazione difficile o aiutare chi li circonda.

Un fattore influente nel relazionarsi con gli altri è capire cosa motiva i pensieri e le azioni delle persone.

È facile per la maggior parte delle persone sapere istintivamente come rallegrare un caro amico o partner, semplicemente perché nel tempo, man mano che le relazioni crescono, le persone imparano di più l'una sull'altra.

Le persone con un'intelligenza emotiva elevata, tuttavia, possono valutare qualsiasi situazione, compresi gli estranei, e in qualche modo trovare le parole giuste da dire o le cose da fare per motivare coloro che li circondano.

Empatia

Una delle componenti principali dell'intelligenza emotiva è l'empatia.

Essere in grado di mettere sé stessi nei panni di qualcun altro, e capire il loro punto di vista, è una pietra miliare della EQ. Le persone che hanno alti livelli di intelligenza emotiva possono interpretare e comprendere gli altri a livello emotivo.

Che si tratti di parlare con un amico che sta attraversando un momento difficile o di avere a che fare con un cliente infelice al lavoro, la capacità di comprendere un'altra prospettiva e adattare di conseguenza il proprio approccio è uno strumento prezioso.

Tutti vogliono sentirsi compresi e quelli con alti livelli di intelligenza emotiva sono facilmente in grado di connettersi con gli altri a livello personale.

Autocontrollo

Spesso i bambini piccoli mancano di autocontrollo.

Pertanto, quando accade qualcosa nel loro mondo che è inaspettato o deludente, invece di autoregolarsi e cambiare le loro aspettative, lo perdono! Piangono, urlano, scalciano e inveiscono contro l'ingiustizia di tutto ciò.

L'autocontrollo è un'abilità che le persone imparano nel tempo mentre imparano a relazionarsi con il mondo che li circonda.

Ogni volta che qualcosa va storto o interferisce con i loro piani, non si riprendono rapidamente. Si crogiolano nell'autocommiserazione, incolpano le persone che li circondano o urlano e gridano. Queste sono persone che mancano di autocontrollo, che è una parte vitale dell'intelligenza emotiva.

Al contrario, gli altri sembrano sempre trovare il rivestimento d'argento. Anche quando le cose non vanno per il verso giusto, possono adattare rapidamente le loro aspettative e trarre il meglio da una situazione tutt'altro che ideale.

Essere in grado di adattarsi rapidamente ai cambiamenti nell'ambiente e ai comportamenti delle persone che li circondano, pur rimanendo sicuri e a proprio agio con sé stessi, è il segno di chi ha un eccellente autocontrollo.

Queste capacità aiutano ogni aspetto della vita, dai rapporti personali con la famiglia, gli amici e il coniuge, alla vita professionale. L'intelligenza emotiva può fare la differenza tra il successo e il fallimento personale o professionale.

Capacità di gestire il cambiamento

Le persone con alti livelli di intelligenza emotiva sono anche in grado di adattarsi al cambiamento.

Il cambiamento è difficile per tutti, ma le persone con un EQ elevato sono maggiormente in grado di adattarsi al cambiamento. Con qualsiasi cambiamento significativo, è naturale sentirsi ansiosi, impotenti o impauriti.

È anche molto facile lasciarsi prendere da quelle emozioni negative e combattere la fonte del cambiamento, che si tratti di un adattamento professionale o di un cambiamento nella propria vita personale.

Gli individui emotivamente intelligenti sono intrinsecamente adattabili. Comprendono istintivamente le basi della loro resistenza al cambiamento, sia professionale che personale, e gestiscono efficacemente le loro insicurezze e paure mentre si avvicinano al cambiamento in modo logico.

Un segno distintivo dell'intelligenza emotiva è la tua capacità di gestire:

- Emozioni difficili,

- Placare le paure

- Essere a tuo agio con l'ignoto

Capacità di assumersi la responsabilità personale

In ogni relazione, sia che si tratti di partner romantici, amici o colleghi di lavoro, occasionalmente si verificano disaccordi e conflitti.

Anche se pochissimi amano impegnarsi in discussioni, l'intelligenza emotiva può essere la chiave per gestire una conversazione difficile.

Un sicuro segno di maturità e intelligenza emotiva è poter:

- Accettare la colpa
- Creare un compromesso
- Chiedere scusa quando appropriato

Trovare soluzioni a un problema, affermare chiaramente opinioni personali e cercare un compromesso, piuttosto che dare la colpa, è la chiave per costruire relazioni sane in ogni aspetto della vita.

Queste abilità vengono naturalmente a chi ha un EQ alto.

In che modo l'intelligenza emotiva avvantaggia il posto di lavoro

In questi giorni, le aziende si stanno concentrando sull'intelligenza emotiva dei propri dipendenti. In effetti, molte aziende stanno ora utilizzando "test di personalità" come parte del processo di assunzione.

Molti di questi test della personalità sono progettati specificamente per valutare l'intelligenza emotiva.

Gli studi dimostrano che le persone altamente intelligenti dal punto di vista emotivo possono rimanere motivate professionalmente indipendentemente da fattori esterni. Che gli piaccia o odino il proprio lavoro, che siano d'accordo o in disaccordo con la politica aziendale, ci sono semplicemente persone all'interno del luogo di lavoro che troveranno un modo per mantenersi:

- Energizzati
- Motivati
- Positivi

Comprendere la motivazione personale e la motivazione di coloro che ci circondano può rendere la vita professionale molto più confortevole.

Costruire relazioni e fare rete è tutta una questione di intelligenza emotiva e scoprire esattamente cosa fa funzionare gli altri.

Il successo complessivo di un individuo e di un'organizzazione può essere notevolmente influenzato dalla scoperta di modi in cui gli individui possono:

• Beneficiare reciprocamente e aiutarsi a vicenda sul posto di lavoro

• Sviluppare e coltivare rapporti professionali nel tempo

L'intelligenza emotiva aiuta anche le persone ad affrontare il cambiamento.

Ammettiamolo, a nessuno piace il cambiamento, soprattutto sul posto di lavoro! È sempre spaventoso quando un'azienda apporta cambiamenti radicali, assume nuovi dirigenti o cambia drasticamente le politiche.

Tuttavia, gli individui emotivamente intelligenti si adattano meglio e vanno avanti in modo positivo, anche di fronte a grandi cambiamenti o incertezze. Essere in grado di adattare le aspettative e modificare il comportamento personale sul posto di lavoro è la chiave per sopravvivere al cambiamento.

Quali lavori richiedono un'elevata intelligenza emotiva

Mentre le persone in qualsiasi posizione possono trarre vantaggio dall'intelligenza emotiva, alcune carriere sembrano essere costruite per individui con competenze specifiche, in particolare quelle associate all'intelligenza emotiva.

La più ovvia è la vendita.

Non tutti sono venditori nati.

Ci vuole un livello molto alto di intelligenza emotiva per lavorare con successo in una posizione di vendita per lungo tempo senza subire un esaurimento della carriera.

Fattori enormi quando si lavora nelle vendite includono la capacità di:

• Rimanere automotivato,

• Comprendere le esigenze sia parlate che non dette dei clienti,

• Affrontare molte incertezze e cambiamenti quotidiani

In qualsiasi azienda, i migliori venditori sono eccellenti

nell'interpretare il mondo che li circonda e nell'adattare il loro comportamento alla situazione.

Inoltre, i lavori che hanno a che fare con le persone a livello personale sono anche una scelta eccellente per le persone emotivamente intelligenti.

Esempi di professionisti che utilizzano quotidianamente i set di abilità definiti dall'intelligenza emotiva includono:

- Psicologi e psichiatri

- Consulenti scolastici

- Lavoratori sociali

- Risorse umane

Manager efficaci

Quasi tutti hanno avuto capi buoni e cattivi.

In genere, i manager di maggior successo sono altamente emotivamente intelligenti e possono motivare un team a lavorare sodo in qualsiasi circostanza.

Un buon manager sarà giusto con tutti, ma tratterà anche le persone come individui, comprendendo ciò che è importante per il singolo dipendente.

La capacità di adattare il comportamento personale per motivare una squadra è indicativa dell'intelligenza emotiva.

Lavorare per aumentare il tuo EQ

L'intelligenza emotiva influenza ogni area della vita, dalle relazioni personali all'arena professionale, e influisce anche in modo drammatico sulla propria felicità personale.

È possibile aumentare l'EQ:

- Praticando la consapevolezza di sé,

- Determinazione delle motivazioni personali,

- Valutando la propria reazione al cambiamento

- Imparando a rispondere piuttosto che reagire a situazioni difficili o sorprendenti

Impegnarsi nel parlare di sé è un ottimo modo per acquisire comprensione personale, sviluppare una maggiore consapevolezza di sé e migliorare la propria intelligenza emotiva.

Prendersi il tempo per imparare cosa motiva le persone intorno a te, che siano estranei o amici, è anche un ottimo modo per costruire l'EQ.

Sviluppare la capacità di accettare le critiche e apportare cambiamenti personali è anche un fattore critico per migliorare la propria intelligenza emotiva.

Sebbene possa richiedere del tempo e molte fermate e inizi lungo il tuo viaggio, lo sviluppo di un EQ più elevato può migliorare notevolmente la tua visione della vita, così come le tue relazioni personali e professionali.

Gli studi dimostrano che coloro che hanno alti livelli di intelligenza emotiva sono generalmente più contenti della loro vita e sperimentano meno malattie psicologiche e fisiche.

L'EQ è una delle tante chiavi per creare una vita felice.

LIBRO II - PSICOLOGIA OSCURA

INTRODUZIONE

La psicologia oscura è l'arte e la scienza della manipolazione e del controllo mentale. Mentre la psicologia è lo studio del comportamento umano ed è centrale per i nostri pensieri, azioni e interazioni, il termine psicologia oscura è il fenomeno mediante il quale le persone usano tattiche di motivazione, persuasione, manipolazione e coercizione per ottenere ciò che vogliono.

Altro termine importante da considerare è la Triade Oscura ("The Dark Triad"), che si riferisce a ciò che molti criminologi e psicologi individuano come un facile predittore di comportamenti criminali, oltre a relazioni problematiche e interrotte.

Triade della psicologia oscura

Narcisismo: egoismo, grandiosità e mancanza di empatia.

Machiavellismo: Utilizza la manipolazione per ingannare e sfruttare le persone e non ha il senso della moralità.

Psicopatia: Spesso affascinante e amichevole, tuttavia è caratterizzata da impulsività, egoismo, mancanza di empatia e mancanza di rimorso.

Nessuno di noi vuole essere vittima di manipolazioni, ma succede abbastanza spesso. Potremmo non essere soggetti a qualcuno specificamente nella Triade Oscura, ma persone normali e comuni come tutti noi, affrontiamo quotidianamente tattiche di psicologia oscura.

Queste tattiche si trovano spesso nelle pubblicità, negli annunci Internet, nelle tecniche di vendita, nei partner e persino nei comportamenti del nostro datore di lavoro. Se hai figli (soprattutto adolescenti) sperimenterai sicuramente queste tattiche mentre i tuoi figli sperimentano comportamenti per ottenere ciò che vogliono e cercano autonomia. In effetti, la manipolazione segreta e la persuasione oscura sono spesso usate da persone di cui ti fidi e ami. Ecco alcune delle tattiche utilizzate spesso dalle persone normali e comuni.

Love Flooding – Fare complimenti eccessivi a qualcuno per fare una richiesta

Mentire - Esagerazione, falsità, verità parziali, storie non vere

Negazione dell'amore - trattenere l'attenzione e l'affetto

Ritiro - Evitare la persona o il trattamento del silenzio

Restrizione della scelta - Fornire alcune opzioni di scelta che distraggono dalla scelta che non vuoi che qualcuno faccia

Psicologia inversa - Di 'a una persona una cosa o di fare qualcosa con l'intenzione di motivarla a fare il contrario che è davvero ciò che desideri.

Manipolazione semantica - Utilizzo di parole che si presume abbiano una definizione comune o reciproca, che verrà smentita quando il manipolatore in seguito ti dirà che ha una definizione e una comprensione diverse della conversazione. Le parole sono potenti e importanti.

Mentre alcune persone che usano queste tattiche oscure sanno esattamente cosa stanno facendo e sono intenzionate a manipolarti per ottenere ciò che vogliono, altri usano tattiche oscure e non etiche senza esserne pienamente consapevoli. Molte di queste persone hanno imparato le tattiche durante l'infanzia dai loro genitori. Altri hanno imparato la tattica durante l'adolescenza o l'età adulta per caso. Hanno usato involontariamente una tattica di manipolazione e ha funzionato. Hanno ottenuto quello che volevano. Pertanto, continuano a utilizzare tattiche che li aiutano a ottenere ciò che vogliono.

In alcuni casi, le persone sono addestrate a usare queste tattiche. I programmi di formazione che insegnano tattiche oscure e non etiche psicologiche e di persuasione sono in genere programmi di vendita o di marketing. Molti di questi programmi le utilizzano per creare un marchio o vendere un prodotto con l'unico scopo di servire sé stessi o la propria azienda, non il cliente. Molti di questi programmi di formazione convincono le persone che l'utilizzo di tali tattiche va bene e va a vantaggio dell'acquirente. Perché, ovviamente, la loro vita sarà molto migliore quando acquisteranno il prodotto o il servizio.

Chi usa la psicologia oscura e le tattiche di manipolazione? Ecco un elenco di persone che sembrano utilizzare maggiormente queste tattiche.

Narcisisti - Le persone che sono veramente narcisiste (che soddisfano la diagnosi clinica) hanno un senso di autostima gonfiato. Hanno bisogno che gli altri confermino la loro convinzione di essere superiori. Sognano di essere adorati. Usano tattiche di psicologia oscura, manipolazione e persuasione non etica per mantenere questo status.

Sociopatici - Le persone che sono veramente sociopatiche (che soddisfano la diagnosi clinica), sono spesso affascinanti, intelligenti, ma impulsive. A causa della mancanza di emotività e capacità di provare rimorso, usano tattiche oscure per costruire una relazione superficiale e quindi approfittare delle persone.

Avvocati - Alcuni avvocati si concentrano così intensamente sulla vittoria del loro caso che ricorrono a tattiche oscure di persuasione per ottenere il risultato desiderato.

Politici - Alcuni politici usano oscure tattiche psicologiche e di persuasione per convincere le persone che hanno ragione e per ottenere voti.

Addetti alle vendite - Molti venditori sono così concentrati sul raggiungimento di una vendita che usano tattiche oscure per motivare e persuadere qualcuno ad acquistare il loro prodotto.

Leader - alcuni leader usano tattiche oscure per ottenere conformità, maggiore impegno o prestazioni più elevate dai loro subordinati.

Oratori pubblici - Alcuni oratori usano tattiche oscure per aumentare lo stato emotivo del pubblico sapendo che porta a vendere più prodotti.

Persone egoiste - Può essere chiunque. Utilizzeranno prima le tattiche per soddisfare i propri bisogni, anche a spese di qualcun altro. Non si preoccupano dei risultati vincenti-perdenti.

Alcune di queste persone ammettono pienamente di utilizzare spesso queste pratiche o che le loro organizzazioni richiedono loro di utilizzare pratiche oscure come parte dei processi aziendali per ottenere e mantenere i clienti.

Per distinguere tra quelle tattiche di motivazione e persuasione che sono oscure e quelle che sono etiche, è importante valutare il tuo intento. Dobbiamo chiederci se le tattiche che stiamo usando hanno l'intenzione di aiutare l'altra persona? Va bene anche l'intenzione di aiutarti, ma se è esclusivamente a tuo vantaggio, puoi facilmente cadere in pratiche oscure e non etiche.

L'obiettivo dovrebbe essere un risultato reciprocamente vantaggioso per tutti. Tuttavia, devi essere onesto con te stesso e con la tua convinzione che l'altra persona ne trarrà davvero beneficio. Un esempio di ciò è un venditore che crede che tutti trarranno beneficio dal suo prodotto e la vita sarà molto migliore per il cliente grazie all'acquisto. Un venditore con questa mentalità può facilmente cadere nell'usare tattiche oscure per spingere la persona a comprare e utilizzare una mentalità "il fine giustifica i mezzi". Questo apre la persona a qualsiasi tattica per ottenere la vendita.

Possiamo porci le seguenti domande per valutare la nostra intenzione insieme alle nostre tattiche di motivazione e persuasione:

1. Qual è il mio obiettivo per questa interazione? A chi giova e come?
2. Mi sento bene per come mi sto avvicinando all'interazione?
3. Sono totalmente aperto e onesto?
4. Il risultato di questa interazione porterà a un beneficio a lungo termine per l'altra persona?
5. Le tattiche che uso porteranno a un rapporto più fiducioso con l'altra persona?

Vuoi avere veramente successo nella tua leadership, nelle relazioni, nella genitorialità, nel lavoro e in altri settori della vita? Quindi valuta te stesso per determinare le tue attuali tattiche per la motivazione e la persuasione. Farlo bene porta a credibilità e influenza a lungo termine. Farlo male (diventare oscuro) porta a un carattere povero, relazioni interrotte e fallimenti a lungo termine perché le persone alla fine vedono attraverso l'oscurità e realizzano il tuo intento.

In questo libro tratteremo la tematica in modo approfondito cercando di rivelare ogni sfaccettatura e la complessità dell'argomento, seguendo con le metodologie per utilizzare queste tecniche.

Buona Lettura!

CAPITOLO 1: COS'E' LA PSICOLOGIA OSCURA

"LA PSICOLOGIA OSCURA È SIA UN COSTRUTTO DELLA COSCIENZA CHE UNO STUDIO DELLA CONDIZIONE UMANA IN QUANTO SI RIFERISCE ALLA NATURA PSICOLOGICA DELLE PERSONE CHE PREDANO ALTRI, MOTIVATI DA PULSIONI CRIMINALI PSICOPATICHE, DEVIANTI O PSICOPATOLOGICHE CHE MANCANO DI SCOPO E PRESUPPOSTI DI PULSIONI ISTINTUALI, BIOLOGIA EVOLUTIVA E TEORIA DELLE SCIENZE."

Tutta l'umanità ha la potenzialità di vittimizzare gli umani e altre creature viventi. Mentre molte persone frenano o sublimano questa tendenza, alcune persone eseguono questi impulsi ancora e ancora. Il lato oscuro esplora vite, tempi e menti criminali informatici e devianti.

Analisi della definizione:

Analizzando questa spiegazione, possiamo renderci conto che il lato oscuro è l'abilità di controllare le menti altrui. Abbiamo tutti questa potenzialità e utilizziamo anche consapevolmente e inconsapevolmente.

È un gioco della mente in cui giochiamo con i pensieri, i sentimenti, le percezioni, ecc. degli altri per soddisfarci raggiungendo gli obiettivi desiderati. Ad esempio, possiamo dire che un venditore è molto appassionato nel vendere i suoi prodotti al cliente e nell'usare la psicologia oscura per manipolarli. Lo sta facendo consapevolmente.

D'altra parte, un egoista sta giocando con la mente degli altri per soddisfare i desideri inconsapevolmente. L'applicazione inconsapevolmente della psicologia oscura può essere molto dannosa. Allo stesso tempo, può ferire profondamente i sentimenti degli altri. Inoltre, non è bene applicare agli altri consapevolmente.

QUAL È LA TRIADE OSCURA IN PSICOLOGIA?

La triade oscura è un termine psicologico che consisteva in tre tratti della personalità antisociale o oscura: narcisismo, machiavellismo e psicopatico. Sono chiamati oscuri a causa delle loro qualità malvagie e tentano di dominare altre decisioni. La triade oscura viene utilizzata nella psicologia applicata, in particolare nelle forze dell'ordine, nella psicologia clinica e nella gestione aziendale.

Alcune persone seguono *trucchi dell'egoismo per nascondere la manipolazione segreta del loro lato oscuro.* Inoltre, possono mostrare grandiosità, impulsività, mancanza di *senso della moralità,* spietatezza. Inoltre, possono concentrare gli altri poiché sono *vittime della costrizione per manipolare gli altri.*

Psicologia del senso oscuro dell'umorismo

Nella psicologia oscura, un senso dell'umorismo è una nuova aggiunta alle *tattiche oscure.* Un oscuro senso dell'umorismo è un indicatore di alta intelligenza. Secondo uno studio molto recente, ci sono alcune forme di umorismo nero come le battute tabù, "Le persone che apprezzano le battute tabù mostrano livelli più alti di intelligenza".

Secondo i risultati di un nuovo studio austriaco pubblicato sulla rivista Cognitive Processing, un apprezzamento dell'umorismo nero potrebbe essere un indicatore e un'azione dei livelli di intelligenza. Un altro gruppo di ricercatori dell'Università di Medicina di Vienna ha scoperto che il godimento del cosiddetto "umorismo da forca" è legato ad alti livelli di intelligenza sia verbale che non verbale.

Lo psicoanalista Sigmund Freud nella sua teoria dell'umorismo, 1905, propone che l'umorismo consente uno scarico provvisorio e relativamente sicuro di impulsi sessuali e distruttivi tipicamente repressi sotto forma di ingegno. Sono in corso così tante ricerche e sperimentazioni con questo umorismo nero e il senso dell'umorismo oscuro. In questo mondo, ci sono alcuni che hanno questo tipo di senso dell'umorismo. Indica un alto livello di intelligenza.

TATTICHE DELLA PSICOLOGIA OSCURA

La manipolazione psicologica significa cambiare le opinioni, i sentimenti, i punti di vista, il pensiero e persino i sistemi di valori. Questa influenza sociale mira a essere un leader o nascondere l'altruismo fuorviando le percezioni degli altri attraverso varie tattiche di manipolazione oscura. Ad esempio, amici, familiari e medici possono influenzare modifiche contrarie alle abitudini e ai comportamenti. Gli oscuri manipolatori possono mostrare una mancanza di empatia per gli altri.

Nella nostra vita quotidiana, affrontiamo inconsciamente tattiche di psicologia oscura. I manipolatori ci attaccano silenziosamente e non ce ne siamo nemmeno resi conto. In questo fatto, i manipolatori usano consapevolmente tattiche oscure.

I tipi di *manipolazione* psicologica o *mentale* includono aggressività segreta, critica, abuso narcisistico e forme sottili di abuso emotivo. Le armi più utilizzate sono di seguito:

1. Facendoti sentire la tua colpa, l'*egoismo* e la vergogna.
2. Lamentarsi contro di te.
3. Confrontarti con qualcun altro.
4. Mentire, negare.
5. Evitandoti.
6. Giocando con la tua mente.
7. Ricatto emotivo.
8. Mostrando simpatia.
9. Chiedere scusa.
10. Facendo favori per te.

I manipolatori usano queste tattiche con coscienza per mostrare la loro leadership e autorità. Queste tattiche distruttive possono essere traumatiche per te e possono anche danneggiare la tua autostima. Per la nostra autodifesa, dovremmo scoprire come comportarci con un narcisista e con le persone difficili.

TRUCCHI DELLA PSICOLOGIA OSCURA

Ogni singola cosa in questo mondo ha lati positivi e negativi. Se possiamo usare *la persuasione oscura* per manipolare le menti delle persone per il benessere della civiltà umana, sarà fantastico. Ci sono così tanti trucchi dell'oscurità psicologica per manipolare qualcuno. Possiamo usare questi trucchi facilmente e ovviamente con saggezza. Durante l'utilizzo di trucchi, dobbiamo ricordare che non deve essere la causa di alcun danno ad altre persone.

Ecco alcuni trucchi e suggerimenti pragmatici per controllare le menti delle persone.

Usiamoli con parsimonia:

1. **Sorridi prima di parlare:** questo aiuterà le altre persone a sentirsi a proprio agio con te e si apriranno con te.

2. **Contatto visivo:** questo ti aiuta a essere intelligente e acuto con gli altri. Le persone prenderanno sul serio te e il tuo discorso.

3. **Essere gentile con gli altri:** saluta i tuoi vicini e gli altri che conosci e affermati di fronte a loro come una persona ben educata.

4. **Scegliere saggiamente frasi o parole:** ad esempio, invece di dire: "Lo so", dovresti dire: "Hai ragione", quindi l'altra persona si sentirà bene a parlare con te.

5. **Restare in silenzio:** se vuoi avere maggiori informazioni, non chiedere; fate silenzio; l'altra persona riempirà automaticamente la tua sete. D'altra parte, se vuoi evitare che qualcuno stia zitto, smetterà di irritarti.

6. **Dare importanza agli altri:** durante la conversazione, lasciagli spazio sufficiente per esprimere la sua opinione. Ascolta attentamente i loro discorsi.

7. **Fai sentire gli altri liberi con te:** mentre parli, usa i nomi delle persone con affetto. Non creare mai una situazione imbarazzante. Dai loro la possibilità di capirti.

8. **Smetti di litigare:** quando sai che sta dicendo male, non dirlo direttamente, non provare nemmeno a discutere. Lascia che finiscano e cerca di usare parole positive per fargli capire il fatto.

9. **Fai ridere le persone:** dovresti far ridere le persone se vuoi controllare le menti di qualcuno perché le risate le rendono vulnerabili.

10. **Gestire una persona aggressiva:** stai zitto e poi pronuncia la parola giusta che la attaccherà direttamente. Così sarà controllato.

I QUATTRO TRATTI DELLA "PERSONALITÀ OSCURA"

Negli ultimi anni, il movimento " Psicologia positiva " è stato di gran moda.

Ma molti studiosi hanno contrastato la tendenza con una serie di studi che approfondiscono il lato oscuro della personalità umana. "Il nostro lavoro sul 'lato oscuro' è in netto contrasto con il lavoro popolare sui tratti positivi della personalità.

Ma ci sono differenze importanti, e queste distinzioni hanno importanti implicazioni per il tipo di danno che queste persone possono fare ai loro partner e colleghi.

I **narcisisti** sono "grandiosi promotori di sé che bramano continuamente attenzione ".

I **machiavellici**, sono "Maestri manipolatori ... uno di loro ti ha ingannato per qualcosa di prezioso, un fatto che potresti non aver realizzato fino a quando non è stato troppo tardi". Si differenziano dai narcisisti per i loro punteggi particolarmente alti nei test di manipolazione e per la loro inclinazione a essere coinvolti nella criminalità. Il truffatore di azioni Bernard Madoff, che si è fatto strada fino alla leadership della Borsa di New York, solo per usare la sua posizione per truffare i suoi investitori di centinaia di milioni di dollari, è il classico machiavellico.

Gli psicopatici sono "senza dubbio i più malevoli", ottenendo punteggi elevati in termini di insensibilità, impulsività, manipolatività e grandiosità, essendo quindi oscuri su tutta la linea. Spesso fanno del male agli altri mentre vanno in cerca di emozioni con poca preoccupazione per chi viene ferito lungo la strada. La loro impulsività li rende meno abili nel crimine e spesso li inclina alla violenza quando gli altri si mettono sulla loro strada. Charles Manson e Whitey Bulger sono casi classici di psicopatia. Ci sono molte persone la cui psicopatia è abbastanza bassa da evitare di finire in prigione, mentre ciò nonostante porta a costi e conseguenze per coloro che sono vicini a loro.

Ciò che è particolarmente preoccupante di questo primo studio (l'originale "Dark Triad") è che spesso sono socialmente abili e possono fare ottime prime impressioni. Ad esempio, fanno meglio ai colloqui di lavoro rispetto alle persone normali, avvantaggiati dalla loro mancanza di ansia per le opinioni degli altri e da una maggiore disponibilità a mostrare i loro punti di forza agli estranei mentre giocano in modo fluido e confortevole.

I sadici di tutti i giorni condividono il tratto dell'insensibilità con i primi tre tipi, ma si distinguono non per la loro impulsività o manipolatività (che sono nella gamma normale), ma piuttosto per il loro godimento della crudeltà. Come osservano numerosi studiosi, i sadici di tutti i giorni possono essere attratti da lavori come agenti di polizia o militari, dove possono danneggiare gli altri in modo legittimo. Non stiamo dicendo, per inciso, che tutto il personale delle forze dell'ordine sia sadico, ma semplicemente che i loro ranghi potrebbero avere un numero superiore alla media di sadici di tutti i giorni.

CAPITOLO 2: PERSUASIONE E MANIPOLAZIONE

A meno che tu non stia cercando un livello zen alla pari con i monaci buddisti più rispettosi, c'è praticamente sempre qualcosa che desideri.

Potresti volere un aumento dal tuo datore di lavoro, una partnership con una nuova attività che si è aperta, o forse anche piccole cose, che possono in qualche modo, incentivarti ad agire.

Puoi ottenere molte cose nella vita semplicemente convincendo qualcun altro a dartele, ma non te le daranno senza una buona ragione.

Il tuo più grande strumento per ottenere ciò che desideri è attraverso la psicologia della manipolazione e della persuasione.

Ecco sette tattiche persuasive che puoi usare per ottenere ciò che vuoi da chiunque.

1. Essere fiducioso

Il tuo primo passo è rimanere e trasmettere fiducia per tutta la durata della tua richiesta. Più sei sicuro, più convincenti suoneranno le tue argomentazioni e più potente apparirai. La fiducia è facile da fingere e difficile da distinguere, quindi non aver paura se non ti senti sicuro, agisci semplicemente a viso aperto e probabilmente sarà sufficiente.

Uno studio dell'Università di Leicester ha scoperto che "l'unica differenza comportamentale significativa tra persuasori e persuadenti era l'espressione della fiducia".

La fiducia implica sottilmente che sei già convinto che otterrai ciò che desideri, il che influenza sottilmente l'altra parte nel dartelo. Fai solo attenzione a non estendere eccessivamente la tua esibizione di fiducia, o correrai il rischio di spegnere le persone con arroganza.

2. Introdurre un argomento logico

Le persone sono facilmente persuase dalla logica. Il Conflict Research Consortium dell'Università del Colorado afferma che "la persuasione è il processo per convincere un avversario a cambiare le sue convinzioni e / o il suo comportamento attraverso argomenti morali o logici (piuttosto che con la forza). Quando qualcuno è persuaso a fare qualcosa, fallo perché sono arrivati a credere che sia la cosa giusta o migliore da fare ".

Ad esempio, supponiamo che tu stia persuadendo il tuo collega ad accettare uno dei compiti più impegnativi di un incarico su cui state lavorando insieme.

Inizialmente, il tuo collega potrebbe resistere, ma puoi usare un argomento logico per spiegare che è meglio equipaggiato per gestire quella sezione, il che significa che il compito sarà svolto più velocemente ed in modo più efficiente, facendo sembrare entrambi positivi e aiutando l'azienda a gestire il processo.

3. Farlo sembrare vantaggioso per l'altra parte

Uno dei mezzi più efficaci di persuasione è far sembrare la tua richiesta preziosa per l'altra parte. Farlo può essere complicato, ma nelle giuste circostanze può essere perfetto. Ad esempio, supponiamo che tu stia cercando di convincere un amico ad aiutarti a muoverti.

Ovviamente il trasloco richiede molto lavoro e il tuo amico potrebbe non essere così disposto ad accettarlo. Invece di parlare di tutti i mobili di cui hai bisogno per spostare, parla di quanto sarà divertente passare attraverso le tue vecchie cianfrusaglie, o di come stai acquistando la pizza per tutti in seguito, o di come stai dando via alcune cose vecchie una volta terminato. Dai l'impressione che ci sia guadagno e ce la farai.

4. Scegliere attentamente le proprie parole

Alcune parole hanno un valore intrinsecamente più alto di altre e alcune parole hanno associazioni più positive. Ad esempio, "lucrativo" è una parola più potente di "buono" e "ragionevole" è una parola più potente di "va bene".

Il tuo obiettivo qui non è quello di iniettare parole grosse nelle tue frasi, ma piuttosto di organizzare le tue frasi per assicurarti che il tuo significato sia preciso. Nel processo, t'imbatterai in un comunicatore migliore, il che ti farà sembrare più intelligente e premuroso, e quindi più affidabile.

5. Usare l'adulazione

È uno dei trucchi più economici in questo elenco, quindi tieni presente che una buona percentuale della popolazione ti catturerà rapidamente se sei troppo schietto o ovvio. Invece di corrompere apertamente il soggetto designato con lusinghe, usa frasi sottili e commenti spontanei per adulare il destinatario.

Ad esempio, invece di dire al tuo capo: "Ehi, è davvero una bella cravatta, pensi che oggi potrei prendermi un'ora in più per il pranzo?" prova qualcosa del tipo: "Posso avere un'ora in più per pranzo oggi? So che di solito sei flessibile, ma volevo passarti davanti per essere sicuro."

6. Essere paziente, ma persistente

Non puoi sempre convincere il tuo soggetto a darti quello che vuoi al primo tentativo. Se non hai successo, non ricorrere a suppliche, accattonaggi o discussioni. Invece, lascia andare la situazione, ricordati di te stesso e riprova in un secondo momento.

I tuoi messaggi persuasivi rimarranno nel suo subconscio e la prossima volta che solleverai l'argomento, avrai la possibilità di sembrare più ragionevole (e più persuasivo). Non abbandonare il tuo obiettivo, ma lascia molto tempo tra i tentativi.

Ricorda che la persuasione è un'abilità che può essere affinata e migliorata nel tempo. Non avrai successo la prima volta che metti in pratica queste tattiche (molto probabilmente), ma più le userai, più abile e naturale sarai nella loro esecuzione.

Fare attenzione a non manipolare o intimidire le persone; invece, il tuo obiettivo dovrebbe essere quello di aiutarli a vedere le cose sotto una luce diversa.

CAPITOLO 3: GIOCHI MENTALI

La maggior parte delle discussioni sull'influenza positiva sugli altri alla fine tocca il lavoro fondamentale di Dale Carnegie, *How to Win Friends and Influence People*. Scritto più di 83 anni fa, il libro tocca una componente fondamentale dell'interazione umana, costruendo relazioni forti. Non c'è da meravigliarsi perché.

Tutto ciò che facciamo dipende dalla nostra capacità di connetterci con gli altri e di formulare relazioni profonde. Non puoi vendere o comprare una casa, avanzare nella maggior parte delle carriere, vendere un prodotto, presentare una storia, tenere un corso, ecc., senza costruire relazioni sane. I manager ottengono i migliori risultati dalle loro squadre, non attraverso la forza bruta, ma con attenti appelli alla loro sensibilità, ritiri occasionali dal serbatoio di rispetto che hanno costruito. Usando queste tattiche, possono influenzare gli altri all'eccellenza, alla produttività e al successo.

La maggior parte di noi ha qualcuno nella nostra vita che ci influenza positivamente. La verità è che influenzare positivamente le persone significa centrare l'umanità degli altri. Le probabilità ci sono, tu conosci qualcuno che è veramente bravo a fare sentire gli altri come stelle. Possono farti fare cose che la persona media non può. Dove le richieste degli altri suonano come unghie su una lavagna, la richiesta di questa persona speciale suona come musica per le tue orecchie. Sei felice non solo di ascoltare ma anche di obbedire.

Quindi come influenzare le persone in modo positivo? Continua a leggere per alcuni suggerimenti.

1. Essere autentico

Per influenzare le persone in modo positivo, sii autentico. Piuttosto che essere una copia carbone della versione di autenticità di qualcun altro, scopri cosa ti rende unico.

Scopri il tuo punto di vista unico su un problema e poi rispettalo e onoralo. Uno dei motivi per cui gli influencer dei social media sono così potenti è che si sono ritagliati una nicchia per sé stessi o hanno preso un problema comune e lo hanno affrontato in modo nuovo o insolito. Le persone apprezzano istintivamente coloro la cui personalità pubblica corrisponde ai loro valori privati.

Le contraddizioni ci infastidiscono perché desideriamo la stabilità. Quando qualcuno professa di essere unidirezionale, ma vive in modo contrario a quella professione, segnala che è confuso o inaffidabile e quindi non autentico. Nessuna di queste combinazioni è di buon auspicio per influenzare positivamente gli altri.

2. Ascoltare

Dobbiamo sempre ascoltare quello che dicono gli altri. Se ascolti attentamente, saprai tutto quello che di cui hai bisogno di sapere sul carattere, i desideri e le esigenze di una persona.

Per influenzare positivamente gli altri, devi ascoltare ciò che viene detto e ciò che non viene detto. Qui sta la spiegazione di ciò di cui le persone hanno bisogno per sentirsi convalidate, supportate e viste. Se una persona si sente invisibile ai suoi superiori, è meno probabile che sia influenzata positivamente da quella persona.

L'ascolto soddisfa il bisogno primario di convalida e accettazione di una persona.

3. Diventare un esperto

La maggior parte delle persone è predisposta ad ascoltare, se non al rispetto, all'autorità. Se vuoi influenzare positivamente gli altri, diventa un'autorità nell'area in cui cerchi di guidare gli altri. Cerca e leggi tutto ciò che puoi sull'argomento dato, quindi cerca opportunità per mettere in pratica la tua istruzione.

Puoi discutere sulle opinioni. Non puoi discutere, o non è saggio discutere sui fatti e gli esperti vengono con i fatti.

4. Condurre con la storia

Se vuoi influenzare le persone, impara a raccontare storie. Le tue storie dovrebbero essere correlate al problema o al concetto che stai discutendo. Dovrebbero essere un'analogia o una metafora che spiega il tuo argomento in termini ordinari e con vividi dettagli.

5. Dare l'esempio

È incredibilmente stimolante guardare persone appassionate e di talento al lavoro o nel gioco. Uno dei motivi per cui una persona che non è un atleta può essere in soggezione per l'abilità atletica è perché la natura umana apprezza lo straordinario. Quando guardiamo le Olimpiadi, le prove olimpiche, le gare di ginnastica, il pattinaggio sul ghiaccio e altri sport competitivi, possiamo riconoscere lo sforzo delle persone che giorno dopo giorno danno il massimo.

Celebriamo risultati straordinari e crediamo che il loro esempio sia la prova che anche noi possiamo realizzare qualcosa di grande, anche se non ci qualifichiamo per le Olimpiadi. Per influenzare le persone in modo positivo, dobbiamo dare l'esempio, guidare con intenzione ed eseguire con eccellenza.

6. "Catturare" persone che fanno del bene

Un modo potente per influenzare le persone in modo positivo è catturare le persone che fanno del bene. Invece di cercare problemi, cerca i successi. Cerca cose spesso trascurate ma di fondamentale importanza che i tuoi colleghi, subordinati e manager fanno per rendere il lavoro più efficace e più piacevole.

Una volta scoperte le persone che fanno del bene, nomina e nota i loro contributi.

7. Essere espansivo con lode

Le riunioni o qualsiasi compito, non sarà solo un'occasione per passare in rassegna un elenco di cose da fare, ma saranno opportunità per celebrare i risultati, non importa quanto piccoli possono essere.

8. Essere gentile piuttosto che giusto

Per le persone che mancano di fiducia, o per le persone che danno la priorità alle opinioni degli altri, avere ragione è importante. La convalida che deriva dall'essere percepito come "giusto" alimenta il proprio ego. Ma nella ricerca di essere "giusti", possiamo ferire altre persone. Una volta che abbiamo ferito qualcuno essendo scortese, è molto più difficile convincerlo ad ascoltare ciò che stiamo cercando di influenzarlo a fare.

L'antidoto per influenzare gli altri tramite il bullismo è dare la priorità alla gentilezza al di sopra della correttezza. Puoi essere gentile e rimanere fermo nella tua posizione. Ad esempio, molte persone pensano di aver bisogno che gli altri convalidino la loro esperienza. Se una persona non vede la situazione che hai vissuto nel modo in cui la vedi tu, ti arrabbi. Ma la tua esperienza è la tua esperienza.

Se tu e i tuoi amici andate a mangiare fuori e avete un'intossicazione alimentare, non è necessario che i vostri amici concordino sul fatto che il cibo servito al ristorante era problematico per voi. La tua esperienza di avere un'intossicazione alimentare è tutta la convalida di cui hai bisogno. Pertanto, prendersi del tempo per avere ragione è essenzialmente sprecato e, se eri scortese nel cercare la convalida per la tua esperienza d'intossicazione, ora hai davvero perso punti.

9. Comprendere i bisogni logici, emotivi e cooperativi di una persona

Il Center for Creative Leadership ha affermato che il modo migliore per influenzare gli altri è fare appello ai loro bisogni logici, emotivi e cooperativi. Il loro bisogno logico è il loro bisogno razionale ed educativo. Il loro bisogno emotivo è l'informazione che li tocca in modo profondamente personale. Il bisogno cooperativo è comprendere il livello di cooperazione di cui i vari individui hanno bisogno e quindi offrirlo in modo appropriato.

Il trucco con questo sistema è capire che persone diverse hanno bisogno di cose diverse. Per alcune persone, un forte richiamo emotivo supererà le spiegazioni logiche. Per altri, avere l'opportunità di collaborare prevarrà sulla connessione emotiva.

Se conosci il tuo pubblico, saprai di cosa ha bisogno per essere influenzato positivamente. Se disponi di informazioni limitate sulle persone che stai tentando di influenzare, sarai inefficace.

10. Capire la propria corsia

Se vuoi influenzare positivamente gli altri, agisci dalla tua sfera d'influenza. Operare dal proprio luogo di competenza. Lascia tutto il resto agli altri. Sono finiti i giorni in cui si celebra l'essere un tuttofare.

La maggior parte delle persone apprezza i marchi che comprendono il proprio pubblico di destinazione e quindi offrono ciò che quel pubblico desidera. Quando ti concentri su ciò per cui sei dotato e qualificato per fare in modo univoco, e poi offri quel dono alle persone che ne hanno bisogno, probabilmente sei più efficace. Questa efficacia è attraente.

Non puoi influenzare positivamente gli altri se sei più preoccupato da ciò che gli altri fanno bene rispetto a ciò che fai bene tu.

Influenzare le persone significa centrare la tua umanità. Se vuoi influenzare positivamente gli altri, concentrati prima sul modo in cui comunichi e migliora il rapporto con te stesso.

È difficile influenzare gli altri se stai ancora cercando di capire come comunicare con te stesso.

CAPITOLO 4: MESSAGGI SUBLIMINALI

L'influenza subliminale consiste nel persuadere le persone a prendere decisioni basate su messaggi, gesti o immagini sottili di cui potrebbero non essere consapevoli. Che tu stia interagendo con colleghi, amici o perfetti sconosciuti, è utile avere la capacità di persuadere gli altri a seguire il tuo esempio. Potrebbe non venirti naturale. Ma con abbastanza prove, scoprirai presto che gli altri si sottomettono alla tua influenza con poca resistenza.

- Chiedi a qualcuno di farti un favore, noto anche come effetto Benjamin Franklin. La leggenda narra che una volta Benjamin Franklin volesse conquistare un uomo a cui non piaceva. Chiese all'uomo di prestargli un libro raro e quando il libro fu ricevuto lo ringraziò gentilmente. Di conseguenza, quest'uomo che non aveva mai voluto parlargli prima, divenne un buon amico di Franklin. Per citare Franklin: "Colui che una volta ti ha fatto una gentilezza sarà più pronto a ricambiare perché tu stesso lo hai obbligato." Gli scienziati hanno deciso di testare questa teoria e hanno scoperto che coloro a cui è stato chiesto dal ricercatore un favore personale hanno valutato quest'ultimo molto più favorevolmente rispetto agli altri gruppi. Può sembrare controintuitivo, ma la teoria è piuttosto valida. Se qualcuno ti fa un favore, è probabile che razionalizzi che devi essere valsa la pena fare il favore e deciderà che quindi gli devi piacere.

- All'inizio chiedi molto più di quanto desideri, quindi ridimensionalo in un secondo momento. Questo trucco è talvolta noto come l'approccio della porta in faccia. Inizi lanciando una richiesta davvero ridicola a qualcuno, una richiesta che molto probabilmente rifiuterà. Poi torni subito dopo e chiedi qualcosa di molto meno ridicolo, la cosa che volevi veramente in primo luogo. Questo trucco può anche sembrare controintuitivo, ma l'idea alla base è che la persona si sentirà male per aver rifiutato la tua prima richiesta, anche se era irragionevole, quindi quando chiedi qualcosa di ragionevole si sentirà obbligata ad aiutare questa volta. Gli scienziati hanno testato questo principio e hanno scoperto che funzionava molto bene fintanto che la stessa persona chiedeva sia il favore più grande che quello più piccolo, perché la persona si sente obbligata ad aiutarti la seconda volta.

- Usa il nome di una persona a seconda della situazione. Dale Carnegie, l'autore di *How to Win Friends and Influence People,* credeva che usare il nome di qualcuno fosse incredibilmente importante. Ha detto che il nome di una persona è il suono più dolce in qualsiasi lingua per quella persona. Un nome è la parte centrale della nostra identità, e quindi ascoltarlo convalida la nostra esistenza, il che ci rende molto più inclini a sentire positivamente la persona che ci ha convalidati. Ma l'uso di un titolo può anche avere effetti forti, secondo il principio *come se.* L'idea è che se ti comporti come un certo tipo di persona, diventerai quella persona, è un po' come una profezia che si autoavvera. Per usarlo per influenzare gli altri, puoi riferirti a loro come quello che vuoi che siano, in modo che inizieranno a pensare a sé stessi in questo modo.

- L'adulazione ti porterà ovunque. Questo può sembrare ovvio all'inizio, ma ci sono alcuni importanti avvertimenti. Per cominciare è importante notare che se l'adulazione non è vista come sincera, farà più male che bene. Ma i ricercatori hanno studiato le motivazioni alla base della reazione delle persone all'adulazione e hanno trovato alcune cose molto importanti. Per dirla semplicemente, hanno scoperto che le persone tendono a cercare l'equilibrio cognitivo, cercando di mantenere i loro pensieri e sentimenti sempre organizzati in modo simile. Quindi, se aduli qualcuno che ha un'alta stima di sé, ed è visto come sincero, gli piacerai di più, poiché confermi come si sente su sé stesso. Tuttavia, se aduli qualcuno che ha una bassa autostima, c'è la possibilità che possa ritorcersi contro e fargli piacere di meno, perché interferisce con il modo in cui si percepisce. Questo, ovviamente, non significa che dovresti sminuire una persona di bassa autostima!

- Rispecchia il loro comportamento. Il mirroring è anche noto come mimetismo ed è qualcosa che alcune persone fanno naturalmente. Le persone con quest'abilità sono considerate camaleonti; cercano di mimetizzarsi nel loro ambiente copiando i comportamenti, i manierismi e persino i modelli di linguaggio degli altri. Tuttavia, quest'abilità può anche essere utilizzata consapevolmente ed è un ottimo modo per renderti più simpatico. I ricercatori hanno studiato il mimetismo e hanno scoperto che coloro che erano stati imitati erano molto più propensi ad agire favorevolmente nei confronti della persona che li aveva copiati. Ancora più interessante è stata la loro seconda scoperta: che coloro che avevano qualcuno che imitava il loro comportamento erano in realtà più gentili e gradevoli per gli altri in generale, anche per coloro che non erano coinvolti nella situazione. È probabile che il motivo per cui funziona è che rispecchiare il comportamento di qualcuno lo fa sentire convalidato. Sebbene questa convalida sia probabilmente associata in modo più positivo alla persona che l'ha convalidata, sentirà una maggiore autostima e quindi sarà più sicura, più felice e ben disposta nei confronti degli altri.

- Chiedi favori quando qualcuno è stanco. Quando qualcuno è stanco, è più suscettibile a tutto ciò che qualcuno può dire, sia che si tratti di un'affermazione o di una richiesta. La ragione di ciò è che quando le persone sono stanche non è solo il loro corpo fisico, ma anche i loro livelli di energia mentale diminuiscono. Quando fai una richiesta a qualcuno che è stanco, probabilmente non otterrai una risposta definitiva, ma probabilmente un "Lo farò domani", perché al momento non vogliono occuparsi delle decisioni. Il giorno successivo, è probabile che seguano perché le persone tendono a mantenere la parola data; psicologicamente è naturale voler portare a termine qualcosa che hai detto o promesso.

- Inizia con una richiesta che non possono rifiutare. Questo è il contrario della porta nella tecnica del viso. Invece di iniziare con una grande richiesta, inizi con qualcosa di veramente piccolo. Una volta che qualcuno si è impegnato ad aiutarti o ad accettare qualcosa, ora è più probabile che accetti una richiesta più grande. Gli scienziati hanno testato questo fenomeno per quanto riguarda il marketing. Hanno iniziato facendo in modo che le persone esprimessero sostegno per le foreste pluviali e l'ambiente, che è una richiesta abbastanza semplice. Poi hanno scoperto che una volta che avevano ottenuto loro di esprimere il loro accordo a sostenere l'ambiente, erano molto più facili da convincere quando si trattava di acquistare prodotti che sostenevano le foreste pluviali e altre cose simili. Tuttavia, non iniziare con una richiesta e assalirli immediatamente con un'altra. Gli psicologi hanno trovato molto più efficace aspettare un giorno o due per fare la seconda richiesta.

- Non correggere le persone quando hanno torto. Carnegie ha anche sottolineato nel suo famoso libro che dire a qualcuno che ha torto di solito non è necessario e fa l'opposto di renderlo accattivante per te. In realtà c'è un modo per mostrare disaccordo e trasformarlo in una conversazione educata senza dire a qualcuno che sbaglia, il che colpisce al centro del loro ego. Questo si chiama Ransberger Pivot, inventato da Ray Ransberger e Marshall Fritz. L'idea alla base è piuttosto semplice: invece di discutere, ascolta quello che hanno da dire e poi cerca di capire come si sentono e perché. Questo li rende molto più propensi ad ascoltare ciò che hai da dire e ti consente di correggerli senza che perdano la faccia.

- Parafrasare le persone e ripetere loro quello che hanno appena detto. Uno dei modi più positivi per influenzare gli altri è mostrare loro che capisci davvero come si sentono, che provi una vera empatia per loro. Uno dei modi più efficaci per farlo è parafrasare ciò che dicono e ripeterlo loro, noto anche come ascolto riflessivo. Gli studi hanno dimostrato che quando i terapeuti utilizzavano l'ascolto riflessivo, era probabile che le persone rivelassero più emozioni e avessero un rapporto terapeutico molto migliore con il terapeuta. Questo si trasferisce facilmente a parlare con i tuoi amici. Se ascolti quello che dicono e lo riformuli come una domanda per confermare che l'hai capito, si sentiranno più a loro agio a parlare con te. Avranno anche un'amicizia migliore con te e saranno più propensi ad ascoltare ciò che hai da dire, perché hai dimostrato che ci tieni a loro.

- Annuisci molto mentre parli, soprattutto quando stai per chiedere un favore. Gli scienziati hanno scoperto che quando le persone annuiscono mentre ascoltano qualcosa, è più probabile che siano d'accordo con esso. Questo è comprensibile perché gli esseri umani sono ben noti per imitare i comportamenti, specialmente quelli che considerano avere connotazioni positive. Quindi, se vuoi essere più convincente, annuisci regolarmente durante la conversazione. La persona con cui stai parlando avrà difficoltà a non annuire e inizierà a sentirsi a proprio agio verso ciò che stai dicendo, senza nemmeno saperlo.

CAPITOLO 5: IPNOSI E COME UTILIZZARLA

L'ipnosi è uno stato mentale simile alla trance in cui le persone sperimentano maggiore attenzione, concentrazione e suggestionabilità. Sebbene l'ipnosi sia spesso descritta come uno stato simile al sonno, è meglio espressa come uno stato di attenzione focalizzata, suggestionabilità intensificata e fantasie vivide.

Tipi di ipnosi

- **Ipnosi guidata:** prevede l'uso di strumenti come istruzioni registrate e musica per indurre uno stato ipnotico. I siti online e le app mobili utilizzano spesso questa forma di ipnosi.

- **Ipnoterapia:** l'ipnoterapia è l'uso dell'ipnosi in psicoterapia ed è praticata da medici e psicologi autorizzati per il trattamento di condizioni tra cui depressione, ansia, disturbo da stress post-traumatico (PTSD) e disturbi alimentari.[1]

- **Autoipnosi:** prevede l'uso di tecniche per auto rilassarsi o curarsi attraverso l'incredibile processo ipnotico.

Le seguenti sono solo alcune delle applicazioni per l'ipnosi che sono state dimostrate attraverso la ricerca:

- Attenuazione dei sintomi associati alla sindrome dell'intestino irritabile (IBS)

- Controllo del dolore durante le procedure dentistiche

- Eliminazione o riduzione delle condizioni della pelle comprese le verruche e la psoriasi

- Gestione di alcuni sintomi dell'ADHD

- Trattamento di condizioni di dolore cronico come l'artrite reumatoide

- Trattamento e riduzione del dolore durante il parto

- Riduzione dei sintomi della demenza

- Riduzione della nausea e del vomito nei pazienti oncologici sottoposti a chemioterapia

L'uso di stati di trance di tipo ipnotico risale a migliaia di anni fa, ma l'ipnosi iniziò a crescere durante la fine del XVIII secolo grazie al lavoro di un medico di nome Franz Mesmer. La pratica iniziò male grazie alle visioni mistiche di Mesmer, ma alla fine l'interesse si è spostato su un approccio più scientifico.

L'ipnotismo divenne più importante nel campo della psicologia alla fine del XIX secolo e fu utilizzato da Jean-Martin Charcot per trattare le donne che sperimentavano quella che allora era nota come isteria. Questo lavoro ha influenzato Sigmund Freud e lo sviluppo della psicoanalisi.

Più recentemente, ci sono state diverse teorie per spiegare esattamente come funziona l'ipnosi.

METODOLOGIA APPLICATA

Vuoi imparare **a ipnotizzare qualcuno** in soli cinque semplici passaggi?

Nel corso degli anni, ci sono stati diversi dibattiti su cosa sia realmente l'ipnosi. Si scopre che l'ipnosi è uno stato mentale molto comune. Ognuno di noi usa o è esposto a qualche forma d'ipnosi ogni giorno, che ce ne rendiamo conto o meno.

Siamo costantemente ipnotizzati dal marketing e dalla pubblicità, dalla televisione e persino dai film. La mente subconscia agisce come una spugna gigante, assorbendo tutto ciò che la circonda.

Qualunque cosa stia accadendo nel tuo subconscio sta influenzando i tuoi pensieri e comportamenti.

Attiri costantemente le cose poiché la tua vita è un riflesso dei tuoi pensieri subconsci. Lavorando con l'ipnosi, sarai in grado di scegliere se quei pensieri sono buoni o cattivi, positivi o negativi e questo può avere un impatto diretto sulla tua vita.

Cominciamo...

Cos'è l'ipnosi?

L'ipnosi può essere definita in molti modi. Generalmente, ci **si**

riferisce all'ipnosi come a uno stato di trance, caratterizzato da un'intensa suggestionabilità, immaginazione intensificata e chiarezza e regolazione mentale.

Lo stato d'ipnosi simile alla trance è identico al sogno ad occhi aperti, o quella sensazione che provi quando sei perso nei tuoi pensieri o totalmente assorbito in qualcosa che ami. Questo accade di frequente, ogni volta che t'immergi in un film o guardi senza capire fuori dalla finestra.

Quando sei impegnato nell'ipnosi, sei in grado di sintonizzarti sulla maggior parte, se non tutti, degli stimoli intorno a te. L'ipnosi ti consente di attingere allo stato delle onde cerebrali alfa, che si verifica quando le onde cerebrali rallentano.

La gamma di frequenze alfa colma il divario tra la mente pensante cosciente e la mente subconscia. Ti aiuta a calmarti e ti porta in uno stato di profondo rilassamento. Ecco perché molte persone usano l'ipnosi per gestire e ridurre lo stress.

COME FUNZIONA L'IPNOSI?

L'ipnosi è un processo che utilizza la potente mente subconscia e la connessione mente-corpo. È uno stato di coscienza alterato in cui si ha una maggiore concentrazione e consapevolezza.

Quando t'immergi nell'ipnosi, il mondo dell'immaginazione diventa del tutto reale. Le uniche limitazioni che hai sono nella tua mente.

Se scegli di liberarti dai tuoi schemi abituali sotto l'ipnosi, sarai in grado di portare quei cambiamenti nella tua vita quotidiana.

Nuovi percorsi neurali nel cervello possono essere creati attraverso cambiamenti nel comportamento, nell'ambiente e nei processi come l'ipnosi. Il cervello adattivo è malleabile come la plastica ed è progettato per l'apprendimento. Quando ti sottoponi all'ipnosi, stai essenzialmente ricablando quei percorsi neurali.

Quando ti rilassi in uno stato ipnotico, la tua mente diventa suggestionabile e sei quindi in grado di arrivare alla causa principale dei problemi e riscrivere le storie che hai creato su determinati eventi nel tuo passato.

Praticando l'ipnosi, alleni la tua mente a lasciar andare i pensieri negativi. Più alleni la tua mente a concentrarti sul presente e sul positivo, più sarai felice e pacifico.

Quando sarai in grado di cambiare idea, sarai in grado di cambiare anche la tua vita, perché entrambi hanno un impatto simultaneo l'uno sull'altro.

In che modo l'ipnosi può cambiare la tua vita?

L'ipnosi può trasformare la tua vita che tu sia un ipnoterapeuta professionista o un cliente. Come professionista, puoi imparare l'ipnosi e aiutare a cambiare la vita delle persone. Come cliente, puoi usare l'ipnosi per guidare la tua mente in una direzione più positiva, in modo da poter apportare i cambiamenti che desideri.

Puoi anche incorporare l'ipnosi in altre pratiche se sei un terapista, un coach o un mentore. Imparare le abilità e le tecniche dell'ipnosi è un ottimo modo per espandere il tuo kit di strumenti, in qualunque cosa tu faccia.

Con l'ipnosi puoi:

- Apportare le modifiche più velocemente
- Manipolare le persone
- Liberarti da una mentalità di scarsità
- Gestire meglio lo stress
- Smettere di fumare
- Perdere peso
- Supera le dipendenze
- Guarire il tuo corpo
- Migliorare la tua vita
- Pensare in modo più positivo
- Abbracciare il cambiamento
- Potenziare la fiducia in te stesso
- Essere più prospero

Come puoi vedere, ci sono molti vantaggi dell'ipnosi, che tu sia un cliente o un professionista che la usa ogni giorno.

Coloro che s'impegnano in un programma d'ipnosi regolare possono gestire meglio l'ansia e lo stress e vivere una vita più sana.

L'ipnosi ti aiuta a fare tutto meglio, e questo è davvero il bello. L'ipnosi è di gran lunga uno dei modi più semplici per apportare cambiamenti duraturi.

PERCHÉ DOVRESTI IPNOTIZZARE QUALCUNO?

Per capire come l'ipnosi può essere utile, è importante fermarsi e chiedersi perché vuoi ipnotizzare qualcuno e qual è la tua motivazione?

Vuoi imparare alcune tecniche utili per te e i tuoi amici? Vuoi apprendere nuove abilità che puoi utilizzare come parte del tuo ruolo o lavoro attuale? O vuoi potenti strumenti di sviluppo personale che puoi utilizzare in tutte le aree della tua vita?

Sia che tu voglia imparare l'ipnosi per incorporarla nel tuo programma di miglioramento personale o imparare a diventare un professionista a tempo pieno, si applicano gli stessi principi: **L'ipnosi non è il controllo della mente e non implica la manipolazione di qualcuno.**

L'immaginazione guidata, che è una forma di trance, viene utilizzata tutto il tempo nel sistema sanitario per aiutare i pazienti a visualizzare sé stessi mentre stanno guarendo e l'ipnosi è molto simile.

Il professionista dell'ipnosi funge da guida e da una sorta d'insegnante, aiutandoti a sentirti più a tuo agio con il processo d'ipnosi. **In definitiva, l'unico che può "ipnotizzarti" sei TU.**

L'ipnosi è molto sicura perché hai sempre il controllo. Potresti aver visto l'ipnosi da palcoscenico e temere che possano essere costretti ad abbaiare come un cane o chiocciare come un pollo. Non preoccuparti, l'ipnoterapia professionale è un potente intervento per la salute e il benessere, che non ti farebbe mai fare nulla che vada contro la tua morale o i tuoi valori.

L'ipnosi fornisce maggiore chiarezza, e concentrazione e ti consente di avere il controllo della tua mente. L'ipnosi è un processo molto delicato. Usando l'ipnosi, puoi letteralmente allenare la tua mente a concentrarsi su qualunque cosa tu voglia creare.

5 PASSAGGI PER IPNOTIZZARE QUALCUNO

Ci sono molti metodi quando si tratta di ipnotizzare le persone. Alcuni ipnoterapeuti potrebbero essere più a loro agio a lavorare con qualche tipo di copione scritto come guida o punto di partenza, mentre altri potrebbero non utilizzarlo affatto.

L'ipnosi non deve essere complicata. Puoi imparare come ipnotizzare qualcuno utilizzando i 5 semplici passaggi di seguito.

1. Costruire un rapporto
2. Induzione ipnotica e approfondimento
3. Immagini ipnotiche
4. Stato futuro
5. Incorporare i suggerimenti

1. Costruzione Rapporti e 'Impostazione per il successo'

La prima parte di una sessione dovrebbe concentrarsi sulla costruzione di un rapporto. Questo è noto anche nei circoli ipnoterapici come pre-amble.

Questa è la parte della sceneggiatura o della sessione che fornisce lo sfondo o il contesto per il lavoro.

Può comportare porre domande per capire veramente cosa spera di ottenere il cliente. È anche utile per ottenere informazioni sulle parole e le frasi che usano, in modo da poter usare la loro lingua durante la sessione.

Marisa Peer, che è conosciuta come la " terapista del terapeuta " perché insegna alcune delle forme più efficaci di ipnoterapia, si riferisce a questo come "preparare il cliente al successo".

Se la sessione fosse basata sul superamento degli ostacoli, ad esempio, questa parte potrebbe approfondire l'ostacolo che si sta cercando di superare o il motivo per cui stanno cercando di superarlo.

È anche importante costruire un rapporto prima dell'inizio della sessione vera e propria. Prendersi qualche minuto per sedersi con qualcuno e ripassare la sua storia o il suo problema può aiutarti a sentirti più a tuo agio con lui, il che ti aiuterà durante l'induzione ipnotica.

2. Induzione ipnotica e approfondimento

Ipnotizzare qualcuno non deve essere complicato. In realtà è solo entrare in uno stato rilassato di maggiore concentrazione, senza che altre distrazioni prendano il sopravvento sulla mente.

Questa fase consiste nell'assorbire l'attenzione di qualcuno e nell'indurre la trance. Puoi farlo in molti modi.

Fondatrice di un metodo terapeutico pionieristico chiamato Terapia di trasformazione rapida, Marisa Peer consiglia di utilizzare una tecnica di movimento rapido degli occhi (REM) per aiutare i clienti a entrare in uno stato ipnotico molto più rapidamente rispetto agli approcci tradizionali.

La tecnica di Marisa consiste nel chiedere al cliente di chiudere e poi alzare gli occhi al cielo per qualche istante. Una volta che chiudono le palpebre, noterai che i loro occhi iniziano a tremolare. Questo aiuterà il tuo soggetto a rilassarsi e ad entrare in uno stato di trance simile alla fase del sonno REM (Rapid Eye Movement), caratterizzato da sogni vividi associati ad una maggiore attività cerebrale. Da questo punto in poi, ti concentri sull'approfondimento della trance.

Ignorare le chiacchiere mentali critiche di qualcuno è importante per attirare l'attenzione, quindi puoi continuare ad approfondire la trance.

Ci sono centinaia, se non migliaia, di induzioni e approfondimenti che puoi usare. È sempre una buona idea avere una buona selezione a portata di mano, nel caso in cui un metodo non sembra funzionare.

Ci sono molti modi per farlo. Un modo è semplicemente ripetere frasi rilassanti come "ora stai andando sempre più in profondità in questo bellissimo rilassamento " o "ogni suono che senti ti fa andare sempre più in profondità in questo stato di calma".

Questa parte della sceneggiatura dovrebbe essere letta con una voce fluida e melodica. Dovrebbe essere letto molto lentamente per rilassare qualcuno.

Non vuoi affrettare questa parte del processo. L'obiettivo generale è quello di rilassare lentamente e delicatamente qualcuno al punto che si addormenta in uno stato totalmente rilassato.

Anche la tua voce dovrebbe avere cadenza e ritmo poiché stai cercando di cullare qualcuno in una trance ipnotica usando l'induzione ipnotica e un approfondimento.

L'approfondimento potrebbe non essere sempre necessario, ma è un buon consiglio avere una sorta di approfonditore pronto nel caso in cui il tuo cliente non sia ancora completamente rilassato. Un deepener è semplicemente uno strumento che aiuta ad approfondire il rilassamento. In questa fase, è importante che impari i segni sottili quando qualcuno è in trance.

Come capire se il tuo cliente è sotto ipnosi

Ci sono molti segni di trance e potresti non vederli tutti, quindi assicurati di cercare questi segnali nei tuoi soggetti:

- Lacrimazione degli occhi
- Rapid Eye Movement (REM) sotto le palpebre
- Cambiamenti nel colore della pelle del viso
- Cambiamenti nel ritmo della respirazione
- Lievi scatti di mani, piedi o gambe
- Movimenti di deglutizione che rallentano
- Testa o spalle che cadono
- Occhi vitrei o tremolanti
- Micromovimenti involontari del corpo o delle labbra
- Leccarsi le labbra

Come puoi vedere, molti di questi sono segni molto sottili, quindi devi esserne consapevole. A volte le persone possono anche non sentirsi ipnotizzate quando lo sono state davvero.

Come soggetto o cliente, potresti sentire tutto ciò che dice l'ipnotizzatore. Puoi anche escluderti e non sentire nulla. Non ci sono regole rigide e veloci perché ognuno reagisce in modo diverso.

3. Immagini ipnotiche

La vera abilità del professionista inizia dopo: la parte del processo che si concentra sul problema in questione. È qui che puoi usare immagini o metafore ipnotiche. Puoi anche usare suggerimenti diretti o storie ipnotiche in questa parte della sessione per "eccitare l'immaginazione", come dice Marisa Peer. "La tua immaginazione è lo strumento più potente che possiedi" e sapere come usarlo con l'ipnosi è davvero portentoso.

Questo passaggio consiste nello stimolare la mente subconscia a scoprire eventuali blocchi inconsci o convinzioni limitanti. Questa è anche nota come fase di suggerimento.

Quello che dici a questo punto dipende ovviamente da quale sia il problema. Diciamo che stai lavorando sulla fiducia. Potresti raccontare una storia in cui qualcuno s'immagina fiducioso. Potresti anche offrire alcuni semplici suggerimenti come "Sei una persona meravigliosamente sicura di sé" o "La tua fiducia scorre dall'interno".

Le immagini ipnotiche possono essere semplici come immaginarti di saltare oltre ostacoli o complesse come usare una sorta di storia ipnotica.

Gli script d'ipnosi sono simili alle presentazioni di vendita in molti aspetti. La ripetizione è essenziale poiché è così che la mente apprende, poiché rafforza i percorsi neurali. Quello che stai davvero facendo è dire loro quello che hai intenzione di far eseguire!

4. Stato futuro

Dopo la parte principale dello script, puoi concentrarti sullo stato futuro desiderato. Questo è un buon momento per avere qualcuno che immagina il risultato finale o l'obiettivo raggiunto.

Durante questa parte del lavoro, aiuti qualcuno a visualizzare sé stesso in alcuni mesi lungo la strada, dopo aver già apportato le modifiche che desidera apportare.

Puoi farlo in diversi modi, dall'avere qualcuno nella cerchia del vincitore al permettere loro di immaginarsi alla loro dimensione e forma perfette.

Aiutare qualcuno a immaginare quello stato futuro può davvero essere efficace. Questo può portare la mente subconscia al risultato desiderato.

5. Incorporamento dei suggerimenti

Ultimo ma certamente non meno importante, è necessario incorporare i suggerimenti. Puoi farlo in diversi modi. Ad esempio, puoi ripetere suggerimenti positivi come "La tua mente è concentrata e chiara". Puoi anche dire qualcosa come "Questi suggerimenti sono ora permanentemente incorporati nel tuo subconscio, dove diventeranno sempre più forti nei prossimi giorni e settimane".

Questi suggerimenti possono essere utili che tu sia o meno un ipnoterapeuta praticante o semplicemente qualcuno che è interessato ad apprendere nuove abilità. Ricorda però di utilizzare queste tecniche sempre per scopi non malevoli e sempre rispettando gli altri!

USA QUESTE TECNICHE IN MODO RESPONSABILE

Le seguenti tecniche sono utilizzate come parte dell'ipnosi da palcoscenico. È importante notare che l'ipnosi plateale è diversa dall'ipnoterapia clinica descritta in dettaglio di seguito. Crediamo che se vuoi usare l'ipnosi, deve essere usata in modo responsabile. Tu e solo tu sei responsabile della sicurezza del tuo soggetto quando lo hai in uno stato di trance.

Usa discrezione con queste tecniche. Usale solo se sei stato addestrato o hai molta familiarità con le tecniche di ipnosi.

Che cos'è l'ipnosi a induzione rapida?

L'ipnosi a induzione rapida è usata più comunemente nell'ipnosi in stadio. L'ipnosi da palcoscenico viene eseguita di fronte a una folla in un teatro, in un club o per strada a scopo di intrattenimento. Questa tecnica è usata da ipnotizzatori addestrati per far entrare un soggetto in uno stato di trance nel giro di pochi secondi, generalmente meno di un minuto.

La differenza tra ipnosi e trance

L'ipnosi è un modo per entrare in uno stato di trance, ma entrare in uno stato di trance può essere ottenuto tramite il sonno, la meditazione e altri metodi di rilassamento. Entriamo in stati di trance per tutta la giornata guardando la TV, meditando, leggendo, suonando musica, ecc. L'ipnosi, tuttavia, è potente in quanto offre un rapido ingresso in uno stato di trance indotto artificialmente durante il quale una persona diventa aperta alla suggestione.

Un ambiente di gruppo è spesso lo scenario perfetto per selezionare una persona suggestionabile ai fini dell'ipnosi. Quando siamo in un gruppo di quattro o più persone, tendiamo ad abbassare la guardia e siamo altamente suggestionabili. Questa potrebbe essere una parte normale della condizione umana.

Ad esempio, in un gruppo, ci si aspetta che ci comportiamo in un certo modo. Quindi, per essere accettati dal gruppo, ci comporteremo in un modo previsto e andremo d'accordo con una situazione per il bene di essere accettati. È importante notare, tuttavia, che una persona che è in trance ipnotica non farà nulla che normalmente non farebbe quando è sveglia.

L'ipnosi è più facilmente aiutata in presenza di una folla.

COME IPNOTIZZARE QUALCUNO IN 5 SECONDI

La seguente tecnica è ottima per i principianti. Qui, ti accompagniamo attraverso lo scenario ideale per indurre qualcuno in trance. Per iniziare, immaginiamo di essere a una festa e di voler fare colpo sugli altri ospiti. Per prima cosa, trova un gruppo di persone e cerca una persona suggestionabile osservando il comportamento di ogni membro del gruppo.

Come capire se qualcuno è suggeribile

Suggestibilità significa che è più probabile che una persona si comporti in modo desiderabile in uno stato ipnotico. È simile all'effetto placebo: credere in qualcosa spesso convince un individuo che sta realmente accadendo. Ciò significa che le persone suggestionabili accettano l'ipnosi molto più prontamente di altre. È come se qualcuno ti dicesse che l'edificio in cui ti trovi è in fiamme e tu corri automaticamente fuori, senza mai verificare che l'edificio sia effettivamente in fiamme.

Le persone che mettono in dubbio tutto non sono considerate suggestionabili ed è improbabile che reagiscano a un suggerimento, mentre altri individui possono essere più compiacenti e altri ancora più accettabili e influenzabili. Questi individui facilmente influenzabili sono considerati suggestionabili e sono soggetti perfetti per l'ipnosi. Dopo aver identificato una persona che ritieni sia un buon bersaglio, segui le istruzioni riportate di seguito.

Scegliere un argomento

Quando scegli una persona da mettere in trance, osserva il suo linguaggio del corpo. Una persona che stabilisce un buon contatto visivo che sorride quando sorridi o annuisce quando lo fai è un grande segno. Una persona con le braccia incrociate o che guarda attentamente è scettica e non è un buon candidato.

Come ipnotizzare qualcuno per farlo addormentare

1. Identifica una persona suggestionabile in un gruppo e avvicinati. Sii attento. Guarda negli occhi della persona e stabilisci la sua fiducia.

2. Fai un'affermazione del tipo "Fa caldo qui", seguita da un movimento di rinforzo come farti vento. Quando parli, sii sicuro di te e mantieni la voce monotona ma autorevole.

3. Affronta il tuo soggetto e alza la mano come per stringergli la mano mentre sembri amichevole.

4. Guardatevi intensamente negli occhi e fissali persistentemente.

5. Prendi la loro mano e dagli un rapido scatto verso il basso. Non usare troppa forza e tieni gli occhi della persona fissi nei tuoi.

6. Alza l'altra mano al centro della schiena mentre ti avvicini alla persona e ordina loro di "Dormire!"

Risultato previsto

La persona dovrebbe assumere una postura simile a quella di un crollo o potrebbe iniziare ad addormentarsi e zoppicare. Assicurati di avere la persona al centro della schiena per aiutarla a sostenerla se necessario e posizionarla in modo sicuro su una sedia d'attesa. Chiedi agli altri spettatori di aiutarti se necessario.

Fai tutto questo in una transizione fluida e rapida. L'azione rapida è ciò che crea l'interruzione nel processo di pensiero della persona che viene ipnotizzata. C'è un disturbo nel filtro mentale che separa la nostra voce interiore e i nostri pensieri dalla nostra realtà sensoriale. Questa è la porta del nostro comando suggerito per dormire, bypassando così la capacità della persona di filtrare il comando. Questo crea una finestra di opportunità in una frazione di secondo per ottenere il tuo comando.

Come risvegliare il proprio soggetto

Svegliare il tuo soggetto è abbastanza semplice. Per farli svegliare, digli che conterai fino a cinque e che quando lo farai, si sveglieranno sentendosi bene e riposati. Contare fino a cinque e dire con una voce potente e autorevole: "Svegliatevi!"

Dimostrazione di ipnosi a insorgenza rapida

Gli individui suggestionabili hanno molte più probabilità di essere influenzati in uno stato di trance.

Come ipnotizzare qualcuno con le parole

Puoi anche usare parole specifiche per influenzare lo stato d'animo di un soggetto. Ad esempio, se sei in un gruppo di persone, sii coinvolgente e guarda le persone negli occhi mentre ti parlano. Ascolta il modo in cui parlano e di cosa. Puoi costruire la fiducia e il rapporto con il tuo soggetto suggestionabile in questo modo dopo averlo identificato.

Prima di iniziare, prepara il palco seguendo i segnali nelle espressioni facciali e nel linguaggio del corpo del soggetto per rilevare il suo stato emotivo e come si sente fisicamente. Ricorda, si dice che la maggior parte di tutta la comunicazione non sia verbale. Essendo attento, puoi creare fiducia con la persona che vuoi mettere in trance seguendo la tecnica seguente.

1. Identifica il tuo soggetto e interagisci con lui. Inizia dando comandi sottili e suggestionabili. Fai affermazioni come "Si sta facendo tardi ", seguite da movimenti di rinforzo fisico come sbadigliare.

2. Guarda come reagiscono al tuo suggerimento e cerca segnali nel linguaggio del corpo e nelle espressioni facciali. (In un gruppo di persone, questo può darti indizi su chi è il più suggestionabile.)

3. Assicurati di avvicinarti all'argomento che hai scelto quando sono in un gruppo di amici. In questo modo, sai che hanno abbassato la guardia. Usa chiacchiere e parla con il gruppo. Una volta che senti di avere la loro fiducia e un certo rapporto, vai avanti e chiedi se vogliono vedere un trucco. Il più delle volte diranno "sì".

4. Inizia con la tecnica di cui sopra. Se la persona non cade immediatamente in trance, continua a usare i tuoi comandi suggestionabili per metterla in trance. Di 'cose come: " Va bene. Ora continua a sentirti molto rilassato mentre dormi".

5. Usa le mani per guidare il loro sguardo verso il basso mentre parli. Usa frasi come "Non vorresti che accadesse ora, vero?" La mente subconscia butta fuori i negativi come (non lo farebbe) e riconosce solo le parole chiave e le frasi come ("vuoi" e "che accada" e "ora"). Dirigi il loro sguardo nei tuoi occhi per ottenere la loro concentrazione.

6. La persona dovrebbe immediatamente accasciarsi e forse cadere verso di te. È importante che tu li avvicini a te e li guidi alla tua spalla, girando la testa per riposare comodamente. È importante non lasciare che si feriscano cadendo su di te.

7. Ora, massaggia loro la schiena e dì: "Va bene, va bene. Ora

rilassati. Sentiti rilassato. Stai bene". Rassicurandoli, dai loro la sensazione che andrà tutto bene. È un'ottima idea avere una persona che ti aiuti a far sedere il soggetto su una sedia o ad adagiarlo su un letto o un divano.

8. Una volta che la persona è in stato di trance ed è in una posizione sicura e seduta, puoi usare il potere della suggestione sul tuo soggetto ipnotizzato. Ad esempio, puoi dire loro che quando conti fino a tre apriranno gli occhi ma non ricorderanno il loro nome.

9. Conta fino a tre e dì loro di aprire gli occhi. Quando i loro occhi sono aperti, chiedi loro di dirti il loro nome. Saranno stupiti di non ricordare il proprio nome.

10. Risvegliare il soggetto è facile come rimetterlo in trance con il comando del sonno. Guardali negli occhi e di nuovo, digli di dormire e rimettili sulla sedia. Quindi, digli che conterai fino a cinque e che si sveglieranno sentendosi bene e riposati.

11. Contare fino a cinque e dire con una voce potente e autorevole: "Svegliatevi!"

Queste tecniche possono essere praticate e applicate su chiunque in un ambiente sicuro.

COME IPNOTIZZARE UN AMICO E CONTROLLARLO

La seguente tecnica può essere esercitata su un amico con il suo consenso.

1. Stai in piedi o siediti faccia a faccia. Guarda negli occhi il tuo soggetto. Chiedi alla persona di mettere la mano sopra la tua, palmo contro palmo. Di 'al tuo soggetto di continuare a guardarti negli occhi finché non gli dici di fermarsi.

2. Fai una pausa e dì loro che conterai fino a tre e che quando lo farai, loro dovranno premere sulla tua mano mentre tu farai lo stesso. Spiega loro che ciò che proveranno è la tua energia. Quindi, ordina loro di ascoltare le tue istruzioni.

3. Mentre conti fino a tre e ti spingono verso il basso sulla tua mano, all'inizio mantieni la resistenza a un livello basso.

Quindi, inizia a premere più forte contro la loro mano lentamente. Di 'anche loro di premere più forte. Quando senti la pressione di loro che premono verso il basso, alza l'altra mano e posizionala sugli occhi con un movimento verso il basso, accarezzandogli lentamente la fronte.

4. Ora dì: "Quando premi la mia mano, inizierai a sentire come se le tue palpebre diventassero sempre più pesanti. Ti senti seduto nel tuo salotto a tarda notte a guardare un vecchio film in bianco e nero alla televisione. Tu senti i tuoi occhi socchiudersi mentre lotti per rimanere sveglio. " Conta mentalmente fino a tre e dì "Ora chiudi gli occhi". Conta mentalmente fino a tre e dì "Dormi!"

5. Fai scorrere rapidamente la mano lontano da loro in modo che scattino in avanti con un movimento di caduta. Ricorda di guidarli fino alla tua spalla, mettendo la loro testa verso l'esterno nell'incavo del tuo braccio. Fatti aiutare e poi mettili su una sedia comodamente seduti in posizione verticale. A questo punto, la persona è in trance ed è altamente suggestionabile.

6. Per risvegliare il tuo soggetto, guardalo negli occhi e digli che conterai fino a cinque e che si sveglierà sentendosi bene e riposato.

7. Contare fino a cinque e dire con una voce potente e autorevole: "Svegliatevi!"

INDUZIONE A TRAZIONE DEL BRACCIO

Come usare l'ipnosi (responsabilmente)

Dipende dalla tua discrezione su ciò che vuoi comandare a una persona di fare. Ricorda solo che se è qualcosa che non faresti, è sbagliato.

L'ipnosi può essere utilizzata in situazioni sociali purché la persona che esegue l'induzione ipnotica abbia la formazione adeguata. Non fidarti degli estranei che incontri! Alcune persone usano l'ipnosi segretamente per convincere qualcuno a fare quello che vogliono o per intenzioni dannose, come il controllo mentale. Ricorda: usa queste tecniche in modo responsabile e solo dopo essere stato addestrato adeguatamente. Ecco come usare l'ipnosi pensando alla sicurezza:

- Assicurati sempre che il tuo soggetto acconsenti.

- Assicurati sempre che il tuo soggetto sia supportato e fisicamente al sicuro quando è in uno stato di trance. È tua responsabilità sorvegliarli finché non tornano alla coscienza.

- Non usare mai l'ipnosi per manipolare maliziosamente amici e sconosciuti: questo ha conseguenze importanti.

- Non usare mai l'ipnosi per convincere qualcuno a fare qualcosa contro la sua volontà.

- Non usare mai l'ipnosi su un minore.

- Agisci sempre in modo professionale; alcuni artisti di scena o di strada potrebbero voler considerare di avere un'assicurazione per la protezione legale.

CAPITOLO 6: LAVAGGIO DEL CERVELLO

Il mondo è pieno di loschi guru dell'auto-aiuto e seminari sul posto di lavoro che ci dicono come possiamo cambiare la nostra vita semplicemente usando le parole giuste, come se il linguaggio fosse una forma di magia in grado di alterare la realtà.

Ma ecco il punto: il cervello umano è una macchina strana e glitch che è influenzata in tutti i modi a cui non avresti mai pensato. Questo è il motivo per cui i politici e i venditori possono indurti ad andare d'accordo con loro, semplicemente giocando con le parole che usano. La scienza li sta raggiungendo solo ora e ha scoperto che:

- **Ripetere la tua opinione fa credere alle persone, non importa quanto sia stupida**

Questo è quello che, purtroppo, avresti potuto intuire se segui la politica o parli alla radio: dillo ripetutamente ed abbastanza e la gente ci crederà.

Perché funziona:

È solo il modo in cui funziona il comportamento sociale umano: se un messaggio viene ripetuto abbastanza volte, gli altri inizieranno ad accettarlo come una convinzione comune nel gruppo. In effetti, gli studi hanno scoperto che se solo una persona ripete la stessa opinione tre volte, ha un'enorme probabilità del 90% di convertire tre persone diverse nel gruppo per avere la stessa opinione.

I ricercatori dell'Università del Michigan sono giunti a chiamare il fenomeno distorsione della memoria, ed è fondamentalmente un problema tecnico del cervello in cui l'interazione tra ripetizione e assunzione ci fa formare le nostre convinzioni su qualsiasi opinione ci sia più familiare.

Ma ciò che lo rende così insidioso è il fatto che tutto ciò che serve per influenzare le convinzioni delle persone è un'idea. Uno studio sul fenomeno ha esposto un gruppo a un'opinione ripetuta da tre persone diverse, un altro alla stessa opinione ripetuta da una persona più volte. Incredibilmente, il gruppo sottoposto a un solo ragazzo che ripeteva l'opinione era tre volte più suscettibile di cambiare le proprie opinioni rispetto agli altri.

In altre parole, le persone che sono ossessive o abbastanza ostinate da continuare a ripetere un'idea sbagliata hanno un vantaggio naturale nella società umana, e probabilmente l'hanno sempre fatto.

- **Imitare le persone le fa essere più propense**

Se lavori in una professione in cui le mance costituiscono una parte significativa del tuo reddito, è fondamentale che i tuoi clienti ti vedano come una persona abbastanza gentile da fartele avere. È una buona fortuna, quindi, che sia del tutto possibile usare un semplice trucco delle "parole ripetute" per influenzare le persone a tuo favore, al punto che è molto più probabile che ti diano dei soldi.

Tutto quello che devi fare è ripetere le ultime parole che esclamano. Ed è in realtà parte di una serie più ampia di tecniche che ogni politico e artista della truffa conosce: puoi portare le persone dalla tua parte - e convincerle a fare le cose per te - semplicemente imitandole.

Perché funziona:

Viene fuori studio dopo studio: il potere del mimetismo nelle situazioni sociali. Gli esseri umani sono animali sociali, e tutti noi abbiamo un interruttore che gira nel nostro cervello dicendo: "Questa persona è come me, quindi dovrei aiutarli". In uno studio, hanno scoperto che i clienti erano più propensi ad acquistare da venditori che ripetevano le frasi che usavano o i loro modi di fare. Esatto, non deve nemmeno essere verbale: se il ricercatore imitava *la postura e il linguaggio* del *corpo* del soggetto, quest'ultimo aveva tre volte più probabilità di aiutarlo a soddisfare le sue richieste.

- **Resisti alla tentazione dicendo "No" invece di "Non posso"**

Uno dei motivi per cui una dieta di successo è al limite dell'impossibilità è perché c'è una psicologia complicata dietro le voglie che la scienza capisce a malapena. Ad esempio, uno studio ha scoperto che, stranamente, puoi rovinare la dieta di qualcuno semplicemente dicendo loro che l'obesità è una malattia.

- **Eseguire un rituale prima di mangiare migliora il gusto del cibo**

Un essere umano è una creatura di rito e abitudine, anche e soprattutto quando si tratta di cibo. Quando è il tuo compleanno, la torta tende a venire sulle note di un "Buon Compleanno" discordante e poco entusiasta. Se sei un tipo religioso, è probabile che tu preceda i tuoi pasti con una piccola preghiera che fai prima di mangiare. Certo, ci sono tutti i tipi di ragioni culturali per questo, ma c'è un trucco magico molto preciso che queste azioni sono in grado di tirare fuori: rendono tutto ciò che stai per ingerire un sapore migliore.

Perché funziona:

Il cibo che percepiamo come importanti tende ad avere un sapore migliore, e il modo più semplice ed economico per renderlo importante è dargli un po' di "attesa e desiderio" appena prima di mangiarlo. Diversi esperimenti diversi che coinvolgono il cibo che vanno dalle carote al cioccolato hanno verificato che questa è una cosa molto reale, e ha cambiato il gusto del cibo così tanto che i soggetti del test non solo hanno apprezzato il cibo di più e lo hanno assaporato più a lungo, ma erano effettivamente disposti a pagarlo di più per questo.2

- **Dire "sono eccitato" riduce lo stress**

Abbiamo tutti periodi temporanei di difficoltà lavorative - forse stai affrontando una scadenza apparentemente impossibile, o un triplo turno da schiacciare la spina dorsale, o un enorme test su cui dipende tutto il tuo semestre. Purtroppo succede a tutti, e il tuo più grande nemico è il panico stesso. Raramente sei al tuo meglio quando sei sotto pressione.

Perché funziona:

Secondo Alison Wood Brooks di Harvard, dicendo "Sono eccitato!" prima di una circostanza stressante (sì, devi dirlo ad alta voce) aiuta a cambiare la prospettiva dello stress in qualcosa di più positivo nella tua testa. Una volta che hai alzato la positività, riduce notevolmente lo stress e ti fa ottenere risultati migliori in quasi tutto, dalle abilità oratorie alle prestazioni lavorative generali.

- **Aggiungere un motivo alla tua richiesta è un trucco della mente**

Perché funziona:

La chiave è che funziona davvero solo su richieste che non richiedono molto tempo o sforzi da parte dell'altra persona: una volta che hanno un momento per pensare a ciò che è stato detto, di solito creano una certa resistenza. Ma nella nostra vita quotidiana, la nostra resistenza è piuttosto bassa. Ad esempio, pensa a come sei andato ovunque. Probabilmente non hai dovuto pensare molto per arrivarci. Era un percorso familiare, quindi il tuo cervello azionava il tuo corpo in automatico, lasciandoti a fantasticare su tutt'altro quello che avresti preferito fare. Sebbene questo sia un utile strumento cerebrale da avere, ci lascia anche aperti alla manipolazione.

Quando il cervello è nello stato automatico, il nostro ragionamento si semplifica, al punto che quasi ogni ragione per fare qualcosa è abbastanza buona per noi. Se il favore è una cosa più grande e più fastidiosa, è più probabile che il cervello dell'autopilota ci dia un po' di spinta, ma anche in questo caso, è probabile che conceda il favore se il motivo presentato è in qualche modo plausibile.

CONCLUSIONI

L'eccessivo egoismo e la scarsa autoconsapevolezza sono i profili psicologici associati al "lato oscuro". In effetti, tendono anche a essere collegati a incidenti scandalosi che rovinano la reputazione di leader di alto profilo.

> *"L' UOMO NON È VERAMENTE UNO, MA DUE CONTEMPORANEAMENTE." - ROBERT LOUIS STEVENSON*

Cosa hanno in comune le seguenti storie: lo *strano caso del dottor Jekyll e del signor Hyde, i tre volti di Eve* e il film campione d'incassi *Star Wars?* Caratterizzano un tema popolare che gli psicologi conoscono da molto tempo. Le persone sono creature complesse, guidate da motivazioni contrastanti spesso espresse come sé multipli. Da un lato c'è un sé che si presenta, idealizzato, quello che tutti vedono e che si comporta bene; e dall'altra c'è il lato che esprime depressione, dubbi, rabbia, egoismo e narcisismo. Questo viene spesso definito "il lato oscuro".

Che cos'è?

Il "lato oscuro" è la parte del sé che giace nascosta nelle ombre della nostra personalità. Spesso siamo sorpresi di apprendere che esiste e di solito è una parte di noi stessi che preferiremmo negare - una sorta di oblio motivato. Il problema è che compare quando meno ce lo aspettiamo e ha effetti indesiderati nel modo in cui pensiamo, sentiamo e agiamo, spesso inconsciamente. Il risultato può portare alla sofferenza e alla perdita di coloro che sono coinvolti.

Nello *strano caso del dottor Jekyll e del signor Hyde di* Robert Louis Stevenson ci sono due personalità distintive ed emergenti. Il dottor Henry Jekyll è un uomo di mezza età, cortese, di successo, che rappresenta le norme sociali accettabili della società vittoriana dell'epoca. Potresti immaginarti come una versione moderna di un tale professionista, tuttavia, c'è un altro lato in lui, che ha impulsi incontrollabili e antisociali. Sfortunatamente, i suoi tentativi di controllare queste pulsioni prendendo una pozione segreta vanno tragicamente male, trasformandosi nel malvagio Edward Hyde, che è fisicamente deformato, brutto e brutale. Questo personaggio commette azioni violente, è senza rimorsi ed è affamato di potere. È tutto ciò che Jekyll non è. Nonostante gli innumerevoli tentativi, Hyde diventa sempre più potente: la pozione non è più necessaria per essere liberata come lato oscuro.

Il romanzo di Stevenson è un'elegante metafora delle nostre sfide, che si adatta anche ai leader contemporanei. Ci sono due lati della nostra vita: il sé socialmente accettabile e il "lato oscuro" che nascondiamo vergognosamente. La pozione di Jekyll / Hyde rappresenta droghe, bevande o altre dipendenze compensative in cui i dirigenti a volte ottengono la loro correzione, soddisfazione o liberazione come antidoto alle esigenze che la vita porta. Sfortunatamente, come vediamo nel romanzo, le "pozioni" possono creare dipendenza.

Gli studi dimostrano che tendiamo a negare questa parte "negativa" di noi stessi come una forma di autodifesa. Separiamo questi sentimenti negativi e li proiettiamo sugli altri. Quindi, vediamo questi tratti negli altri ma sicuramente non in noi stessi. Qui sta il nostro problema. Gli psicologi clinici e dell'Io hanno varie teorie per spiegare lo sviluppo di questi conflitti interni e i meccanismi di difesa che utilizziamo per navigare nella vita di tutti i giorni. Tuttavia, tendono a concordare sul fatto che questi elementi agiscono inconsciamente e le loro radici si trovano spesso nelle esperienze infantili, che hanno "un esordio nell'adolescenza o nella prima età adulta". Secondo alcune autorità tendono ad essere "pervasivi e inflessibili" e sono "stabili nel tempo". Rappresentano linee di frattura della personalità che sono dispositive - intrinsecamente basate sulle preferenze della personalità - piuttosto che lo stress di una situazione specifica sebbene, ovviamente, le situazioni difficili amplificheranno una condizione che è già latentemente presente.

Stili autodistruttivi

Gli psicologi Robert Hogan e Joyce Hogan ^{identificano} tre stili disfunzionali dominanti basati sulla personalità delle persone: drammatico, avventuroso e compiacente. Sostengono che questi forniscono predittori dell'efficacia della leadership nelle organizzazioni e dei potenziali rischi che spiegano l'incompetenza manageriale. Inoltre, suggeriscono che queste linee di faglia non sono immediatamente evidenti. Ricorda, come il dottor Jekyll, i dirigenti possono fingere che si rifletta nella presentazione del loro falso sé. È solo nel tempo, quando abbassano la guardia, che il lato oscuro può davvero emergere.

Allora cosa sono i segni? Lo stile **Dramatic** è caratterizzato da malumore, sfiducia negli altri, un'eccessiva sensibilità alle critiche e tipicamente qualcuno che è distaccato e potrebbe essere descritto come arrogante. Sono difficili da accontentare e veloci ad arrabbiarsi. Tendono ad essere psicologicamente distaccati dagli altri e quindi hanno difficoltà a formare relazioni di buona qualità.

Gli stili **avventurosi** tendono ad essere associati a leader audaci e fantasiosi. Sono noti per correre rischi eccessivi nonostante i consigli e possono essere visti come eccentrici creativi. L'escalation di impegno e strategie audaci possono mettere alla prova i confini. In casi estremi, tali tipi soffrono di problemi di deterioramento cognitivo poiché non riescono a imparare dall'esperienza. Le relazioni con gli altri possono essere burrascose, dove le persone non sanno mai dove si trovano. La spinta di Marcel Ospel a rendere UBS la banca di investimento mondiale riflette alcuni di questi comportamenti. Le sue ambizioni hanno portato a eccessi che hanno minato un marchio svizzero e suscitato una protesta pubblica.

Infine, quelli con uno stile **conforme** tendono a nascondersi dalle luci della ribalta e cercare la conformità. Possono essere eccessivamente dettagliati e cercare regole e ordine al posto del cambiamento. In casi estremi possono essere ossessivi e compulsivi. I driver psicologici di questi comportamenti sono associati ad alti livelli di ansia e al bisogno di rassicurazione e approvazione, soprattutto da parte dei superiori.

Ognuno è associato a una struttura della personalità sottostante che si basa su scarse relazioni interpersonali. Questi tipi non sono sempre in una forma così pura, ma forniscono indicatori iniziali. Ciò che è concordato è che tali dirigenti ripetono compulsivamente le interazioni sociali fallite e quindi non imparano dai loro errori.

Teorie dell'attaccamento

Allora perché alcune persone sono in grado di gestire queste tensioni interne e altri no? Una prospettiva che cerca di comprendere la struttura sottostante di questi comportamenti è la teoria dell'attaccamento. Decenni di ricerca di John Bowlby e Mary Ainsworth, identificano che gli adulti sviluppano modelli caratteristici di attaccamento rapporto durante l'infanzia. Costruiscono modelli di lavoro interni e questi diventano le strutture mentali per la formazione dell'identità, le relazioni con gli altri e la gestione dei confini, soprattutto con l'autorità. Circa il sessanta per cento delle persone forma legami sani e sicuri da adulti. Una serie di studi di Micha Popper e dei suoi colleghi suggerisce che esiste una relazione positiva, forte e statisticamente significativa tra coloro che sono saldamente attaccati e uno stile di leadership trasformazionale. Questi leader tendono a comunicare una visione chiara, ispirare fiducia, incoraggiare l'autonomia e ottenere rispetto dai loro subordinati. La ricerca ha generalmente scoperto che i leader trasformazionali motivano i follower a ottenere livelli più elevati di prestazioni, esercitare uno sforzo più discrezionale e mostrare più impegno rispetto ad altri tipi di leader.

Tuttavia, coloro che formano attaccamenti insicuri possono essere ansiosi, evitanti o ritirati, portando a conflitti interni irrisolti, relazioni scadenti e incapacità di regolarsi o accettare l'autorità degli altri.

Cosa si può fare?

Il primo problema è accettare che potrebbe esserci un problema e affrontare l'ira interna.

Chi usa la psicologia oscura è sono diverso. L'esperienza clinica suggerisce che questo è un argomento tabù. Anche così, chiunque deve impegnarsi in un processo che riconosce e accetta tutto sé stesso: la parte socialmente accettabile e il lato oscuro. È la negazione e la proiezione dei propri sentimenti sugli altri che rafforza il problema. È come prendere la pozione e chiedersi perché Hyde, il lato oscuro, diventa più forte e sempre più potente.

Per aiutare in questo viaggio i soggetti coinvolti hanno bisogno di un aiuto. C'è un piccolo gruppo di persone che sono in grado di canalizzare e sublimare il loro lato oscuro con risultati molto positivi. Steve Jobs è diventato un simbolo iconico di 20 ° successo aziendale secolo. Ma non a tutti piaceva lavorare con lui. Walter Isaacson, il suo biografo ufficiale, ci dice che Jobs aveva un campo di "distorsione della realtà" che gli permetteva di vedere le cose in un modo speciale. Poteva essere odioso e controllante, al punto da essere angosciato per le dimensioni dei pixel dei primi Mac o per i colori della vernice. Era anche testardo fino al punto degli ultimi giorni della sua vita. Alcuni hanno vinto la strana battaglia; altri si sono licenziati, ma la maggior parte è andata d'accordo con lui. L'esperienza di adozione e crescita di Jobs aiuta a spiegare il suo stile di relazione, come notato da Isaacson. Aveva le caratteristiche del lato oscuro eppure queste erano incanalate in qualcosa che molti ammiravano. Era un'eccezione. Per la maggior parte dei dirigenti, è un viaggio di cambiamento concertato per attivare la loro capacità di regolare il lato oscuro.

> *"I DETENTORI DEL POTERE TENDONO A SBAGLIARE SUL LATO OSCURO: MOSTRANO NARCISISMO, DISPREZZO PER I LORO RAPPORTI DIRETTI, SONO ASSOCIATI ALL'ARROGANZA DEL CEO E IL LORO LATO OSCURO PUÒ PERSINO SPIEGARE COMPORTAMENTI DI MOLESTIA".*

Anche il contesto organizzativo gioca un ruolo moderatore.

Usa la forza

Abbiamo tutti un lato oscuro: alcuni più di altri. Tutte le storie riguardano anche la risoluzione delle lotte interne di socialità esteriore e gli impulsi incontrollati dell'ombra. Hanno lezioni importanti per chiunque. Questi problemi possono essere risolti ma prima devono essere riconosciuti, oppure possono continuare a operare inconsciamente in modi che sono dannosi per l'autoefficacia. Le radici di questi vengono dall'infanzia, ma ciò che fa la differenza è la capacità di mobilitare la regolazione interna con l'aiuto di un abile aiutante.

A conti fatti, è probabilmente meglio affrontare queste dinamiche interne piuttosto che avere un'esposizione del mondo esterno alle tue linee di faglia. Yoda conclude: "La paura è la via per il lato oscuro". Quindi non aver paura: usa la forza del lato oscuro e canalizzala per il bene superiore.

Usiamo la psicologia oscura nel miglior modo possibile: il potenziale è illimitato!

LIBRO III - IL LINGUAGGIO DEL CORPO

INTRODUZIONE

Oggigiorno la conoscenza del linguaggio del corpo è leggermente più definita rispetto a qualche anno fa. La consapevolezza delle sue proprietà e i benefici che ne conseguono sono di carattere mondiale e affascina sempre più ogni aspetto della nostra vita.

C'è stata una certa consapevolezza sull'importanza del linguaggio del corpo nelle interviste, nei rapporti sociali e nelle sfere intime, sul lavoro e nel tempo libero, ma appunto, una conoscenza completa e corretta di questo argomento è un'idea ancora troppo azzardata e inverosimile per la maggior parte delle persone. Vorremmo risolvere tutte le domande e dilemmi in questo libro e per farlo è necessario prima comprendere in dettaglio il concetto stesso di linguaggio del corpo.

COS'È IL LINGUAGGIO DEL CORPO?

Questa domanda è sicuramente l'epitome di molteplici definizioni. Mentre simboleggia una buona postura per alcune persone, è esclusivamente correlato alle espressioni facciali per il resto. Queste informazioni incomplete possono renderti confuso, il che è decisamente pericoloso e per evitare questo pasticcio, è necessario sapere tutto sul linguaggio del corpo.

Esso è un tipo di comunicazione non verbale in cui il comportamento fisico, al contrario delle parole, viene utilizzato per esprimere o trasmettere informazioni. Il comportamento fisico include gesti, movimenti degli occhi, posture del corpo, espressioni facciali, ecc.

Nota: il linguaggio del corpo è anche noto come "cinetica".

Tuttavia, non confondere il linguaggio dei segni con il linguaggio del corpo. Sono completamente differenti. Il primo non ha grammatica o sintassi assegnata. È un linguaggio del proprio corpo che sembra parlare senza nemmeno richiedere alle nostre bocche di pronunciare una sola parola. Affascinante, non è vero? Può manifestarsi in diversi modi, i quali devono essere analizzati per trasformarlo in un nostro vantaggio.

Facciamo un esempio per vedere le capacità in un colloquio di lavoro:

Postura del corpo nel linguaggio del corpo, durante un colloquio

La postura del corpo è il modo in cui ci disponiamo e sistemiamo i nostri arti. Racconta molto sui nostri livelli di energia, entusiasmo e personalità nel suo insieme. Questa parola descrive il modo in cui ci comportiamo, e anche un certo tipo di posizione che il nostro corpo assume.

Pose del corpo

Mentre posiamo per le fotografie (principalmente i selfie) tutto il tempo, queste posizioni del corpo sono più serie di quanto sembrino in un colloquio faccia a faccia. Possono essere definite come l'assunzione di un particolare atteggiamento o posizione, soprattutto con la speranza di impressionare gli altri e dimostrarci capaci.

Hai notato il modo in cui ti alzi o metti le mani in una certa posizione mentre parli con qualcuno che ha autorità? C'è una ragione dietro e inconsciamente vuoi dimostrare il tuo valore a quella persona.

Espressioni facciali nel linguaggio del corpo

Bene, questo è il modo migliore e più comune per analizzare le intenzioni di qualcuno. Le espressioni facciali sono i primi e più importanti strumenti che utilizziamo per trasmettere il nostro messaggio all'intervistatore/datore di lavoro/amico/partner. Rabbia, paura, stanchezza, gioia, confusione ecc. sono alcune delle espressioni che usiamo quotidianamente. Le espressioni giocano un ruolo sostanziale nel formare un certo tipo di immagine davanti ai nostri intervistatori.

Gesti nel linguaggio del corpo

Un gesto può essere definito come una comunicazione non verbale attraverso azioni del corpo che vengono utilizzate principalmente per supportare il nostro discorso o per sostituirlo. I gesti includono il movimento del corpo, della mano o del viso e sono abbastanza comuni in tutte le nostre attività. Ad esempio, quando vogliamo dire di no all'intervistatore, spostiamo la testa da destra a sinistra e viceversa. A volte trasmettiamo correttamente i nostri sentimenti attraverso i gesti e non il discorso (come annuire per essere d'accordo!).

Strette di mano nel linguaggio del corpo

È sorprendente vedere come le nostre attività di routine abbiano molti segni nascosti di un particolare tipo di linguaggio del corpo. Il modo in cui stringiamo la mano all'intervistatore o ai partecipanti alla discussione di gruppo. È il miglior rito di benvenuto o introduttivo. Le strette di mano non sono identiche e tendono a differire da persona a persona. Una persona sicura di sé ti darà sempre una salda presa della sua mano mentre una persona nervosa non ti afferrerà in modo convinto.

Respirare con il linguaggio del corpo

La respirazione profonda è sempre consigliata dai medici. Non solo regola il nostro flusso sanguigno e ci aiuta a prendere decisioni importanti in modo soggettivo, ma consente all'altra persona di conoscere immediatamente il nostro comportamento calmo e controllato. Durante le interviste o le riunioni importanti, è della massima importanza controllare la nostra respirazione includendo il pieno utilizzo delle regioni del diaframma e dell'addome.

Movimento del corpo nel linguaggio del corpo, durante un'intervista

I movimenti del corpo come abduzione, adduzione, estensione, flessione, rotazione e circonduzione sono inclusi in questa categoria. Il modo in cui spostiamo le nostre parti del corpo specifiche di fronte all'intervistatore, le loro direzioni e la ripetizione delle stesse possono dire molto sui nostri gesti corporei e pensieri.

Altri movimenti fisici nel linguaggio del corpo

Oltre a tutti i movimenti sopra menzionati, possono esserci altri movimenti fisici. Le persone che si coprono la bocca mentre parlano/rispondono alle domande dell'intervistatore, si toccano troppo il viso, si sistemano costantemente i capelli, non creano contatti con gli occhi, ecc. danno l'impressione di nascondere qualcosa di importante. Si presume generalmente che siano insicuri e impacciati.

Questi sono i fattori che concorrono a formare il nostro linguaggio del corpo e ognuno di essi dovrebbe essere affrontato con precisione e cura.

L'importanza del linguaggio del corpo nei colloqui di lavoro

Perché il linguaggio del corpo è così importante nei colloqui di lavoro? La maggior parte di noi ha l'ambizione nella propria vita di avere un buon lavoro con un buon stipendio. Ma come superare il primo passo? Molto dipende dalle tue qualifiche e dal tuo talento, è vero, ma ciò che è anche della massima importanza è la nostra personalità. Ecco che arriva il tuo gesto del corpo.

Un candidato ideale deve avere le sue opinioni ordinate, le priorità elencate e una personalità per complimentare con le risposte. Tutti noi possiamo rispondere correttamente, ma la convinzione e la facilità con cui le parliamo conta molto. Devi trovare un equilibrio tra le tue parole e le tue azioni per risaltare davvero autentico.

Fatto: uno studio degli anni '60 afferma che il 55% della comunicazione che fa ottenere a un individuo un ottimo lavoro è il linguaggio del corpo, il 38% è il tono di voce e il 7% sono le parole effettivamente pronunciate. Questo potrebbe non essere il numero esatto, ma ciò che ci dice è il fatto che i gesti del corpo contano di più.

Nel libro tratteremo in dettaglio questo percorso di consocenza affascinante, augurandoci che dopo questa spiegazione dettagliata del linguaggio del corpo e dei suoi modi di manifestazione, abbiate capito e usufruito del concetto. Il vecchio detto "Le prime impressioni contano" non è un discorso ozioso, ma una clausola che sembra contenere la verità ultima per ogni fase della vita.

TIPI DI LINGUAGGI DEL CORPO

Il linguaggio del corpo può benissimo essere definito un argomento a sé stante, poiché psicologi e scienziati hanno trovato numerosi modi per risolvere questo enigma. Secondo questo, ci sono due tipi di linguaggi del corpo, vale a dire:

Linguaggio del corpo positivo

Quel tipo di gesto del corpo che è attraente, ricettivo e facile da affrontare è chiamato linguaggio del corpo positivo. Ci mette in una condizione in cui siamo comodi e simpatici.

Ecco alcuni dei modi in cui può essere impiegato un linguaggio del corpo positivo:

- Mantenendo la postura del corpo dritta e rilassata;
- Occupando la giusta quantità di spazio;
- Respirando lentamente e costantemente;
- Prendendo appunti;
- Eseguendo una stretta di mano appropriata;
- Sorridendo.

Linguaggio del corpo negativo

Quel tipo di gesto del corpo che esprime consapevolmente o inconsciamente sentimenti negativi attraverso i movimenti di un corpo è chiamato linguaggio del corpo negativo. I gesti e le posture del corpo negativi sono i maggiori nemici di qualsiasi candidato al colloquio o di qualsiasi rapporto sociale, poiché possono indurre gli intervistatori a credere che siamo arroganti, nervosi, antipatici e cupi.

I vari segni che indicano un linguaggio del corpo negativo sono:

- Evitare il contatto visivo;
- Fissare troppo;
- Guardare a lungo l'orologio, il telefono o qualsiasi altro oggetto intorno a te;

- Cattiva postura, curvatura, flessione e incrocio delle braccia;
- Sudando, toccando viso e capelli e facendo movimenti inutile.

Comprendere il linguaggio del corpo dell'intervistatore e come leggerlo

Abbiamo accennato all'importanza dei gesti del corpo per te come intervistato. Ora, tornando a come leggere il linguaggio del corpo dell'intervistatore o dell'esperto, ecco alcuni suggerimenti rapidi per aiutarti.

Prestare attenzione a comportamenti estremi

Mentre gli intervistatori giudicano su base generale, la maggior parte di loro è abbastanza cauta da capire che ogni gesto non implica la stessa cosa per ogni persona.

A giudicare in base alle differenze

C'è una forte possibilità che la postura di una persona cambi nel corso del colloquio e sono addestrati a giudicarti sulla base di queste differenze che si verificano nella tua personalità.

Collegamento dei gesti

Incrociare le braccia non significa sempre che il candidato sia arrogante, potrebbe significare che ha freddo. Quindi, non preoccuparti troppo.

Riguarda anche il loro linguaggio del corpo

Sono consapevoli del fatto che non sono esseri umani speciali e possono anche commettere errori. Mirano a darti una buona esperienza perché è in gioco anche la reputazione della loro azienda.

È interessante notare che la stragrande maggioranza di noi comunica diversi messaggi senza usare la parola abbastanza spesso. In effetti, una teoria sull'origine del linguaggio è chiamata "teoria dei gesti", che cerca di stabilire che il discorso abbia avuto origine dai gesti. Qualcuno ha giustamente detto che la comunicazione trasuda attraverso la punta delle dita. Sebbene questa possa sembrare un'affermazione esagerata, è la verità. Non annuiamo con la testa per mostrare approvazione o scuotiamo la testa per indicare disapprovazione. Quando ti viene offerta una tazza di caffè non dici solo: "No, grazie", ma scuoti anche la testa o incrocia le mani. Quando qualcuno tenta di toccarti, indichi la tua negazione attraverso le parole e agitando il palmo. Quando qualcuno è in difficoltà, si torce le mani per la frustrazione. Lo studio dei movimenti del corpo è anche noto come Kinesis. Il linguaggio del corpo è così importante che una sua descrizione è entrata nella nostra lingua parlata. Dici che qualcuno ha battuto le palpebre per indicare che era confuso, qualcuno aveva gli occhi annebbiati per significare che non si stava concentrando e qualcuno ha incrociato le dita per significare che stava aspettando con impazienza e così via. La nostra stessa lingua ha diverse espressioni di questo tipo che riconoscono il linguaggio del corpo. Gli esperti di comunicazione sottolineano che solo una piccola percentuale della comunicazione è verbale mentre una grande percentuale avviene attraverso il linguaggio del corpo. Le seguenti caratteristiche del proprio portamento o comportamento (modo di comportarsi) sono parte integrante della comunicazione.

CARATTERISTICHE IMPORTANTI DEL LINGUAGGIO DEL CORPO

Postura

Il modo in cui una persona si alza o si siede è la sua postura. È bene adottare una postura eretta flessibile piuttosto che rigida o inclinata. Una postura eretta rivela sicurezza ed equilibrio. Le spalle cadenti, il cedimento del sedile, ecc., rivelano una sensazione di depressione e mancanza di interesse.

Movimento della testa

Nella comunicazione orale, il movimento della testa gioca un ruolo importante. Nessuno è tenuto a continuare a scuotere la testa, ma opportuni appunti migliorano il livello di comunicazione.

Espressione facciale

Il viso è l'indice della mente. Diciamo: "ha fatto una faccia lunga" per indicare che non era del miglior umore. Per quanto ci provi, la sua sensazione nascosta di rabbia, paura, confusione, incertezza, entusiasmo e gioia verrà rivelata dall'espressione del viso. A volte, le parole che pronunci possono essere contraddette dalla tua espressione facciale. Un insegnante potrebbe chiedere allo studente se ha capito l'idea, ma non dovrebbe aspettare una risposta. Un'espressione del viso sconcertata e priva di lucentezza rivelerebbe che lo studente non ha afferrato nulla.

Contatto visivo

In un contesto di comunicazione orale, l'oratore e l'ascoltatore dovrebbero non solo guardarsi l'un l'altro, ma anche mantenere un corretto contatto visivo. Se qualcuno evita il contatto visivo diretto, si sospetta che sia furbo o astuto. Nei paesi orientali, subordinati o giovani possono evitare il contatto visivo diretto per rispetto o deferenza, ma sarà frainteso in un contesto internazionale.

Gesti

Il movimento delle mani e delle dita migliora la comunicazione. Ma i gesti sono specifici della cultura. Un pugno chiuso può significare enfasi per un americano ma mancanza di rispetto per un indiano. Un segno di pollice in alto, un movimento del dito indice comunica efficacemente i messaggi. I gesti continui dovrebbero essere evitati. La comunicazione non verbale, insomma, aggiunge, sottrae e modifica il nostro messaggio. In un contesto di comunicazione orale, tutte le suddette caratteristiche del linguaggio del corpo giocano un ruolo importante. Se ti aspetti di comunicare in un'atmosfera rilassata, devi uccidere e distruggere la rigidità con componenti appropriate del linguaggio del corpo. Sebbene i gesti siano specifici della cultura, alcuni di essi sono diventati universali e superano i confini culturali. Sono diventati emblematici. Un segno

"V" con l'indice e il dito centrale indica la vittoria. Un gesto del braccio è per un "ciao" o un arrivederci. Gli emblemi rappresentano direttamente un messaggio verbale. Alcuni gesti sono illustratori perché evidenziano un punto. Un braccio può essere utilizzato per disegnare un cerchio. Il dito indice mostrato con un piccolo tremolio sta per sottolineare un punto come illustratore.

Certi gesti fatti inconsciamente rivelano lo stato mentale di chi parla. Rabbia, paura, nervosismo ecc. Sono spesso rivelati da agitarsi, spostare le gambe ecc., Torcere il bottone della camicia o i gemelli, strofinare la cravatta, grattarsi la guancia, il naso, accarezzare il mento sono alcune delle innumerevoli cose inconsciamente detti "gesti acquisiti". Se esagerati, possono degenerare al livello di manierismo. Bisogna evitare l'abitudine di gesticolare eccessivamente nella comunicazione orale.

Il linguaggio del corpo può essere studiato in modo elaborato sotto Kinesis che fa uno studio scientifico e analitico del soggetto. Il pubblico può essere piccolo come in una discussione di gruppo o numeroso nel caso di alcuni incontri di lavoro. In tutte queste situazioni, il linguaggio del corpo gioca un ruolo importante.

Paralinguaggio

Nelle situazioni di comunicazione orale il paralinguaggio gioca un ruolo importante mentre si comunica. Questi suoni, sebbene non abbiano un valore semantico (significato), sono in realtà dei suggerimenti importanti per mantenere una catena di comunicazione ininterrotta. Sono strumenti di ascolto efficaci. L'ascolto empatico (capacità di immaginare e condividere i sentimenti di un'altra persona, ecc.) è caratterizzato dall'uso del para-linguaggio. Il nostro discorso è influenzato dal volume della nostra voce, dalla velocità di articolazione e da tali suoni prodotti dallo schiocco della lingua, dalle risatine, ecc. Incontriamo persone le cui voci tremano quando sono eccitate. Alcuni aumentano il livello di decibel della loro voce. Queste sono persone che strillano o gridano quando vengono provocate. Tutto ciò porta a una valutazione della personalità del comunicatore.

Voce e tono

È possibile comunicare piacevolmente un'informazione spiacevole o una buona notizia male. Quando dici a qualcuno, "hai fatto un ottimo lavoro", è la tua dichiarazione e il tono mostra al destinatario se gli stai facendo i complimenti o lo ridicolizza. Un tono complementare è nettamente diverso da un tono sarcastico.

Spazio

Nelle situazioni di comunicazione orale, lo spazio tra l'oratore e l'ascoltatore è importante. Gli americani ritengono che una persona che gli si avvicina molto mentre parla, diciamo, a meno di 40 centimetri, sta invadendo la sua privacy. Solo in situazioni intime e personali le persone possono avvicinarsi di più di 50 cm. Per noi, che siamo abituati al sovraffollamento del sistema di trasporto pubblico, la pratica americana di mantenere lo spazio in ascensore sarà piuttosto sorprendente mentre per loro la nostra invasione del suo spazio personale rivoltante.

Silenzio

Nelle situazioni di comunicazione orale, il silenzio gioca un ruolo importante. La gente parla abbastanza spesso di "silenzio eloquente". Sì, il silenzio può inviare segnali di comunicazione. Il silenzio in una situazione particolare può significare accettazione, accordo e in alcuni altri indifferenza, apatia o persino rabbia.

Ascolto: un'abilità proattiva

Nelle situazioni di comunicazione orale, l'ascolto gioca un ruolo importante. Ascoltare è diverso dall'udire. Si possono sentire tutti i rumori e i suoni e tuttavia si potrebbe essere un cattivo ascoltatore. Ascoltare è assimilare con attenzione e rispondere in modo appropriato. Solo un buon ascoltatore può diventare un buon oratore. L'attenzione inizia con la postura che un ascoltatore adotta mentre ascolta. Se una persona si inclina verso chi parla, significa che chi parla non è chiaro né nel messaggio né nella sua articolazione. Se l'ascoltatore inclina la testa all'indietro, mostra che è indifferente. Un buon ascoltatore è proattivo. È, come si dice di solito, "tutto orecchi". Risponde in modo appropriato utilizzando il paralinguaggio. Fa domande e verifica i fatti. Il ruolo di un ascoltatore in una situazione di comunicazione orale è importante quanto il ruolo di un oratore.

L'ascolto nella comunicazione ha diversi risultati positivi. Un buon ascolto porta ad ottenere informazioni utili e aggiornate. Un buon ascolto crea una migliore comprensione e rapporto tra chi parla e chi ascolta. Un buon ascolto porta a decisioni migliori. Un buon ascolto fornisce il miglior feedback all'altoparlante.

In questo libro tratteremo, quindi, tutto quello che riguarda il Linguaggio del corpo e le sue emanazioni in termini delle varie sfere personali, come ad esempio nel concetto di attrazione.

Vi Auguro una Buona lettura!

CAPITOLO 1: IL LINGUAGGIO DEL CORPO E ARTE DELLA SEDUZIONE

Il corpo parla ormai è assodato. Le nostre espressioni facciali rivelano le nostre intenzioni. Il modo in cui camminiamo e muoviamo i nostri corpi rivela molto sulla nostra identità. Tutto questo è il linguaggio del corpo e per questo c'è un numero crescente di studi su come usarlo per scopi specifici, come la seduzione.

Questo capitolo sarà specifico nell'area dell'attrazione sessuale. Ci sono buone posture, espressioni facciali e linguaggio del corpo per aumentare le tue possibilità di attirare qualcuno?

Ricorda che il linguaggio del corpo non è solo ciò che esprimi. È anche ciò che puoi percepire. Pertanto, nella seduzione, oltre a saper trasmettere i segnali, è necessario soprattutto diventare più attenti a catturare, appunto, i segnali. E soprattutto, hai davvero bisogno di diventare una persona più interessante perché è così che il tuo linguaggio del corpo comunicherà con autenticità.

Sedurre significa essere interessante e capire cosa vuole l'altra persona.

L'arte della seduzione ha due componenti fondamentali che dobbiamo comprendere e interiorizzare. Il primo è porre l'attenzione su noi stessi, svilupparci come persona per diventare sempre più interessanti. Per non essere incongruente, non è sufficiente memorizzare quali sono i movimenti che dovresti fare. Devi davvero trasformare la tua identità in meglio e il corretto linguaggio del corpo avverrà naturalmente.

La seconda cosa è che devi osservare l'altra persona, con empatia e anticipazione. Devi sapere leggere i gesti e il linguaggio non verbale. Ci sono sempre indizi che ci anticipano se siamo sulla strada giusta. Il punto è sapere come rilevare quando non c'è chimica per evitare di cadere in situazioni in cui sei scomodo o addirittura molesto e frustrante per l'altra persona.

La seduzione richiede autenticità. Poche cose sono più attraenti che incontrare una persona sicura di sé. Essere naturalmente fiduciosi genera attenzione. Puoi anche aggiungere un po' di umorismo intelligente.

Invece di cercare trucchi per il linguaggio del corpo per attirare qualcuno, scegli di sviluppare te stesso come persona. Cioè, invece di voler usare trucchi per sembrare una persona interessante, devi esserlo per davvero.

È così che il tuo linguaggio del corpo viene trasmesso senza incongruenze. Nell'ordine delle cose, prima vuoi lavorare su te stesso, migliorare il tuo sviluppo personale e poi essere autentico trasmettendo questa interessante versione di te stesso.

Per attirare persone interessanti, sii una persona più interessante.

Esistono diversi trucchi per rendere il linguaggio del corpo più attraente, sicuro di sé, seducente. Ma devi essere congruente, poiché qualsiasi incoerenza può essere rilevata e causare l'effetto opposto di quello desiderato. Ad esempio, quando un uomo curvo e insicuro cerca di gonfiare il petto per sembrare più sicuro di sé, può esagerare e attirare l'attenzione per essere ridicolo.

Affinché tu possa calibrare correttamente il linguaggio del corpo seducente in modo naturale, devi esercitarti molto. La formazione ti aiuterà ad assimilare veramente quell'identità che potresti non avere oggi, di essere una persona davvero interessante, sicura di sé e attraente. Questo è ciò che le persone intendono quando dicono "fingi finché non lo fai", finché non lo ottieni.

Darò un rapido esempio di questa tecnica. Immagina di voler diventare un surfista, ma non sai ancora come prendere un'onda. Quindi inizi a fingere di essere un surfista. Prendi una tavola, vai in spiaggia, vestiti come un surfista, trascorri del tempo con altri surfisti. E, soprattutto, inizia ad entrare in mare e prendere le onde. Continui così finché un giorno non c'è più differenza tra te che fingi di essere un surfista e l'essere un vero surfista. Ciò che qui chiamiamo falsificazione è semplicemente apprendimento.

Allo stesso modo, puoi esercitarti a fingere di essere una persona attraente. Ma oltre a questa pratica, c'è qualcosa di enorme valore da fare, che è diventare una persona migliore. Devi lavorare sul tuo sviluppo personale.

Quando la tua identità è a tutto tondo e diventi una versione migliore di te stesso, il tuo linguaggio del corpo rifletterà naturalmente quella nuova identità. Non avrai bisogno di calcolare quale tipo di linguaggio del corpo trasmette maggiore sicurezza, poiché sarai naturalmente una persona più sicura e i cui movimenti rivelano solo chi sei.

La maggior parte del linguaggio della seduzione non è verbale.

Per attirare qualcuno, non devi preoccuparti così tanto di COSA dirai. Alcune persone sostengono che solo una piccola parte del valore di una comunicazione è verbale. La componente principale della comunicazione è il linguaggio del corpo, l'espressione facciale e il tono della voce. Cioè, devi essere più preoccupato per COME lo dici. E, soprattutto, presta attenzione alle persone con cui interagisci.

Ad esempio, Vanessa Edwards afferma che la maggior parte delle donne di solito espone il collo quando vuole attirare qualcuno. Quando si sposta i capelli, potrebbe segnalare che inconsciamente vuole che l'uomo annusi i suoi feromoni. Mettono anche la mano vicino alla tacca soprasternale, in quella regione tra le clavicole. Un altro segnale femminile seducente molto comune è quello di puntare il mento verso il basso, guardare in alto e battere le palpebre.

D'altra parte, la maggior parte degli uomini generalmente punta i piedi nella direzione di chi considera la donna più attraente in un gruppo. Cercano di espandere la loro area del corpo per sembrare più grandi, gonfiando il petto o mettendo le mani sui fianchi, per esempio.

Tutto questo è il linguaggio del corpo, un modo per comunicare che sei interessato e anche per rendere l'altra persona più aperta e interessata a saperne di più su di te.

La comunicazione è una strada a doppio senso.

Uno dei più grandi errori quando si tratta di sedurre qualcuno con queste tecniche è essere troppo concentrato su se stessi e finire per dimenticare l'altra persona. Questo perché la maggior parte di questi movimenti appresi consapevolmente non avvengono in modo naturale. Hai visto che se ti muovi in un certo modo diventa più attraente e poi cerchi di forzarti a muoverti in quel modo per vedere se funziona.

Il problema è che concentrarsi troppo su di te può finire per distruggere il tuo obiettivo di connetterti con l'altra persona. La comunicazione non è una strada a senso unico. Non sono solo i segnali che stai inviando che contano. È anche importante osservare i segnali emessi dalla persona con cui stai interagendo. E mentre osservi questi segnali e li interpreti correttamente, aumenti la probabilità che quella persona sia interessata a te.

L'empatia è un'abilità scarsamente esplorata al momento della seduzione.

Il modo migliore per prestare meno attenzione a ciò che fai e iniziare a osservare più di ciò che vuole l'altra persona è lavorare sulla tua empatia. Significa capire la dimensione emotiva della seduzione.

Devi sviluppare la tua capacità di metterti nei panni dell'altra persona, vedere il mondo attraverso I suoi occhi, sentire il mondo attraverso il cuore di quella persona, ascoltare le parole attraverso le orecchie. Devi sforzarti di provare le emozioni che probabilmente sta provando l'altra persona e di capire la sua prospettiva.

La vera seduzione avviene nella dimensione emotiva. Non sarai mai in grado di convincere una persona a iniziare razionalmente a piacerti. Questo è un grosso errore che fanno molte persone che si considerano brave.

Si lamentano di come gli altri non si rendano conto di essere una persona gentile, premurosa, dedicata, interessante, intelligente ... ma non è così che avviene la seduzione.

Nessuno continua a fare un elenco di attributi, a dare un punteggio e poi a pensare "ehm, dalla valutazione sembra che abbia senso smettere di apprezzare questa persona che è idiota e iniziare ad apprezzare quest'altra persona che ha tutti gli attributi positivi di un buon compagno".

Il sistema limbico è legato alle emozioni ed è sempre vigile alla ricerca di stimoli minacciosi o che possano innescare l'interesse sessuale. Il tempo necessario per valutare un'altra persona e formulare un giudizio su di lei è veloce come un batter d'occhio. E succede in modo inconscio, emotivo, senza nemmeno riuscire a spiegare perché qualcuno non mi piaceva. Quindi, quando non hai un buon feeling con una persona, potrebbero aver emesso segnali del linguaggio del corpo e microespressioni facciali che non erano positive.

Se vuoi interagire con qualcuno in un processo di seduzione, devi prima imparare a interpretare come si sente l'altra persona e ha a che fare con l'essere presente, prestare attenzione e sapere come entrare in empatia.

Osserva le microespressioni facciali dell'altra persona.

Per sviluppare la tua capacità di entrare in empatia, devi osservare la persona e cercare segnali positivi.

In una conversazione con l'altra persona, osserva le espressioni facciali che fungono da parametro per l'argomento trattato. Ciò significa che quando parli di un determinato argomento e trovi i segni della felicità, ha senso continuare a parlare di quell'argomento. Le microespressioni facciali ci dicono quasi sempre la via da seguire.

Cambia il tuo comportamento, la comunicazione verbale e il linguaggio del corpo. Quindi osserva le reazioni della persona, in molteplici cicli di ricerca del miglioramento nell'interazione. Quando fai qualcosa che provoca una reazione negativa, devi realizzare e cambiare il tuo approccio. Se fai qualcosa che è ben accolto, è un segno che stai andando nella giusta direzione. Devi essere costantemente alla ricerca di questi segnali per migliorare la tua interazione

Alcune persone sono più uditive, altre più visive e altre più sinestetiche. Se non sei sicuro di quale sia il caso della persona con cui ti stai relazionando, è meglio coprire le tre possibilità.

Spiega quanto sono speciali, mostra loro quanto sono speciali e agisci per farli sentire speciali.

Osserva anche i movimenti dell'altra persona.

Valuta la comunicazione prossemica. La distanza tra te e l'altra persona può indicare interesse. Se la persona si avvicina mentre parli, la conversazione va bene. Se la persona inizia ad allontanarsi o ad incrociare le braccia, prova a cambiare argomento o approccio.

Di tutti i suggerimenti sul linguaggio del corpo, questo è il più importante. Devi imparare a toccare correttamente l'altra persona. E toccare correttamente significa comprendere la scala cinestesica, non evitare il tatto, né esagerare ed essere sgradevole. Il tatto è un'arma potente per generare empatia e può aiutare la persona ad abituarsi alla tua presenza. Osserva quanto spesso l'altra persona tocca te e la regione del tocco. Toccare una zona più intima come il collo è un segnale molto più forte rispetto ad altre estremità, come la mano, ma tutto ciò può variare a seconda del contesto.

Osserva i segnali verbali per valutare quali parole sta usando la persona. Oltre a valutare il tipo di informalità nella comunicazione, l'argomento di cui si parla, prestare attenzione anche alla cadenza e alla frequenza. Stai parlando molto di più dell'altra persona? L'altra persona è coinvolta nella conversazione? Le tue domande sono simili a un colloquio di lavoro e noti che si sentono a disagio?

Le domande aperte come "cosa", "perché" o "come" sono più interessanti delle domande che inducono l'altra persona a dire semplicemente sì o no.

Il mirroring è un segno che la seduzione sta accadendo.

Ci sono suggerimenti di cui hai bisogno per rispecchiare l'altra persona, imitando i gesti che fa. Questo mirroring è chiamato stimolazione e guida e alcune persone lo considerano manipolativo. Ma c'è un'altra modalità più preziosa, che è quando il mirroring avviene come risultato di una buona sincronizzazione.

Mentre interagisci con l'altra persona, entri nella stessa atmosfera che è quasi uno specchio. È come se fossi sulla stessa onda.

L'idea di essere simili aiuta molto e continui a parlare di argomenti simili, usando lo stesso linguaggio, lo stesso tono. Questo può richiedere del tempo, quindi non affrettarti.

Nella comunicazione della seduzione, i piccoli dettagli contano molto ed è possibile imparare. La seduzione è molto più della bellezza fisica. Anche l'intelligenza e la psicologia contano molto. Quindi è una disciplina alla portata di tutti.

L'arte della seduzione è molto più efficace quando capisci che devi diventare una persona veramente più interessante e sai come identificare ciò che l'altra persona vuole.

Gran parte di questa seduzione viene eseguita in modo non verbale. Diventerai prima una persona più interessante e così il tuo linguaggio del corpo rivelerà naturalmente chi sei.

CAPITOLO 2: IL MOVIMENTO INCONSCIO DEL CORPO FEMMINILE: 21 SEGRETI DA CONOSCERE

Il linguaggio del corpo è un aspetto fondamentale della comunicazione nelle relazioni. Una delle cose più importanti da capire quando si affronta il mondo degli appuntamenti single - o il mondo degli appuntamenti online - è l'attrazione del linguaggio del corpo. Sapere quando il tuo appuntamento o una persona di interesse è attratta da te è importante per sapere se stai sprecando o meno il tuo tempo e se hai o meno il via libera. A volte qualcuno potrebbe essere educato e non volerti deludere duramente, ma il suo linguaggio del corpo sarà privo di gesti pavoneggiati e altri segnali di attrazione, il che ti dice che non sono interessati a una relazione romantica.

Il linguaggio del corpo maschile e il linguaggio del corpo femminile differiscono in qualche modo, poiché ogni sesso indica il proprio interesse per un potenziale partner in modo diverso attraverso il linguaggio del corpo. Alcune forme di attrazione del linguaggio del corpo tendono ad essere cose che le donne fanno, come far apparire i loro occhi grandi e invitanti, e ci sono cose che gli uomini tendono a fare, come allargare le gambe mentre sono sedute per sembrare più grandi e più impressionanti. Sebbene la ricerca dimostri che ogni sesso mostra modi diversi di dimostrare attrazione, ci sono anche molti diversi tipi di attrazione per il linguaggio del corpo che sono comuni a entrambi i sessi. È anche importante notare che, a seconda dell'identità di genere e dell'orientamento sessuale, potrebbe esserci qualche crossover tra i sessi; essere gay, frequentare qualcuno e dimostrare attrazione può essere diverso da qualcuno che si identifica come eterosessuale o bisessuale.

ATTRAZIONE DEL LINGUAGGIO DEL CORPO FEMMINILE

Le donne mostrano la loro attrazione per un uomo attraverso il linguaggio del corpo femminile specifico. Puoi capire se una donna è attratta da un uomo dal modo in cui tiene il suo corpo e da quello che fa con le mani quando è intorno a lui. Studi scientifici hanno dimostrato che le donne possono essere più attratte dagli uomini il cui specifico linguaggio del corpo maschile trasuda dominanza e mascolinità ed è indicativo della dimensione fisica. Possono rispondere a questo interesse con un linguaggio del corpo che mostra sottomissione e fertilità. Se presti molta attenzione, i segnali sono difficili da perdere. I seguenti sono i modi in cui un linguaggio del corpo femminile può mostrare interesse e attrazione:

Mostrando fertilità

L'attrazione del linguaggio del corpo ha molto a che fare con l'attrazione sessuale, che è in qualche modo correlata alla fertilità, anche se il corpo umano agisce in modi di cui la mente umana non è del tutto consapevole. Quando una donna è attratta da un uomo, può mostrare segni della sua stessa fertilità, anche se il modo esatto in cui viene eseguito può variare da persona a persona e potrebbe richiedere la massima attenzione. Può tenere o portare i capelli sciolti, inclinare la testa per esporre i feromoni o tenere le mani e i polsi visibili per mostrare la pelle morbida.

Comportamento della borsa

Il modo in cui una donna tiene la sua borsa può essere in grado di dirti molto su quanto sia impegnata con un potenziale partner e se è attratta o meno dal possibile nuovo target. Se una donna si sente a disagio o non è attratta da chi sta parlando, potrebbe stringere la borsetta in grembo o contro il corpo. D'altra parte, quando una donna è attratta da qualcuno, probabilmente vuole che la sua borsa sia tolta di mezzo per ulteriori interazioni e potrebbe posizionarla sul tavolo o sul pavimento, o anche su una sedia dietro di lei. Tieni presente che se ti trovi in un luogo affollato con una sicurezza limitata, potrebbe tenere la sua borsa stretta a lei per motivi di sicurezza e questo potrebbe non essere un indicatore affidabile di interesse per nuove relazioni o partner.

Leccarsi le labbra

Le donne si leccano spesso le labbra quando sono attratte da qualcuno. Possono farlo intenzionalmente per mostrare interesse, ma più spesso è un movimento riflessivo che potrebbero non essere nemmeno consapevoli di ciò che stanno facendo. Potrebbe essere che le sue labbra si aprano automaticamente e passerà la lingua sulle labbra, oppure potrebbe essere un rapido tocco di immersione veloce sulle labbra con la lingua, che potrebbe essere appena percettibile. Combinato con un costante contatto visivo, questo è un segno sicuro che una donna è estremamente attratta da te.

Spinta dell'anca

Una donna che è sessualmente attratta da qualcuno starà spesso con un fianco in fuori e forse una spalla sollevata. Questa posizione può essere usata per mettere in mostra il corpo di una donna e potrebbe fungere come sorta di invito all'amore, agli appuntamenti o altro. L'unica spinta in fuori apre la parte inferiore del corpo e porta l'attenzione sulla fertilità, mentre il sollevamento della spalla porta l'attenzione sul seno di una donna. Questo di solito viene fatto consapevolmente dalle donne per mostrare interesse per un possibile amante, ma può anche essere un esempio di gesti inconsci di pavoneggiarsi.

Esistono moltissime forme di attrazione per il linguaggio del corpo comuni, indipendentemente dal sesso o dall'orientamento sessuale. Se vedi questi segni del linguaggio del corpo da qualcuno con cui sei in un appuntamento, puoi stare certo che l'appuntamento sta andando bene e che sono molto interessati a ulteriori interazioni.

Visualizzazione della disponibilità

Sia gli uomini che le donne sono più attratti dalle persone che dimostrano di essere disponibili, e sia gli uomini che le donne tendono a mostrarlo quando sono interessati a conoscere meglio qualcuno. Mostrare disponibilità potrebbe essere avere una postura aperta con le braccia non incrociate e le gambe non incrociate. Uomini e donne mostreranno disponibilità anche guardando in alto in faccia l'altra persona piuttosto che in basso ai suoi piedi, al tavolo o al telefono. In sostanza, se sei interessato a qualcuno, presterai attenzione a ciò che sta dicendo e rispecchierai ciò che sta facendo.

Sorriso

La maggior parte delle persone attraenti sorride. Sorridere è un altro modo in cui uomini e donne mostrano la loro disponibilità quando sono coinvolti nella scena degli appuntamenti. Sorridere ti rende fisicamente attraente ed è anche un modo per mostrare interesse a un'altra persona. Alcuni sorrisi possono essere costretti a fare una buona impressione o a cercare di apparire attraenti. Tuttavia, se il sorriso è autentico, sarà ovvio, poiché il sorriso raggiungerà anche i loro occhi. Alla ricerca di qualche solido consiglio di relazione? Se una persona ti sorride sinceramente e sembra che non possa fare altro che sorridere, probabilmente è fisicamente attratta da te.

Appoggiarsi

Quando le persone sono impegnate in interazioni con gli altri, si inclinano verso quella persona. Se fai parte di un gruppo di persone e qualcuno si sporge specificamente verso di te, mostra che è attratto da te e ti sta prestando più attenzione rispetto ad altri. Più si avvicina a te, più sono attratti.

Inclinazione della testa

Inclinare la testa è un segno di attrazione per il linguaggio del corpo che mostra coinvolgimento e interesse. Quando qualcuno inclina la testa durante una conversazione, significa che sta prestando attenzione e si preoccupa di ciò che viene detto. Se qualcuno è attratto da te, inclinerà la testa per mostrare il proprio interesse e impegno. Le donne sono più evidenti a inclinare la testa rispetto agli uomini, ma entrambi i sessi usano questa forma di linguaggio del corpo.

Arrossire

Quando qualcuno è fisicamente attratto da qualcun altro, arrossirà o inizierà ad arrossire. Man mano che l'attrazione cresce, il sangue scorre sul viso, facendoti sembrare arrossato. Questo non è qualcosa che entrambi i sessi possono controllare. È una forma naturale di linguaggio che il corpo fa da solo quando qualcuno è fisicamente attratto da una persona. Le labbra possono anche diventare più rosse e gli occhi più bianchi e luminosi.

Aumento della frequenza cardiaca

Questa è un'altra risposta inconscia e automatica quando qualcuno è attratto da un'altra persona. La tua frequenza cardiaca aumenterà. Probabilmente non vuoi provare a prendere il polso di qualcuno mentre sei ad un appuntamento o in un bar per vedere se è attratto da te, ma ci sono altri segni. L'accelerazione del respiro e il calore dei palmi indicano un aumento della frequenza cardiaca e dell'attrazione.

Piedi che indicano

Alcune parti del corpo umano indicano automaticamente interesse. Le persone indicheranno automaticamente i loro passi nella direzione dei loro interessi. Mentre i piedi di qualcuno che puntano verso di te non sono un segno sicuro di attrazione, significa che sono almeno interessati all'interazione e al momento presente con te. Se i loro piedi sono puntati verso l'uscita, probabilmente stanno pensando di uscire del tutto dalla conversazione, dalla situazione o persino dall'attuale scena degli appuntamenti.

Contatto visivo

Quando qualcuno ti guarda negli occhi, è un sicuro segno di interesse o un mezzo per **attirare l'attenzione.** Il contatto visivo significa che stanno prestando attenzione solo a te e puoi essere certo di avere il loro interesse. Il contatto visivo prolungato è un segno sicuro che sono attratti da te e interessati a ciò che hai da offrire loro. D'altra parte, se stai parlando con qualcuno e i suoi occhi spostano frequentemente l'attenzione, potrebbero non essere completamente coinvolti nell'interazione.

Rivolgersi in avanti

Proprio come quando i piedi puntano verso ciò che ti interessa, lo stesso vale per il resto del tuo corpo. Se qualcuno è interessato a te e completamente coinvolto nella conversazione, probabilmente ti starà di fronte. Il loro corpo può essere leggermente inclinato fuori dal centro per il comfort, ma per la maggior parte, saranno rivolti nella tua direzione con tutto il corpo, e non solo il viso o i piedi.

Velocità di movimento

La velocità con cui ti muovi o sposti il tuo corpo la dice lunga sul tuo umore. Quando ti muovi lentamente e deliberatamente, mostra che sei estremamente fiducioso e attratto. Quando i movimenti sono veloci e a scatti, mostra che la persona è estremamente nervosa e potrebbe non essere sicura della situazione.

Toccarsi i capelli

Toccare i capelli può essere un sicuro segno di attrazione, ma può anche essere un segno di nervosismo e di disagio. Se un uomo si passa tutta la mano tra i capelli, di solito mostra che è interessato e agisce come una specie di pavoneggiarsi per l'attenzione di un potenziale nuovo ingresso nella sua vita amorosa. Se una donna si arriccia leggermente i capelli o gioca con le estremità, mentre mostra altri segni di attrazione, può essere un modo sicuro per sapere che è attratta da te. Tuttavia, spesso le donne si toccano e giocano con i loro capelli quando sono nervose, a disagio o addirittura spaventate, quindi è meglio non usare questo linguaggio del corpo da solo per basare le tue opinioni.

Momenti toccanti

Il tocco accidentale non del tutto casuale è un segno sicuro che qualcuno è attratto da te. Se qualcuno allunga la mano e ti tocca intenzionalmente, anche se apparentemente innocente come il tocco più breve di una mano o del braccio, o più in avanti, come giocare con i bottoni della camicia di qualcuno, mostra che sono interessati. Allo stesso modo, quando gli uomini toccano il gomito di una donna o il fondoschiena per guidarla, ad esempio dal tavolo alla pista da ballo, è un sicuro segno di attrazione.

Mirroring

Il mirroring è quando qualcuno copia i movimenti della persona con cui è fidanzato. Di solito accade inconsciamente. La persona può copiare i movimenti di spostamento del peso corporeo o assumere una postura o posa simile, oppure potrebbe copiare i movimenti di qualcuno di toccarsi il viso o giocare con la cannuccia sulla bevanda. Questo è un segno sicuro di attrazione e indica che la persona è completamente impegnata nell'interazione. Può anche essere presente il mirroring verbale; se ad un appuntamento una donna sta parlando con un uomo e le piace quello che dice, potrebbe ripetere qualcosa di simile a lui, cementando così simili simpatie e interessi.

Dilatazione della pupilla

Anche questo è uno dei segnali più importanti che menzionano l'interesse di una donna nei nostri confronti. Esaminiamo attentamente questi dettagli.

Aumento della sudorazione

Come il precedente punto, altri sinonimi d'interesse verso l'altra persona.

Balbettio nella conversazione

È assodato: se in una conversazione accade, principalmente può essere per timore o timidezza, ma anche per interesse personale nei confronti dell'altra persona.

Trovare un modo per restare costantemente in contatto

Chi è attratto da noi, troverà sempre un modo per cercarci o parlarci. Avremo sempre la possibilità di sentire l'altra persona.

Ottenere aiuto con il linguaggio del corpo

Se sei stato sulla scena degli appuntamenti per un po' di tempo e sei ancora single o hai avuto problemi in cui le persone dicono che stai dando segnali contrastanti, potrebbe essere che il tuo corpo emetta segnali di cui non sei consapevole. A volte il corpo mostra il linguaggio del corpo in modo riflessivo che va contro ciò che stiamo effettivamente cercando di trasmettere a qualcuno.

Un linguaggio del corpo contrastante potrebbe suggerirti di non volere ciò che pensi di volere da appuntamenti o relazioni, o potrebbe suggerire che stai cercando di seguire consigli di relazione con cui non sei a tuo agio o di cui sei sicuro. Il tuo corpo potrebbe tradire i tuoi veri sentimenti riguardo agli appuntamenti, sia che provenga dal nervosismo dopo la fine di una relazione codipendente, dalla paura del rifiuto o dall'incapacità di impegnarsi con gli appuntamenti. Un modo per superare questo problema è visitare un terapista. Un terapista di relazione autorizzato può aiutarti a imparare come usare il linguaggio del corpo a tuo vantaggio e come navigare negli appuntamenti, anche se questo significa parlarti attraverso appuntamenti online o offrire alcune indicazioni per idee per aiutarti a sentirti al sicuro. Per quanto riguarda gli appuntamenti e l'attrazione, possono aiutarti a esaminare le tue vere ragioni per uscire e se sei o meno emotivamente pronto per una relazione. Con una guida al linguaggio del corpo di un terapista, quando sei pronto per una relazione, il tuo linguaggio cosciente corrisponderanno e avrai un momento più facile per stabilire una connessione.

Domande frequenti (FAQ)

Quali sono i segni di attrazione del linguaggio del corpo?

Ci sono molti segni diversi di attrazione del linguaggio del corpo, alcuni dei quali sono minuti e alcuni di loro che operano su scala più ampia. I segni più minuti includono dilatazione della pupilla, aumento della frequenza cardiaca e aumento della sudorazione. Sebbene gli altri possano notare questi segni di attrazione, è più probabile che vengano rilevati dalla persona che li sta effettivamente vivendo.

I sintomi più visibili dell'attrazione del linguaggio del corpo includono toccare la tua persona, trovare scuse per toccare mani, braccia, gambe o persino capelli. Sorridere e piegarsi sono spesso identificati come sintomi dell'attrazione del linguaggio del corpo, come lo sono le persone che sono attratte da te, anche se non se ne rendono conto, che cercano modi per avvicinarsi a te, sia che questo significhi avvicinarti mentalmente, attraverso uno scherzo condiviso, o letterale vicinanza fisica. Altri segni di attrazione del linguaggio del corpo che indicano se qualcuno è sessualmente attratto da te includono una posizione aperta (dita dei piedi rivolte verso l'esterno, spalle indietro e fianchi in avanti) e il tentativo di apparire fisicamente più impressionanti, sia che ciò significhi un torace sporgente o una colonna vertebrale dritta.

Come fai a sapere se qualcuno è attratto da te sessualmente?

L'attrazione sessuale può essere trasmessa in diversi modi, i più comuni sono gli indicatori fisici. Questi possono essere piccoli, come pupille ampiamente dilatate, o possono essere più sostanziali, come uno sforzo continuo e persino distratto per essere vicini all'oggetto di proprio interesse. L'attrazione sessuale spesso incoraggia le persone a cercare il contatto e la vicinanza, anche in assenza di un tocco fisico letterale: se sei una persona attraente per qualcuno, questa persona potrebbe guardarti costantemente, mantenendo un forte contatto visivo quando possibile, o sorridere costantemente in tua presenza; L'attrazione sessuale potrebbe essere la principale tra le ragioni dell'attenzione improvvisa o aggiunta nei tuoi confronti.

I segnali verbali possono anche indicare l'attrazione sessuale di qualcuno. Portare regolarmente sesso nella conversazione, o trovare regolarmente modi per stare da solo con te per parlare in privato, o di questioni che è meglio lasciare a due sole persone potrebbe suggerire che qualcuno è sessualmente attratto da te. Gli indizi uditivi non devono necessariamente coinvolgere messaggi sessualmente espliciti o impliciti; uomini e donne possono entrambi approfondire la loro voce in risposta all'attrazione sessuale. Se la voce di qualcuno sembra risuonare con un timbro profondo più quando è con te che quando è impegnato in una conversazione casuale, l'attrazione sessuale potrebbe essere responsabile.

Anche se l'attrazione sessuale è presente nel linguaggio del corpo, tuttavia, la comunicazione è sempre vitale e l'attrazione sessuale non dovrebbe essere esercitata senza il consenso esplicito di tutte le parti. L'attrazione sessuale è così spesso trasmessa implicitamente, attraverso un linguaggio civettuolo, tentativi di avvicinarsi fisicamente o avanzamenti sessuali palesi. Anche così, però, il modo migliore per determinare se qualcuno è sessualmente attratto da te è avere una conversazione sulle aspettative, sugli interessi e sulle intenzioni.

Quali sono alcuni tipi di linguaggio del corpo?

Sebbene ci siano molti diversi tipi di linguaggio del corpo, ci sono alcuni tipi su cui le persone si concentrano spesso quando diffondono il significato di una persona o la posizione prevista. Il tipo più comune di linguaggio del corpo è la postura: le persone identificano se qualcuno si sente forte e sicuro di sé dalla propria postura. Qualcuno con la colonna vertebrale dritta, le spalle all'indietro e i palmi aperti è probabile che venga identificato come qualcuno che è forte e padrone di sé. Al contrario, qualcuno con le spalle arrotondate, la colonna vertebrale piegata e gli occhi bassi probabilmente sopravviverà come timido, a disagio e nervoso.

I gesti sono un altro modo di esprimere o comunicare usando il tuo corpo. I gesti potrebbero essere semplici come indicare, ma spesso sono più complessi e possono comportare l'oscillazione di una mano per allontanarsi, pizzicare il ponte del naso per l'irritazione o nascondere un sorriso dietro la mano in assoluta gioia. I gesti in genere coinvolgono le mani e le orientano con il tuo corpo o in relazione a qualcun altro per trasmettere significato o intenzione.

Cos'è il linguaggio del corpo sicuro?

Il linguaggio del corpo sicuro è in genere un linguaggio del corpo espansivo. Mentre le persone nervose o insicure cercano spesso di rimpicciolirsi, le persone sicure di sé occupano efficacemente e felicemente spazio. Le persone sicure di sé sono anche in genere pronte a rivolgersi agli altri per presentazioni e saluti e possono avere maggiori probabilità di rimanere ferme o riposare rispetto alle persone più insicure, nervose o incerte.

Il linguaggio del corpo sicuro di solito coinvolge anche la comunicazione non verbale che coinvolge alcune espressioni facciali. Le persone con un linguaggio del corpo sicuro di sé possono sentirsi più a loro agio a sorridere, ad esempio, e possono avere un'espressione "a riposo" o standard che trasmette calma e apertura. Le persone sicure possono anche mostrare un linguaggio del corpo che suggerisce forza e umorismo e possono occupare lo spazio loro designato con spalle larghe, gambe rilassate e palmi aperti.

Cosa ti dice il linguaggio del corpo?

Il linguaggio del corpo è in realtà una parte estremamente importante della comunicazione; sebbene la comunicazione verbale sia meravigliosa e faccia molto per gli obiettivi di comunicazione generale, la comunicazione verbale può essere manipolata o modellata più facilmente del linguaggio del corpo. Gran parte del linguaggio del corpo implica movimenti e posture che non sono del tutto intenzionali, il che significa che il linguaggio del corpo può essere considerato una forma di comunicazione onesta o priva di manipolazioni. Questo non vuol dire che il linguaggio del corpo non possa essere modificato o appreso, ma perché molte delle componenti coinvolte nel linguaggio del corpo sono involontarie, ad esempio allontanarsi da qualcuno di cui non ti fidi o allargare le narici quando sei arrabbiato.

Il linguaggio del corpo può fornire una finestra sullo stato emotivo di qualcuno, sul suo grado di conforto o familiarità con qualcuno e sul suo umore e temperamento generale. Il linguaggio del corpo viene utilizzato anche per calcolare la fiducia; è spesso associato a una posizione "aperta", mentre il linguaggio del corpo insicuro o insicuro è spesso associato all'essere curvo o chiuso. Sebbene le persone parlino spesso delle virtù della conversazione nella comunicazione, ha un ruolo significativo nella comunicazione in generale, e segnali e fili metaforici sono spesso incrociati in assenza del linguaggio del corpo, come quando si scrivono messaggi o si parla al telefono.

Quali sono i 9 tipi di comunicazione non verbale?

La comunicazione non verbale costituisce una parte sostanziale degli sforzi di comunicazione tra esseri umani; sebbene ci sia certamente qualcosa da dire per la comunicazione verbale, le parole sono facilmente costruibili e manipolate, mentre la comunicazione non verbale non è così facilmente modellata. Mentre il linguaggio del corpo può immediatamente venire in mente quando viene usata la frase "comunicazione non verbale", in realtà ci sono 7-9 diversi tipi di comunicazione non verbale. Questi includono:

- Espressioni facciali. Le espressioni facciali sono generalmente involontarie e includono espressioni come sorridere, aggrottare le sopracciglia, aggrottare la fronte e creare una maschera vuota.

- Linguaggio del corpo. Il corpo umano viene utilizzato in diversi modi come mezzo di espressione. In altre parole, ha una capacità espressiva che include un alfabeto aperto che a volte potrebbe non richiedere un esperto di linguaggio del corpo per l'interpretazione. Il linguaggio del corpo è il tipo di comportamento che esprime l'insieme di una persona.

- La postura è una meravigliosa fonte di comunicazione non verbale, poiché trasmette una grande quantità di informazioni in poco tempo. Fiducioso? La tua postura lo dirà. Insicuro o nervoso? La tua postura identificherà anche quei sentimenti.

- Contatto visivo. Il contatto visivo può essere confortante, calmante, aggressivo o assertivo, a seconda della persona che incontra i tuoi occhi: le sue motivazioni, la sua personalità e persino il suo rapporto con te.

- I gesti di solito sono involontari o non praticati, ma possono trasmettere una grande quantità di informazioni, sia sulla persona che utilizza i gesti, sia sull'argomento della discussione.

- Come suggerisce il termine, la paralinguistica descrive i segnali uditivi non verbali che qualcuno usa per comunicare. Questi includono tono di voce, inflessione e volume, poiché tutti questi possono alterare drasticamente il significato di un'interazione.

- La prossemica descrive la vicinanza in cui le persone operano. La vicinanza a qualcuno può essere estremamente indicativa e lo spazio tra due persone può assumere una miriade di significati diversi, alcuni dei quali apparentemente contraddittori. Due estranei che condividono uno spazio vicino, ad esempio, potrebbero mettere qualcuno in difficoltà, mentre a loro non dispiacerebbe condividere il loro spazio personale con un partner o un'altra persona cara.

- "Haptics" si riferisce semplicemente al tatto nella comunicazione. Le persone possono impartire un sacco di significato dando il tocco, trattenendone il tocco o vacillando tra i due.

- L'apparenza è spesso una parte importante della comunicazione non verbale, poiché la comunicazione è spesso usata come misura del carattere o della dignità di un individuo. Lungi dall'essere una questione di semplice preferenza, l'aspetto di un individuo può comunicare moltitudini.

CAPITOLO 3: IL MOVIMENTO INCONSCIO DEL CORPO MASCHILE - 21 SEGRETI DA CONOSCERE

Ora esploriamo modi per comprendere il linguaggio del corpo maschile e tradurre il messaggio.

Espressioni facciali

Come con le donne, presta molta attenzione agli occhi e alle labbra di un uomo. Il modo più semplice di un uomo di flirtare è anche un sorriso; un sorriso birichino e sbilenco, tutto alla moda spensierato stile James Dean con il fascino di playboy. Un uomo allora farà qualcosa di molto particolare con le sue labbra se gli piaci. Se gli piace quello che vede, le sue labbra si apriranno automaticamente per un secondo quando i tuoi occhi si incontrano per la prima volta, e poi scansioneranno il corpo della sua ragazza, comunicando la sua attrazione fisica per la loro bellezza. Infine, un uomo mostrerà un'espressione quasi animalesca allargando le narici mentre catturi il suo sguardo! Comunica anche con i suoi occhi. Quando un uomo vede qualcuno da cui è attratto , alza le sopracciglia facendo sembrare i suoi occhi luminosi, grandi e invitanti, dando un significato più profondo all'idea di "farsi gli occhi" l'un l'altro.

Segnali del corpo

Il movimento del corpo di un uomo segnala il suo interesse e la sua mascolinità. Ci sono atti inconsci che gli uomini compiono quando sono attratti da te per la prima volta. Un uomo accentuerà le sue dimensioni fisiche stando in piedi con le mani sui fianchi o allargando le gambe mentre è seduto di fronte al suo potenziale partner. Può anche muoversi in modo eccitato e stare vicino, magari toccandosi leggermente per connettersi. Sorprendentemente, come le donne, anche gli uomini giocano con i loro capelli. Ci passerà le mani a seconda dello stile che ha per farlo sembrare più attraente.

148

Gesti lisci

Tradizionalmente si pensa che le donne siano il sesso che si pavoneggia per impressionare. Tuttavia, sebbene giocato in modo diverso, gli uomini anche "pavoneggiano", impegnandosi in comportamenti per comunicare attrazione. Potrebbe aggiustarsi i calzini tirandoli su, giocare nervosamente con i bottoni della giacca (che può essere un desiderio inconscio di togliersi i vestiti) o accarezzare la cravatta. Questi sono tutti modi per dire che gli piaci abbastanza da voler apparire bene per te. Quindi, se sta giocherellando e scherzando, non è necessariamente nervoso, ma è il suo modo per assicurarsi che appaia al meglio per impressionare!

Battaglia dei sessi: Codice morse per linguaggio del corpo, attrazione e comunicazione

Per riassumere, uomini e donne sono progettati per inviare e ricevere questi segnali di attrazione. Sebbene gli schemi di comportamento che compongono il loro codice non differiscano in modo significativo tra uomini e donne, è imperativo che i messaggi non si perdano nella traduzione, poiché questo livello di comunicazione procede silenziosamente e sottilmente, il che significa che un messaggio può facilmente andare male.

La battaglia più grande può essere solo quella di rattoppare i canali di comunicazione tra una coppia. Perdersi nei propri nervi o sentimenti può portare a trascurare di captare i segnali che ti vengono inviati e non essere selettivo e consapevole dei messaggi che stai inviando. Ricorda di concentrarti sulle espressioni facciali, in particolare occhi e labbra, il corpo segnala con indicazioni civettuole e gesti pavoneggianti se sei incerto. Queste sono le zone calde nel gioco silenzioso del linguaggio del corpo dell'attrazione e, che tu scelga o meno, stai dicendo qualcosa con ogni tuo momento, gesto e risposta fisiologica.

Impara questo linguaggio dell'amore per padroneggiare il codice e usalo con sicurezza per essere l'autore dei messaggi che invii al tuo partner, dando vita alle tue relazioni e comunicazioni in un modo completamente nuovo. Il linguaggio del corpo riporta la comunicazione a un livello primordiale, spesso subconscio.

Per utilizzare questo super potere al massimo delle sue potenzialità, Seltzer ha delineato i suoi consigli di appuntamenti esperti per inviare, ricevere e interpretare correttamente i segni di interesse e attrazione.

1. Ti servirà lunghe occhiate.

2. Le sue labbra si aprono.

3. Le sue narici si aprono e il suo viso generalmente "s'illumina".

4. Cercherà di attirare la tua attenzione.

5. Si accarezzerà la cravatta o si liscia un risvolto.

6. Si liscia o scompiglia i capelli.

7. Le sue sopracciglia rimangono leggermente sollevate mentre parli.

8. Giocherà con i suoi calzini e li tirerà su.

9. Tutto è eretto, quindi attenzione alla postura.

10. Ti farà vedere mentre controlla il tuo corpo.

11. Aprirà le gambe mentre è seduto di fronte, per darti una visualizzazione inguinale.

12. Giocherà con i bottoni della giacca, abbottonandoli e sbottonandoli.

13. Si toccherà molto il viso mentre ti guarda.

14. Inizierà a spremere il bicchiere o la lattina oppure a rotolarlo da un lato all'altro, schiacciandolo leggermente mentre lo fa.

15. Si appollaierà sul bordo del sedile per avvicinarsi.

16. Ti guiderà mettendoti il braccio sul gomito o nella parte bassa della schiena.

17. Ci saranno molti tocchi accidentalmente intenzionali.

18. Ti presterà il cappotto o il maglione.

19. Sudorazione e intenso interesse

20. Palpitazioni e rossore in viso

21. Cercherà insistentemente di compiacerti

CAPITOLO 4: IL LINGUAGGIO DEL CORPO FEMMINILE E MASCHILE - PRIVATO VS. PUBBLICO

Il movimento del corpo, i gesti e i segnali non verbali sono una ricca fonte d'informazioni per la comprensione sociale. Un ampio numero di studi ha dimostrato che uomini e donne comunicano in modo diverso. Nella maggior parte dei casi, lo stile di comunicazione verbale delle donne è stato caratterizzato come più emotivo degli uomini. Le donne si concentrano maggiormente sui sentimenti e sulla creazione di relazioni mentre gli uomini si concentrano sul potere e sulla determinazione del loro status. Quando si tratta di comunicazioni non verbali, uomini e donne a volte usano segnali diversi per esprimere sentimenti simili e percepire le stesse espressioni in modo diverso.

Espressioni facciali

Le espressioni facciali universali sono condivise tra entrambi i sessi, ma ci sono alcune differenze nel loro uso e percezione. Per prima cosa, le donne di solito sorridono più spesso degli uomini. Usano il loro sorriso per esprimere cortesia o soddisfare determinate aspettative culturali in cui gli uomini usufruiscono solo quando sono felici o quando vogliono coinvolgere l'interesse di qualcuno. Inoltre, la percezione delle stesse espressioni facciali è diversa negli uomini e nelle donne.

Spazio personale

La comoda distanza che un individuo vuole mantenere da un'altra persona è molto diversa. Il genere, tuttavia, è spesso un altro fattore che influenza il proprio senso di distanza personale. Gli uomini generalmente hanno bisogno di più spazio delle donne e mantengono distanze personali maggiori. È meno probabile che stiano vicini, anche quando sono tutti buoni amici. Tendono anche a creare zone cuscinetto più ampie utilizzando giacche, tazze, carte, ecc. Vogliono che le loro zone cuscinetto siano rispettate e non rispondono bene alle persone che invadono il loro spazio personale.

Le donne di solito impiegano distanze personali minori con altri individui. Tuttavia, sono inclini ad aumentare la distanza personale con uomini non familiari. Creano anche zone cuscinetto, ma molto più piccole create dagli uomini. Sono più inclini a ritirarsi quando le loro zone sono invase e le loro zone cuscinetto non sono rispettate come quelle maschili. È più probabile che le persone spostino la borsa di una donna rispetto alla giacca di un uomo.

LINGUAGGIO DEL CORPO FEMMINILE

Il linguaggio del corpo femminile cambia nel tempo, differisce da cultura a cultura e non è universale per tutte le donne. Ci sono, tuttavia, alcune azioni che la maggior parte delle donne ha in comune.

Postura: molte donne usano un linguaggio del corpo chiuso che potrebbe essere una convenzione culturale per apparire più piccole. Tuttavia, quando vogliono apparire più attraenti, raddrizzano la loro postura.

Sporgendosi: quando sono interessate a qualcosa o qualcuno le donne tendono a piegarsi in avanti - si sporgono anche quando sono offese, dispiaciute o a disagio.

Contatto con gli occhi: il contatto con gli occhi e le pupille dilatate sono un segnale di interesse (per ciò che viene detto o per la persona che lo dice).

Copiare: le donne spesso rispecchiano (copiano) le azioni l'una dell'altra e occasionalmente rispecchiano anche gli uomini.

Contatto fisico: le donne sono più inclini a toccarsi rispetto agli uomini.

Toccando: Toccando, dimenandosi o agitandosi è un segno che una donna è arrabbiata, infastidita o a disagio.

LINGUAGGIO DEL CORPO MASCHILE

Proprio come il linguaggio del corpo femminile non è universale per tutte, il linguaggio del corpo maschile non è universale per tutti gli uomini. Tuttavia, alcuni aspetti del linguaggio del corpo sono comuni: sono spesso visti come più aggressivi e dominanti. Alcune donne sono incoraggiate ad adattare il linguaggio del corpo maschile in particolari luoghi di lavoro.

Postura: per aumentare la propria taglia, gli uomini spesso scelgono posizioni larghe. La posizione delle gambe larghe e la schiena dritta (sia da seduti che in piedi) dimostrano sicurezza.

Contatto visivo: gli uomini stabiliscono il contatto visivo, ma spesso può essere visto come un atto dominante se dura troppo a lungo. Proprio come nelle donne, le pupille dilatate sono un segnale di interesse.

Copiare: gli uomini di solito non si rispecchiano l'un l'altro, ma spesso rispecchiano le donne per mostrare interesse.

Mani: gli uomini sono più inclini ad agitarsi rispetto alle donne. L'agitazione non sempre indica insicurezza o noia, spesso è solo un modo per usare la propria energia.

Uomini e donne usano più o meno la stessa quantità di parole al giorno. Anche se quando si tratta del linguaggio del corpo, è completamente diverso.

1. Approccio

Quando si avvicinano a un ragazzo, le ragazze tendono ad allentarsi con lui per sembrare meno aggressive mentre cercano ancora di prendere il comando. D'altra parte, quando il maschio è quello che si avvicina a una ragazza, avvicinarsi a lei di fronte in modo che possa vederti arrivare è sicuramente la strada da percorrere, quindi è in grado di controllarti prima di una conversazione e capire se stessa.

2. Il capo annuisce

Annuire è un comportamento non verbale interessante che entrambi i sessi fanno tipicamente per ragioni molto diverse. Quando una donna annuisce, sta cercando di mostrare accordo. Quando un ragazzo annuisce, sta cercando di dimostrare che sta ascoltando e vuole che la ragazza continui a divagare.

3. Bolla personale

Il tocco può essere un'area non verbale complicata. Alcune persone amano essere toccate e mostrare affetto, mentre altre hanno zone personali rigide. Non importa il sesso qui, si tratta di spazio personale.

4. Espressioni facciali

I nostri volti possono mostrare oltre 10.000 espressioni facciali. Tuttavia, uomini e donne li usano in modo diverso. Nel complesso, gli uomini dimostrano una minore espressività facciale rispetto alle donne; sorridono meno e mostrano meno emozioni. Questo perché alle donne è stato insegnato un linguaggio del corpo più pacifico da bambini e sono incoraggiate ad andare sempre d'accordo con gli altri e a collaborare.

5. Gamma vocale

Le donne in genere usano 5 toni vocali diversi quando parlano. Questo dà loro più spazio e rende loro più piacevole parlare, MA le fa anche sembrare più emotivi. Le voci delle donne si alzano sotto stress e quando sono tese possono suonare stridule o acute. Dall'altro lato dello spettro, gli uomini hanno una gamma vocale molto più profonda e in genere piace mantenerla così per sembrare in controllo o comandante.

6. Gesti e Manierismi

Gli uomini dipendono da gesti più evidenti e probabilmente useranno le mani per trasmettere ciò che è necessario. Le donne, poi di nuovo, tendono a usare gesti più sottili e limitati e mostrano modi rispettosi, ad esempio abbassando gli occhi quando sono ostacolati o affrontati.

Sia che tu conosca già e ti avvicini al sesso opposto in quel modo o che tu stia ancora imparando tutti quei nuovi fatti, la comunicazione non verbale è uno strumento molto importante.

CAPITOLO 5: L'APPROCCIO - STRATEGIE PER LUI

In questo capitolo tratteremo 10 modi su come attirare le donne senza parlare usando il vostro linguaggio del corpo, convincendo qualsiasi ragazza a seguirvi.

La maggior parte dei ragazzi scopre che anche quando sono abbastanza bravi a parlare con le ragazze, c'è molto di più. E il più delle volte una parte importante di ciò che manca è una fondamentale mancanza di consapevolezza del linguaggio del corpo.

Mostreremo come anche tu puoi avere modi carismatici, sicuri di sé e non ignorabili su come attrarre le donne senza parlare usando il linguaggio del corpo.

10 MODI PER ATTIRARE LE DONNE SU DI TE

Ecco 10 modi su come attirare le donne senza parlare:

1. Contatto con gli occhi fluidi

Anche quando sembra che tu abbia tutto quello che serve per te, un contatto visivo scarso o eccessivamente gestito può sabotare i tuoi sforzi e rovinare la tua possibilità di parlare con una ragazza. In altre parole, se vuoi che il tuo contatto visivo dica a una ragazza che sei forte e che può parlarti, devi essere fluido, il tuo contatto visivo non può sembrare provato.

E fortunatamente, abbiamo un trucco per questo: se il tuo obiettivo è mettere una ragazza a suo agio e farla parlare con te, guardala nelle pupille, sorridi e distogli lo sguardo.

In questo modo, si raggiunge l'equilibrio perfetto facendo 2 cose: in primo luogo, mirando alla pupilla e sorridendo, al contrario dei soli "occhi", garantisce un contatto visivo deliberato e amichevole. E secondo, perché distogli lo sguardo, fingendo di non sembrare troppo intenso.

2. De-Shell

Le tue spalle dicono alle ragazze in modo forte e chiaro che non solo hai una cattiva postura, ma che potresti anche essere un po' intimidito dalle persone intorno a te.

La parte peggiore è che la maggior parte dei ragazzi non sono così chiusi, semplicemente non sanno che la loro vita quotidiana li fa letteralmente sembrare come se si nascondessero in un guscio.

Inizia a prestare loro attenzione.

Basta tirare indietro le spalle e tenerle lì. Questo è tutto! All'inizio sarà scomodo, ma semplicemente mantenere questa postura rafforzerà i muscoli della schiena e creerà permanentemente quella fiducia fondamentale che le ragazze cercano.

3. Sii coraggioso

Si può dedurre molto semplicemente osservando la posizione di qualcuno . Per attirare le donne, devi avere una posizione che segnali fiducia e forza.

Quindi ecco come dovresti stare in piedi: stai con i piedi alla larghezza delle spalle . Questo ti aiuterà a farti sembrare "grande".

Blocca le spalle indietro come abbiamo appena detto. Fai finta che la tua camicia sia ancora appesa nell'armadio.

Tieni il mento alto e, per quanto possibile, lascia le braccia lungo i fianchi. Metti tutto insieme e avrai una posizione killer che non solo ti farà risaltare, ma farai incuriosire le ragazze a modo tuo senza che tu faccia nient'altro.

4. Gioca la tua mano

Non importa quello che stai facendo, cerca sempre di essere considerato aperto o accessibile. E un modo semplice per farlo è avere i palmi delle mani esposti, anche solo un po'.

Mostrare a una ragazza i tuoi palmi è perfetto per metterla a suo agio e attirare la sua attenzione senza dire nulla.

Ora, questo non significa che devi solo stare con i palmi in fuori, perché ... sarebbe un po'strano, ma se puoi lavorare con alcuni gesti aperti, palmi in su mentre parli o interagisci, aiuterà moltissimo l'approccio.

5. Mostra il tuo pregiudizio

Non solo le donne sanno che i ragazzi le controllano, ma al momento giusto e nel posto giusto, lo stanno cercando e sperano che lo facciano.

Ecco cosa fare: prima di tutto, ricorda che in certe situazioni sociali, le ragazze vogliono che un ragazzo sia civettuolo.

6. Combatti il Fidget

Un ragazzo che è costantemente in movimento e irrequieto sarà visto come nervoso e fuori controllo. Questa non è l'atmosfera che vuoi trasmettere come prima impressione. Poiché è così diffuso, un ragazzo che fa movimenti controllati e raccolti attirerà automaticamente le donne a modo suo.

Rallentare i movimenti trasmette immediatezza perché sono più calcolati e hanno uno scopo. Apparirai più sicuro e mostrerai a tutti intorno che sei più a tuo agio nel tuo ambiente e aiuta a creare un po 'di intrigo e mistero.

Tuttavia, ricorda solo di non rallentare troppo.

7. Ripara te stesso

Ecco un altro trucco dall'altra parte della stanza che puoi fare per convincere le ragazze a venire da te. Le donne notano tutto ciò che fai, non importa quanto piccolo o insignificante potresti pensare che sia.

Noterà se stai sistemando i tuoi vestiti quando sei vicino a lei e farlo significherà facilmente che sei interessato a lei. Come? Non solo le mostra che tieni al tuo aspetto, ma le impedisce anche di indovinare se sei interessato o meno. E questo è il punto!

Quindi non aver paura di farle vedere che ti stai aggiustando i capelli o raddrizzando la tua camicia per lei, se viene fuori in modo naturale, può solo essere lusingata che stai cercando di apparire al meglio.

8. Spazio fuori

Anche se siamo evoluti, siamo ancora guidati da alcune dinamiche sociali piuttosto primitive. E uno dei comportamenti più ancestrali è occupare spazio.

Per prima cosa, noteranno che non hai provato a dominare e che hai preso più del necessario. Per quanto possa essere divertente, alle donne 9/10 non piacerà.

Il rovescio della medaglia, però, è che vogliono anche vedere che hai mantenuto abbastanza spazio per stare bene. E quella parte di esso, è estremamente importante.

Quindi metti le chiavi e il telefono sul tavolo, appoggiati allo schienale e non restringerti in uno spazio troppo piccolo per te. Non è maleducato e così semplice come sembra, questo invia un chiaro segnale di cooperazione e fiducia da cui le donne non possono distogliere lo sguardo.

9. La passeggiata di benvenuto

Quindi è una giornata meravigliosa e stai facendo una bella passeggiata nel parco. Hai notato questa ragazza che cammina. Ma ha la testa bassa e le mani in tasca. Quale sarebbe la tua prima impressione di questa ragazza? Ovviamente! È stressata o pensierosa e, cosa più importante è inavvicinabile.

Se vuoi sembrare accessibile, protendi il petto e porta indietro le spalle. Questa postura mostra alla donna ciò da cui è più attratta: sicurezza! È così facile.

Se osservi quasi ogni celebrità, rock star o campione, noterai che camminano sempre in questo modo e non c'è motivo per cui non funzionerà anche per te.

10. Rispecchia le sue mosse

Il mirroring è un metodo completamente silenzioso e basato sul linguaggio del corpo per convincere una ragazza a continuare a guardarti.

Funziona così: diciamo che prendi una ragazza dall'altra parte della stanza e lei si aggiusta i capelli, è probabile che tu automaticamente, senza pensarci, aggiusti qualcosa su te stesso. Ora, mentre la maggior parte del mirroring avverrà da solo, puoi usarlo per creare un senso di familiarità con una ragazza.

CAPITOLO 6: L'APPROCCIO - STRATEGIE PER LEI

Le donne di tutto il mondo desiderano da tempo sapere come sedurre gli uomini con il linguaggio del corpo. Se sei come loro, vuoi che un uomo in particolare sappia che lo desideri ma forse non hai il coraggio di dirlo ad alta voce.

Quindi lascia che sia il tuo corpo a parlare.

Ci sono tantissimi modi per usare il linguaggio del corpo per comunicare il tuo desiderio, vediamone alcuni:

Usa il tuo sorriso per sedurlo

Punta il tuo ombelico su di lui. Focalizzare la direzione del proprio corpo è importantissimo

Toccalo. Ma non troppo

Evita di incrociare le braccia per sedurre con il tuo corpo

Usa una posa potente per migliorare il linguaggio del corpo seducente

Fissalo intensamente. Quindi abbassa le palpebre

Sfrutta al massimo le tue labbra

Gioca con i tuoi capelli per attirarlo

Mostragli interesse utilizzando delle espressioni facciali

Indossare abiti che ti fanno sentire fascinosa

Vivere il momento

COMPRENDERE IL VALORE DELLA COMUNICAZIONE NON VERBALE

Il linguaggio del corpo, si scopre, costituisce la maggior parte del modo in cui comunichiamo. Sebbene sia dibattuto tra gli esperti, molti credono che questa sia la ripartizione del modo in cui comunichiamo, riguardiamola insieme:

Linguaggio del corpo: 55%

Tono di voce: 38%

Parole dette: 7%

Quindi, se non riesci a trovare le parole per dire a un uomo che lo vuoi, dovresti imparare a sedurre gli uomini con il linguaggio del corpo!

12 CONSIGLI SU COME SEDURRE GLI UOMINI CON IL LINGUAGGIO DEL CORPO

1. Usa il tuo sorriso per sedurlo

Hai un bel sorriso; usalo!

Sappiamo tutti che il sorriso è potente. Ma come sorridi conta. Assicurati di dargli quello che gli scienziati chiamano un sorriso alla Duchenne, che è genuino e coinvolge gli occhi, piuttosto che un sorriso Pan Am, che è il falso sorriso che spesso vediamo sugli assistenti di volo che non sono entusiasti di portarci un altro cuscino. Quando il tuo sorriso è reale, sa che sei felice di stare con lui.

Puoi anche fargli un sorriso sexy che dice: "Sto pensando a come sarebbe essere a letto con te".

2. Punta il tuo ombelico su di lui

Sì, il tuo ombelico può comunicare che sei innamorato di un ragazzo.

Chris Ulrich, istruttore senior presso il Body Language Institute , dice che puntare l'ombelico nella direzione della persona con cui stai parlando può indicare che ti piace e che ti fidi di lui. Anche se la tua testa è girata in un altro modo, punta il tuo corpo in modo che il tuo ombelico abbia una "vista" centrale di questo ragazzo.

3. Toccalo ... ma non troppo

Considera due donne:

Veronica: strofina costantemente il petto di Brad, facendo scorrere le sue unghie rosse su e giù per i suoi bicipiti.

Samantha: si tocca il braccio una o due volte durante un appuntamento. Sfiora il suo ginocchio contro il suo "accidentalmente" sotto il tavolo.

Mentre Veronica sta inviando segnali che senza mezzi termini vuole devastare Brad, Samantha adotta un approccio più sottile. Lo vuole altrettanto, ma ha il decoro per comunicarlo con gusto.

4. Evita di incrociare le braccia

Questo è uno di quei segnali che vuoi evitare quando impari a sedurre gli uomini con il linguaggio del corpo perché incrociare le braccia può indicare che non sei interessato o che sei disconnesso dalla situazione. Può anche dire che ti senti insicuro.

Se ti ritrovi ad incrociare le braccia (anche se non senti nessuna delle cose che ho detto che comunica), semplicemente disincrociale e avvicinati all'uomo con cui stai.

5. Assumi una posa potente per migliorare il linguaggio del corpo seducente

Amy Cuddy ha reso la posa del potere alla moda alcuni anni fa con il suo TED Talk e poi con il libro *Presence: Bringing Your Boldest Self to Your Bigest Challenges.* Ha condotto uno studio in cui i soggetti hanno assunto pose ad alta o bassa potenza. Quelli in pose ad alta potenza (pensa: mani sui fianchi come Wonder Woman) si sentivano più sicuri e si comportavano meglio nei compiti.

Puoi applicarlo alla tua strategia su come sedurre gli uomini con il linguaggio del corpo; stare in piedi con le gambe divaricate, le spalle indietro e le mani sui fianchi ti farà sentire vincente, e questo gli verrà comunicato!

6. Fisssalo intensamente... Quindi abbassa le palpebre

Ti ho già detto quanto sia potente il contatto visivo nell'imparare a sedurre gli uomini con il linguaggio del corpo. Pensa a quanto normalmente, se parli con qualcuno (un cassiere, tua madre, un vicino), stabilirai un contatto visivo per un minuto, poi distogli lo sguardo. È normale.

Ma quando ti piace qualcuno, fissarli profondamente negli occhi può essere intenso. Vengono comunicati tutti i tipi di emozioni ... e alcuni di questi saranno basati sull'attrazione sessuale.

Quindi non essere timido nel chiudere gli occhi e fare una piccola gara di sguardi.

Ma dopo prova ad abbassarli un po' e ad aprire leggermente le labbra. Questa è un'altra mossa sexy che gli fa sapere che la temperatura sta aumentando intorno a voi due. Può indicare sottomissione sessuale e, naturalmente, è l'espressione che molte donne hanno prima di avere un orgasmo, quindi lo metterà in uno stato d'animo sexy!

7. Sfrutta al massimo le tue labbra

Le tue labbra possono fare di più che esprimere la tua attrazione.

Un altro strumento versatile quando si tratta di sedurre gli uomini con il linguaggio del corpo sono le tue labbra. Ci sono così tante cose che puoi fare con loro!

Inizia con il colore. I colori audaci tendono ad attirare più attenzione e il rosso è noto per comunicare passione. Ma se non ti senti a tuo agio a cullare il rosso, prova un tono profondo. Davvero, dovresti semplicemente essere a tuo agio con qualsiasi colore tu scelga.

Quindi, considera cosa fare con le tue labbra. Mordersi il labbro inferiore è incredibilmente sexy per gli uomini, quindi provalo un paio di volte (combinato con l'abbassamento delle palpebre!). Puoi anche leccarti lentamente le labbra e sorridergli.

8. Gioca con i tuoi capelli per attirarlo

I tuoi capelli sono un'altra grande risorsa di seduzione; ci sono un milione di modi per giocarci per attirare l'attenzione di un uomo.

Tirali tutto su una spalla

Buttali indietro

Fai girare un ricciolo intorno al dito

Mettili di fronte a lui

Basta non esagerare con i capelli! Scegli una o due tattiche, ma non esagerare.

9. Mostragli il tuo interesse usando le espressioni facciali

Sapevi che realizziamo circa 25.000 espressioni facciali al giorno? I nostri volti sono molto più espressivi e comunicativi di quanto le nostre voci potrebbero mai essere. Quindi usa la tua faccia per dirgli cosa hai in mente.

Inizia mostrando semplicemente che stai prestando attenzione a ciò che sta dicendo. Annuisci di tanto in tanto mentre parla.

Inclina la testa di lato. Questo rivela il tuo punto più vulnerabile: il collo. Comunica che ti fidi di lui.

Puoi anche rispecchiare le sue espressioni. Se sorride, sorridi di rimando. Se aggrotta la fronte, fai lo stesso.

10. indossare abiti che ti fanno sentire migliore

Il miglior consiglio che posso dare su come sedurre gli uomini con il linguaggio del corpo è semplicemente essere a proprio agio con il tuo approccio. Se capovolgere i capelli non è qualcosa che faresti normalmente, non farlo. Lo stesso vale per i vestiti che indossi ad un appuntamento. Che assolutamente *non* devono essere indossati indumenti stretti e rivelatori per ottenere il ragazzo.

In effetti, la maggior parte degli uomini trova una donna che lascia un po'di mistero in ciò che indossa ancora più intrigante. Certo, saranno apprezzati abiti attillati, un po' di décolleté o un vestito che mette in mostra le tue gambe, ma devi essere a tuo agio con quello che indossi.

È più importante che tu abbia fiducia in ciò che indossi piuttosto che fare appello a ciò che pensi piacerà agli uomini. La fiducia, come ho detto numerose volte, è sexy!

11. Vivi nel momento

Non voglio sopraffarti con questi suggerimenti su come sedurre gli uomini con il linguaggio del corpo al punto che senti di aver bisogno di un copione per andare ad un appuntamento! Questi sono solo suggerimenti e ti incoraggio vivamente a trovare i tuoi modi per comunicare come ti senti. Ancora una volta, quando sei sicura di te, indipendentemente da quello che fai, sedurrai facilmente qualsiasi uomo.

Potresti avere un appuntamento e scoprire che risponde davvero bene quando lo prendi in giro, quindi vai avanti. Oppure potrebbe prendere l'iniziativa con il flirt. Non puoi mai pianificare in anticipo come andrà un appuntamento o come un determinato uomo risponderà alle tue strategie sexy, quindi presta attenzione al suo feedback e modifica di conseguenza.

Considerazioni:

Ogni donna avrà un approccio diverso su come sedurre gli uomini con il linguaggio del corpo. Usa il tuo ingegno.

Lavora con esso. Perché l'uomo giusto sarà attratto dalla tua miscela unica di *giovinezza*. Quindi sii autentico e trova le tecniche di seduzione che ti danno i migliori risultati.

Ti incoraggio anche a sapere cosa vuoi prima di provare a sedurre un uomo. Sei pronto a fare sesso con lui o stai solo cercando un po' di attenzione? Renditi conto che alcuni dei suggerimenti che ho descritto sopra gli comunicheranno che sei pronta per entrare in intimità, quindi assicurati di essere pronto per quel passaggio prima di provare queste strategie. Se stai appena iniziando a uscire con un uomo e vuoi davvero che si impegni, forse conserva questi suggerimenti per dopo, una volta che ti conoscerai meglio.

CAPITOLO 7: I SEGNALI DI UNA MENZOGNA - COME RICONOSCERLE?

Pensi di poter individuare un bugiardo se ci provassi? Le probabilità sono davvero poche: in media, la capacità di una persona di individuare una bugia è davvero molto bassa, secondo l'American Psychological Association (APA).

Fortunatamente, se ti stai chiedendo perché un tuo conoscente si sta comportando male o cosa sta succedendo con un migliore amico che sembra trattenerti qualcosa, c'è *una* scienza che spiega arditamente come capire se qualcuno sta mentendo. Il campo della ricerca, infatti, è in continua evoluzione, grazie alla tecnologia.

Per individuare una bugia, devi prima stabilire una linea di base per come qualcuno si comporta quando dice la verità, osserva Maurice Schweitzer, Ph.D., ricercatore in materia di inganni e professore alla Wharton School dell'Università della Pennsylvania. Quindi, se il tuo partner è sempre loquace, è probabile che divagare sia normale, mentre il silenzio potrebbe essere un po'approssimativo.

Non c'è un segnale chiaro - verbale o non verbale - che indichi un inganno definito.

Ma ci sono alcuni indicatori che puoi cercare. Di solito, ne noterai più di uno alla volta, dice Susan Constantine, esperta di linguaggio del corpo e autrice di *The Complete Idiot's Guide to Reading Body Language.* Di seguito, nove segnali che potresti troverai molto utili a riguardo.

1. Per un istante rilevi un cipiglio o un sorrisetto.

Le microespressioni, o espressioni facciali che durano solo una frazione di secondo, possono rivelare quando qualcuno ti sta mentendo. Possono anche abbinare o confrontare le loro parole.

Ad esempio, una persona potrebbe parlare in modo molto sicuro, ma una volta che smette di parlare, entrambi gli angoli della bocca potrebbero abbassarsi rapidamente in un cipiglio. Questo può indicare che nel profondo, un bugiardo dubita di se stesso. La loro espressione facciale non è in linea con la loro storia, dice Constantine.

Al contrario, se qualcuno ti ha appena mentito (e pensa che tu abbia accettato la sua storia), potrebbe fare un sorrisetto o far uscire una risatina. Questa si chiama delizia di Duper; un bugiardo che si ricompensa per aver tirato fuori quella che crede sia una buona bugia.

2. Continua a guardare l'uscita.

Quando gli occhi di qualcuno continuano a cadere sulla porta o sull'orologio che ticchetta, può essere un indicatore che qualcuno desidera sfuggire a una situazione, forse perché ti sta mentendo. Potresti anche notare che il busto o le dita dei piedi di qualcuno sono puntati verso la porta.

3. Impiega più tempo del solito per rispondere.

Quando qualcuno mente, si destreggia simultaneamente tra due storie: cosa è realmente accaduto e cosa è successo in base alle loro bugie, dice Schweitzer. Ciò richiede molta potenza cerebrale, il che può provocare lunghe pause e risposte tortuose a domande relativamente semplici. Un bugiardo potrebbe ripetere la tua domanda, aggiungere dettagli che non hai chiesto, mettere in pausa, balbettare o usare più parole di riempimento.

"La ricerca suggerisce anche che le persone che dicono la verità tendono a sembrare più coinvolte, immediate e certe, e che i bugiardi tendono a usare un linguaggio aperto a molteplici interpretazioni", afferma Clea Wright Whelan, Ph.D., docente di psicologia specializzato in comportamento ingannevole e colloqui investigativi presso l'Università di Chester nel Regno Unito

4. Evita una risposta diretta.

Una semplice domanda (a *che ora sei uscito dal lavoro?*), dovrebbe fornire una risposta semplice: *15:00.* Tuttavia, se la persona risponde con, *cosa intendi? Sono sceso dal lavoro alla stessa ora che faccio tutti i giorni, fai* attenzione.

Se qualcuno elude la tua domanda o gira intorno a una richiesta su di voi chiedendo a sua volta qualcosa, è un indizio enorme che stanno mentendo (e cercando di distogliere l'attenzione di sè stessi).

5. Il tema della conversazione è l'onestà.

Naturalmente, i bugiardi vogliono comunicarti che stanno dicendo la verità, dice Schweitzer. Un modo semplice per farlo, pensano, è parlare di onestà. Se qualcuno dice: "Lasciami essere onesto con te", "Onestamente" o anche "Sono stato educato per essere sempre onesto", potrebbe farti credere alla bugia che stanno per dire.

6. Si lascia fuori dalla storia.

I bugiardi tendono a evitare di identificare parole come "io" o "noi", rileva un recente studio dell'Università del Michigan. Perché? Stanno cercando di prendere le distanze da un'azione o da una narrazione che potrebbe non essere vera.

7. Usa parole che non hai mai saputo usare.

I bugiardi sono noti per cambiare il vocabolario che usano tipicamente. Ad esempio, se una persona dice di aver guidato la sua "macchina" a casa ma ha chiamato la sua auto "veicolo" poche frasi dopo (e non l'hai mai sentita dire prima), questo potrebbe essere un indicatore che " Stai riflettendo sulle loro parole un po ' *troppo* attentamente.

8. Senti un cambiamento nella sua voce.

Di solito, puoi percepire un ritmo naturale e fluire nel discorso di qualcuno. Ma la voce di qualcuno aumenta di tono o il ritmo diventa più veloce o più forte, questo è un segnale e uno spunto per ascoltare.

La voce di un bugiardo potrebbe diventare più bassa o più alta a causa dell'ansia o, al contrario, potrebbe parlare più dolcemente (quasi come se ti stessero raccontando un segreto), poiché naturalmente nascondiamo e attutiamo le nostre voci quando diciamo qualcosa che non dovremmo.

9. Non può raccontare nuovamente la storia.

Usa ciò che i ricercatori chiamano una narrativa in ordine inverso. "Scopriamo che quando si chiede a un intervistato di raccontare una storia in ordine cronologico in avanti e poi di nuovo in ordine cronologico inverso, le persone che mentono tendono a riportare i fatti in modi diversi rispetto alle persone che dicono la verità", afferma Drew Leins, Ph. D.

Il racconto di un bugiardo può suonare irreggimentato e sceneggiato, mentre un racconto veritiero può vagare. Questo perché quando a qualcuno che sta dicendo la verità viene chiesto di pensare a un'esperienza in un modo diverso, probabilmente ricorderà ulteriori informazioni che aveva dimenticato quando descriveva le cose la prima volta.

I 10 PRINCIPALI SEGNI CHE QUALCUNO STA MENTENDO

Lo sapevi che solo il 54% delle bugie può essere individuato con precisione? Gli estroversi dicono anche più bugie degli introversi e almeno l'82% delle bugie passa inosservato, secondo il sito web "scienceofpeople.com". La buona notizia, tuttavia, è che le persone possono migliorare le proprie capacità di rilevamento delle bugie, aumentandole fino a raggiungere una precisione di quasi il 90%. Ma come si inizia?

Uno dei primi passi, secondo il sito web di Science of People, è acquisire familiarità con il modo in cui qualcuno agisce in genere. Questo è il processo per stabilire una linea di base. "Una linea di base è il modo in cui qualcuno agisce quando si trova in condizioni normali e non minacciose. È come appare qualcuno quando dice la verità". In altre parole, potrebbe essere difficile capire quando qualcuno sta mentendo se non sai come si comporta quando sta dicendo la verità, il che ovviamente ha perfettamente senso.

Tuttavia, le strategie utilizzate per individuare una bugia a volte possono essere confuse o addirittura contrastanti. Per questo motivo, prima di fare un'accusa, assicurati di pensarci due volte - o anche tre volte - prima di farlo a meno che, ovviamente, non sia davvero importante scoprire cosa è successo. Qui, in nessun ordine particolare, c'è un elenco dei primi 10 segni che qualcuno sta mentendo, rivediamoli attentamente:

1. Un cambiamento nella voce

Secondo Gregg McCrary, un profiler criminale dell'FBI in pensione, la voce o il modo di parlare di una persona può cambiare quando dice una bugia. In primo luogo, adotta la strategia di identificare i modi di parlare e le maniere regolari di una persona ponendo domande tipiche e facili, come si chiama o dove vive. Ciò gli consente di vedere eventuali cambiamenti nel parlare o nei modi di fare quando pone domande più impegnative e interrogative.

2. Potrebbe provare a stare fermo

Sembra strano, ma essere perfettamente immobili può essere un indicatore che una persona non sta dicendo la verità. Come sottolinea Reader's Digest, una persona del genere può mantenere i propri movimenti ridotti al minimo o addirittura tirare le braccia e le gambe verso il proprio corpo, principalmente perché è tesa o nervosa. Pensaci: quando le cose sono normali, le persone sono generalmente più rilassate e possono mostrare più fluidità e movimento nel loro corpo, ma quando qualcosa non va, incluso il dover dire un'enorme menzogna, possono diventare rigide nel movimento del corpo.

3. Le espressioni corporee potrebbero non corrispondere a ciò che sta dicendo ad alta voce

Quando qualcuno mente, il tempismo tra ciò che sta dicendo e ciò che sta esprimendo potrebbe non essere corretto o le sue espressioni potrebbero non corrispondere alle loro parole - pensa solo a un piatto 'grazie' accompagnato da un cipiglio per un grande mazzo di fiori - qualcosa non va! Altri segni di una mancata corrispondenza includono una persona che scuote la testa mentre risponde di sì a una domanda.

4. La lingua può cambiare

Potrebbero usare un linguaggio distanziato per separarsi dalla verità, anche cambiando la loro selezione di pronomi mentre parlano. "Ho smarrito i suoi soldi", potrebbe diventare "Ho smarrito i soldi", il tutto nel tentativo, inconscio o meno, di mostrare meno connessione con uno o più oggetti o con ciò che viene discusso.

5. Direzione degli occhi

A volte le persone che non dicono la verità possono guardare a sinistra perché potrebbero costruire risposte o immagini nella loro testa. Questo può essere l'opposto di guardare a destra o in alto e a destra, dove gli occhi delle persone spesso si dirigono quando cercano di richiamare una memoria uditiva o visiva. Tuttavia, queste direzioni degli occhi possono essere invertite per la tipica persona mancina. La direzione degli occhi potrebbe non essere l'indicatore più affidabile di una bugia.

6. Si copre la bocca o gli occhi

Molte persone vogliono letteralmente nascondere una bugia o nascondersi dalla reazione ad essa, il che potrebbe essere il motivo per cui si mettono le mani sugli occhi o sulla bocca quando lasciano fuori una menzogna. Altri possono anche effettivamente chiudere completamente gli occhi quando dice una bugia, in particolare quando la sua risposta ad una domanda non richiede un sacco di riflessione.

7. Il gesticolare insolito

Pensa a cosa fa un bambino quando gli chiedi dove è andato l'ultimo biscotto. Possono leccarsi le labbra, guardarsi le unghie o persino stringersi la mano e poi dire una grossa bugia. Quello che sta realmente accadendo è che la loro risposta all'ansia ha preso piede. Potrebbero inconsciamente cercare di calmare quella risposta ansiosa, il che potrebbe indicare nervosismo nel dire una bugia.

8. Prende una pausa

I bugiardi possono fermarsi molto mentre lavorano per costruire dettagli o storie nella loro testa o per spiegare le loro azioni usando una trama che in realtà non si è verificato. Prestare attenzione a queste pause può essere importante perché potrebbe significare che un individuo sta inventando eventi mentre parla. Le persone che si fermano, che sembrano pensare intensamente o che mostrano lacune nella loro conversazione potrebbero mostrare comportamenti coerenti con le menzogne.

9. Improvvisa i dettagli

Poiché un bugiardo può inventare le cose mentre vanno, può anche avere la tendenza ad aggiungere dettagli eccessivi per convincere meglio se stesso o gli altri di ciò che sta dicendo. Possono anche abbellire con dettagli che una persona che sta dicendo la verità non penserebbe di aggiungere.

10. Punta le dita (letteralmente)

L'atto di indicare o verso qualcosa o qualcun altro può segnalare il desiderio di distogliere l'attenzione da un individuo e da qualcun altro. Naturalmente, sapere se quella persona normalmente gesticola o punta le dita frequentemente può essere una base utile. Inoltre, se puntano il dito in una direzione diversa da come guardano i loro occhi, potrebbero anche mentire.

Infine, potrebbero esserci diverse tecniche da utilizzare quando si cerca di rilevare qualcuno che potrebbe mentirti al telefono o addirittura mentire in una e-mail.

CAPITOLO 8: COME CAPIRE SEGNALI DI RIFIUTO O TENSIONE

Se stai cercando segnali che qualcuno/a non vuole una relazione con te ci sono molti modi in grado di farlo capire.

Esempio:

Sei uscito con questo ragazzo un paio di volte. Forse hai anche dormito con lui. E mentre stai iniziando a pianificare per lui di incontrare i tuoi amici o anche di fare una vacanza di coppia in pochi mesi, non hai la sensazione che sia d'accordo con la pianificazione di un futuro con te.

Cosa succede?

Se questa non è la prima volta che ti trovi in questa situazione, esci con un uomo che chiaramente non vuole una relazione con te, è tempo di scomporlo e capire perché continui a essere attratto da questi uomini.

1. È freddo con la comunicazione

Ti mantieni in contatto circa una volta alla settimana, in media, ma probabilmente non tutti i giorni. Per la maggior parte, voi due scrivete, e forse avete ricevuto una o due telefonate, ma lui ha chiarito che non è un tipo da telefono.

Quindi prenditi un momento per considerare a chi altro potrebbe mandare messaggi quando non lo senti per giorni. Alla maggior parte delle persone - uomini e donne - piace interagire con un interesse romantico, quindi se non è così entusiasta di comunicare, potrebbe essere perché non vuole una relazione con te.

2. Ha ancora qualcosa in sospeso con una relazione passata

Abbiamo tutti avuto relazioni passate che continuano a tornare. Forse hai rotto e poi hai cercato di sistemare le cose. Forse il tuo ex ti ha inseguito mesi dopo la tua separazione.

Succede.

Ma considera che anche il ragazzo con cui esci ha degli ex ... ed è del tutto possibile che abbia una situazione non del tutto finita con una fidanzata del passato.

Se ti dice che è "solo amico/a" del suo ex ... ma in realtà non sta investendo in una relazione con te, probabilmente è ancora appeso al passato. Sappi che non puoi fare nulla per fargli dimenticare la sua ex, quindi vai avanti.

3. Ti lascia costantemente in sospeso

Anni fa ho avuto un cliente di coaching di appuntamenti che era così preso da un ragazzo. Chiamiamolo Jake. Mi ha detto che quando stavano insieme, era magico. C'era una chimica fantastica. Ma poi avrebbero fatto dei piani ... e lui sarebbe uscito all'ultimo minuto.

La lasciava costantemente in sospeso.

Questo suona familiare? Sfortunatamente, questo è uno dei segni che non vuole una relazione con te.

Se ti fa esplodere non rispondendo alle chiamate e ai messaggi o aspetta giorni per contattarti.

Se annulla i piani all'ultimo minuto.

Se un minuto è intensamente dentro di te e quello dopo è distante.

Allora non è abbastanza interessato a te da essere rispettoso del tuo tempo e della tua energia. Se ora si comporta in questo modo, immagina come sarà questo ragazzo come marito o padre. Ehm, no. Questa non è la corrispondenza giusta per te.

Un uomo interessato a te vuole costruire una relazione, e la comunicazione e il rispetto sono una parte importante di questo. Un uomo che annulla i piani ancora e ancora non ti rispetta. Un uomo che non può rispondere ai tuoi messaggi o chiamate in modo tempestivo non è sicuro di te.

4. Sei un fantasma per amici e familiari

Per quanto riguarda la sua famiglia, sei un fantasma!

Non esisti, almeno agli occhi dei suoi amici o della sua famiglia.

Potrebbero anche non sapere che esisti.

Fai attenzione: ti ha detto che stava parlando a sua madre di te? No?

Ti ha mai invitato a uscire con i suoi amici? No?

Tutti sanno che nel momento in cui un ragazzo ti presenta alla sua famiglia, sei ufficialmente la sua ragazza. Lo sa anche lui. Ecco perché non lo fa!

Se non ti coinvolge con gli altri nella sua vita, ciò riflette su quanto poco sia effettivamente coinvolto con te. Se dopo tre mesi non ti porta a incontrare amici o parenti, è un segno che la tua relazione non si sta muovendo nella giusta direzione. Gli interessa passare del tempo con te o almeno fare sesso con te, ma non è disposto a incorporarti nella sua vita reale.

5. Il suo cuore si sente completamente chiuso a te

Nel corso della nostra vita, i nostri cuori si aprono e si chiudono, a seconda di dove siamo emotivamente. Le donne possono essere più aperte a trovare l'amore rispetto agli uomini. Gli uomini possono essere più chiusi (anche se incontrano una donna fantastica) a trovare l'amore.

Un uomo che ti valorizza e vuole aprirti il suo cuore lo farà. Non ha senso cercare di cambiare un ragazzo che chiaramente non è in grado di darti il suo cuore. Perché: **non puoi mai cambiare un uomo!**

È naturale che un uomo possa rallentare nell'aprirsi con te all'inizio di una relazione, ma fai attenzione: quando ti apri con lui, ricambia o si chiude? Si sta aprendo lentamente nel tempo o si tiene altrettanto chiuso? Se non si apre nemmeno di un centimetro, è probabile che non voglia una relazione con te.

6. Ha ancora cose da fare

Gli uomini sono divertenti rispetto alle donne. Tendono ad avere una lunga lista di realizzazioni personali che vogliono ottenere prima di stabilirsi in una relazione romantica. Indipendentemente dal fatto che l'elenco includa salire la scala aziendale, estinguere i debiti o acquistare una casa, potrebbe insistere sul fatto che non è pronto a stabilirsi di conseguenza.

Gli uomini sono costruiti in modo diverso dalle donne: tendono a compartimentare parti diverse della loro vita. Anche se un uomo inizia a provare sentimenti per te, se la possibilità di una relazione interferisce con altri aspetti della sua vita e dei suoi obiettivi, può spegnere quei sentimenti e concentrarsi su ciò che è prioritario per lui.

Non puoi far cambiare idea a un uomo sull'importanza di questi obiettivi rispetto a una potenziale relazione con te, quindi non provarci nemmeno.

7. Al di là del sesso, non passa davvero tempo con te

Anche se certamente, il sesso fa parte di una relazione sana, non dovrebbe costituirne la maggior parte. Pensa alle ultime cinque volte che hai visto il ragazzo con cui esci. Sei davvero uscito ... o ti ha mandato un messaggio a tarda notte, volendo venire? Va bene ogni tanto, ma un uomo che non ha paura dell'impegno vorrà passare del tempo con te fuori dalla camera da letto.

8. Sei tu quello che mette fuori tutto lo sforzo

Un uomo che vuole una relazione con te si piegherà all'indietro per renderti felice. Ti penserà per tutta la giornata e troverà modi per farti sapere che sei nei suoi pensieri. Un uomo che non vuole una relazione con te prenderà, prenderà, prenderà e non darà mai.

Vuoi una relazione a due vie, giusto? Vuoi un uomo che darà senza bisogno che tu restituisca (ma a cui vorresti dare). Questo non è quel ragazzo.

9. Non vuole "metterci un'etichetta"

Conosco una donna che ha frequentato lo stesso ragazzo per più di un anno. Si sono lasciati quando dice che è a disagio nel mettere un'etichetta su quello che sono.

10. Semplicemente non si sente lo stesso

Non può costringersi a provare sentimenti per te.

11. È appena uscito da una relazione seria

Non vuole una relazione con te.

La chiave è quello che fai ora che hai capito che non c'è potenziale a lungo termine con quest'uomo. Potresti essere tentato di continuare a uscire con lui dato che ti piace la sua compagnia. Potresti farlo, ma voglio che tu sappia che ti stai accontentando di una relazione Good Enough. E non ho mai, mai voluto che ti sistemassi nella tua vita.

Ci vuole coraggio per smettere di uscire con un uomo perché sai che non c'è futuro lungo la strada, ma guardalo in questo modo: se non finisci le cose ora, inizierai a prenderti cura di lui sempre di più e convincerai te stesso che può cambiare ed essere materiale fidanzato. Da qui, in questo momento, sai che non è vero.

Quindi esci finché è più facile di quanto sarà lungo la strada.

L'unico problema è che non sei sicuro se piaci a quella persona. Se ti stai chiedendo e non ci sono segni evidenti, allora il tuo dubbio è probabilmente vano. Mi dispiace, quella persona probabilmente non ti piace, almeno non come piace a te.

Molte persone hanno la tendenza a innamorarsi di qualcuno che non è giusto per loro o che è interessato ad altro. Puoi chiamarla natura umana, io la chiamo negazione. La verità della questione è che spesso le persone ti stanno sconvolgendo (nel modo più carino che sanno possibile), eppure scegli di vederlo in modo diverso. Ti aggrappi alla possibilità che piaci all'altra persona invece di affrontare la realtà. Se non sei sicuro di essere spazzato via, ecco la tua guida:

Troppo occupato. Qualcuno che è interessato a te muoverà il cielo e la terra per vederti. Siamo tutti impegnati, ma se vogliamo davvero fare qualcosa, troviamo sempre un modo per trovare il tempo. Sposti il tuo programma, crei tempo o fai qualcosa. Quella persona non ti sfugge di mano, questo è certo! Se è qualcuno a cui non sei veramente interessato, non stai cambiando il tuo programma o mettendo da parte del tempo per loro. Semplicemente non ti piacciono. Lo stesso si può dire di chiunque sia troppo occupato per te!

Impossibile contattarli per telefono. Al giorno d'oggi, se qualcuno ti dice che il suo telefono "convenientemente" non funziona il venerdì o il sabato sera, probabilmente STA MENTENDO. Oppure, se mandi loro un messaggio e ci mette un po'a rispondere, non sei di reale interesse per loro. Scusa, sono loro le pause. Il nocciolo della questione è che se qualcuno è davvero preso da te, ha il suo telefono a portata di mano. Stanno aspettando di ricevere un messaggio o una chiamata da te. Perché? Perché sono entusiasti di sentire la tua opinione!

Fanno piani provvisori, ma non confermano. Se provi a metterli all'angolo, avranno convenientemente qualche evento o attività che è in conflitto con il tuo piano provvisorio.

Ti danno la risposta "Non sono pronto per una relazione". Quello che stanno davvero dicendo è che non sono pronti per una relazione con TE ... Questa persona non vuole bruciare i ponti, nei rari casi in cui scopre di voler avere una relazione con te. In sostanza, questa persona vuole metterti su un piano mentre vede cos'altro c'è là fuori. Se qualcuno è davvero preso da te, ti raccoglieranno immediatamente. Non rischieranno di perderti. Loro conoscono il tuo valore e non vogliono perderti per un'altra persona. Davvero, cancella questa persona!

CAPITOLO 9: COME MIGLIORARE IL TUO LINGUAGGIO DEL CORPO - ESERCIZI PRATICI

Non ci sono consigli specifici su come usare il linguaggio del corpo.

Quello che fai potrebbe essere interpretato in diversi modi, a seconda del contesto e con chi stai parlando. Probabilmente vorrai usare il linguaggio del corpo in modo diverso quando parli con il tuo capo rispetto a quando parli con una ragazza/ragazzo a cui sei interessato.

Queste sono alcune interpretazioni comuni del linguaggio del corpo e spesso modi più efficaci per comunicare con il tuo corpo.

Innanzitutto, per cambiare il tuo linguaggio del corpo devi essere consapevole. Nota come ti siedi, come stai in piedi, come usi mani e gambe, cosa fai mentre parli con qualcuno.

Potresti voler esercitarti davanti a uno specchio. Sì, potrebbe sembrare sciocco ma nessuno ti sta guardando. Questo ti darà un buon feedback su come guardi le altre persone e ti darà l'opportunità di esercitarti un po' prima di uscire nel mondo.

Un altro consiglio è quello di chiudere gli occhi e visualizzare come staresti in piedi e ti siedi per sentirti sicuro, aperto e rilassato o qualunque cosa tu voglia comunicare.

Potresti anche voler osservare amici, modelli di ruolo, star del cinema o altre persone che ritieni abbiano un buon linguaggio del corpo. Osserva quello che fanno e tu no. Prendi pezzi che ti piacciono da persone diverse. Prova a usare ciò che puoi imparare da loro.

Alcuni di questi suggerimenti potrebbero sembrare che tu stia fingendo qualcosa. Ma fingere fino a quando non lo fai è un modo utile per imparare qualcosa di nuovo. E ricorda, anche i sentimenti funzionano al contrario.

Se sorridi un po'di più ti sentirai felice. Se ti siedi dritto ti sentirai più energico e in controllo. Se rallenti i tuoi movimenti ti sentirai più calmo. I tuoi sentimenti rinforzeranno effettivamente i tuoi nuovi comportamenti e i sentimenti di stranezza si dissiperanno.

All'inizio è facile esagerare il linguaggio del corpo. Potresti sederti con le gambe quasi ridicolmente distanziate o stare seduto dritto in una posa tesa tutto il tempo. Va bene.

E le persone non guardano tanto quanto pensi, si preoccupano dei propri problemi. Gioca un po', esercitati e monitorati per trovare un equilibrio confortevole.

1. Non incrociare le braccia o le gambe.

Probabilmente hai già sentito che non dovresti incrociare le braccia perché potresti sembrare difensivo o guardingo. Questo vale anche per le gambe. Tieni le braccia e le gambe aperte.

2. Avere un contatto visivo, ma non fissare.

Se stai parlando con più persone, guardale negli occhi per creare una connessione migliore e vedere se stanno ascoltando.

Tenere troppo il contatto visivo potrebbe spaventare le persone. Non guardarti negli occhi potrebbe farti sembrare insicuro. Se non sei abituato a mantenere il contatto visivo, all'inizio potrebbe sembrare un po' difficile o spaventoso, ma continua a lavorarci sopra e ti ci abituerai.

3. Non aver paura di occupare un po' di spazio.

Occupare spazio, ad esempio sedendosi o in piedi con le gambe un po'divaricate, indica fiducia in sè stessi e che ti senti a tuo agio nella tua pelle.

4. Rilassare le spalle.

Quando ti senti teso, finisce facilmente come tensione nelle spalle. Cerca di rilassarti scuotendo leggermente le spalle e spostandole leggermente indietro.

5. Annuire quando parlano.

Annuisci una volta ogni tanto per segnalare che stai ascoltando.

6. Non piegarti, siediti con la schiena dritta.

Ma in modo rilassato, non troppo teso.

7. Avvicinarsi, ma non troppo.

Se vuoi dimostrare che sei interessato a ciò che qualcuno sta dicendo, inclinati verso la persona che parla. Se vuoi dimostrare di essere sicuro di te stesso e rilassato, rilassati un po 'indietro.

Ma non piegarti troppo o potresti sembrare bisognoso e alla disperata ricerca di una qualche approvazione. O rilassati troppo o potresti sembrare arrogante e distante.

8. Sorridere e ridere.

Rilassati, non prenderti troppo sul serio. Rilassati un po', sorridi e ridi quando qualcuno dice qualcosa di divertente. Le persone saranno molto più inclini ad ascoltarti se sembri una persona positiva.

Ma non essere il primo a ridere delle tue battute, ti fa sembrare nervoso e bisognoso. Sorridi quando ti viene presentato qualcuno, ma non tenere un sorriso stampato sul viso, sembrerai insincero.

9. Non toccarti il viso.

Potrebbe farti sembrare nervoso e distrarre gli ascoltatori o le persone che partecipano alla conversazione.

10. Tieni la testa alta.

Non tenere gli occhi per terra, potresti sembrare insicuro e un po' perso. Tieni la testa dritta e gli occhi verso l'orizzonte.

11. Rallentare un po'.

Questo vale per molte cose. Camminare più lentamente non solo ti fa sembrare più calmo e sicuro di te, ma ti fa anche sentire meno stressato.

Se qualcuno si rivolge a te, non spezzare il collo nella sua direzione, ma ruotalo un po'più lentamente.

12. Non agitarsi.

E cerca di evitare, eliminare gradualmente o trasformare movimenti irrequieti e nervosi come scuotere la gamba o battere rapidamente le dita contro il tavolo. Sembrerai preoccupato o nervoso e agitarti può distrarti quando cerchi di far capire qualcosa.

Decifra i tuoi movimenti se sei dappertutto. Cerca di rilassarti, rallenta e focalizza i tuoi movimenti.

13. Usare le mani con maggiore sicurezza.

Invece di giocherellare con le mani e grattarti la faccia, usale per comunicare ciò che stai cercando di dire. Usa le mani per descrivere qualcosa o per aggiungere peso a un punto che stai cercando di fare.

Ma non usarli troppo o potrebbe distrarre. E non lasciare che le tue mani si agitino, usale con un po' di controllo.

14. Abbassare il proprio drink.

Non tenere il tuo drink davanti al petto. In effetti, non tenere nulla di fronte al tuo cuore perché ti farà sembrare guardingo e distante. Abbassalo e tienilo invece accanto alla gamba.

15. Rendersi conto di dove finisce la propria spina dorsale.

Molte persone potrebbero sedersi o stare in piedi con la schiena dritta in una buona postura.

La tua colonna vertebrale finisce nella parte posteriore della testa. Mantieni l'intera colonna vertebrale dritta e allineata per una migliore postura.

16. Non stare troppo vicino.

Una delle cose che abbiamo imparato da Seinfeld è che tutti si lasciano stranire da chi parla da vicino. Lascia che le persone abbiano il loro spazio personale, non invaderlo.

17. Specchio.

Spesso quando vai d'accordo con una persona, quando voi due avete una buona connessione, inizierete a rispecchiarvi a vicenda inconsciamente. Ciò significa che rispecchi un po' il linguaggio del corpo dell'altra persona.

Per migliorare la connessione puoi provare un po' di mirroring proattivo. Se ti tiene le mani sulle cosce, potresti fare lo stesso.

Ma non reagire all'istante e non rispecchiare ogni cambiamento nel linguaggio del corpo. Quindi ne deriverà una stranezza.

18. Mantenere un buon atteggiamento.

Ultimo ma non meno importante, mantieni un atteggiamento positivo, aperto e rilassato. Il modo in cui ti senti emergerà dal tuo linguaggio del corpo e può fare una grande differenza.

Puoi cambiare il tuo linguaggio del corpo ma come tutte le nuove abitudini ci vuole un po'. Soprattutto cose come tenere la testa alta potrebbero richiedere del tempo per correggere se hai passato migliaia di giorni a guardarti i piedi.

E se provi a cambiare molte cose contemporaneamente, potresti creare confusione e sentirti travolgente.

Prendi un paio di questi pezzi del linguaggio del corpo su cui lavorare ogni giorno per tre o quattro settimane. A quel punto dovrebbero essersi sviluppati in nuove abitudini e qualcosa che farai senza nemmeno pensarci.

In caso contrario, continua finché non si attacca. Quindi prendi un altro paio di cose che vorresti cambiare e lavoraci.

Ricapitoliamo le 10 regole d'oro

AUMENTA LA TUA AUTOSTIMA CON IL LINGUAGGIO DEL CORPO

Anche se non ti senti sicuro, praticare un linguaggio del corpo può aumentare la tua autostima e farti sentire meglio con te stesso. Di seguito sono riportati 10 suggerimenti per aumentare la tua sicurezza attraverso il linguaggio del corpo.

- Stabilire un contatto visivo. Appari sicuro di te mantenendo il contatto visivo nelle interazioni sociali. Un buon contatto visivo mostra agli altri che sei interessato e a tuo agio. Guarda l'altra persona negli occhi circa il 60% delle volte. Se il contatto visivo diretto sembra troppo intimidatorio, inizia guardando un punto vicino agli occhi della persona.

- Piegati in avanti. Quando sei in una conversazione, sporgerti in avanti indica interesse e attenzione. Anche se puoi essere tentato di mantenere le distanze se sei socialmente ansioso, farlo trasmette il messaggio che sei disinteressato o distaccato.

- In piedi dritto. Non rilassarti! Quelli con ansia sociale tendono a cercare di occupare il minor spazio possibile, il che può significare sedersi accasciati in una posa protettiva. Raddrizza la schiena, allontana le spalle dalle orecchie e disincrocia le braccia e le gambe.

- Tieni il mento alto. Guardi il suolo quando cammini? La tua testa è sempre abbassata? Invece, cammina con la testa alta e gli occhi guardando avanti. All'inizio potrebbe sembrare innaturale, ma alla fine ti abituerai a questa posa più sicura.

- Non agitarti. L'agitazione è un segno evidente di ansia e nervosismo. Appari più sicuro mantenendo l'irrequietezza al minimo. I movimenti nervosi distolgono l'attenzione da ciò che stai dicendo e rendono difficile per gli altri concentrarsi sul tuo messaggio.

- Evita le tue tasche. Anche se potresti essere tentato di ficcarti le mani in tasca, soprattutto se sei preoccupato che tremino, così facendo sembrerai più ansioso e meno fiducioso. Tieni le mani fuori dalle tasche per sembrare più sicuro di te.

- Rallenta i tuoi movimenti. I movimenti veloci ti fanno sembrare più ansioso. Tutto, dai gesti delle mani alla camminata, può fare la differenza; rallenta e nota come ti senti più sicuro.

- Fai passi più grandi. Mentre rallenti, cerca di fare passi più lunghi quando cammini. Le persone sicure di sé fanno passi più grandi e camminano con autorità. In questo modo ti sentirai meno ansioso.

- Guarda le tue mani. Fai attenzione a toccarti il viso o il collo; entrambi indicano che ti senti ansioso, nervoso o spaventato. Le persone sicure di sé non fanno questi tipi di movimenti.

- Dare una stretta di mano decisa. Come sta la tua stretta di mano? Una stretta di mano debole o molle è un segno evidente di mancanza di fiducia, quindi cerca di assicurarti di offrire una mano ferma quando incontri gli altri. Dopo la pratica, verrà naturale.

- Non sei ancora sicuro di poter raccogliere la fiducia necessaria per cambiare il tuo linguaggio del corpo? Ricorda che non devi sentirti sicuro di poter cambiare il tuo comportamento. Anche se all'inizio potrebbe sembrare strano, agire in modo sicuro alla fine sembrerà più naturale e potrebbe persino aumentare la tua autostima.

- Allo stesso tempo, lavorare per ridurre l'ansia con altri mezzi avrà anche un effetto naturale sulla riduzione dei comportamenti nervosi.

CONCLUSIONI

Viene detto così tanto in un dato momento nella comunicazione, nel sapere e nell'apprendimento. L'importanza di questo può avere un effetto sostanziale sulla tua vita. Ecco 5 importanti vantaggi chiave nell'usufruire del linguaggio del corpo.

1. Connettersi meglio con le persone

A seconda dello studio che consulti, il 60-93% della nostra comunicazione avviene attraverso il linguaggio del corpo. La maggior parte passa la vita pensando a cosa dire, non a come dirlo.

Imparare il linguaggio del corpo ti aiuterà a connetterti meglio con le persone perché ti permetterà di espandere le tue capacità di comunicazione. Se riesci a cogliere piccoli gesti che l'altra persona fa, puoi capirli meglio, il che porta a una connessione migliore.

2. Raddoppiare i tuoi affari

Soprattutto se sei un qualsiasi tipo di imprenditore, è importante conoscere il linguaggio del corpo. Riconoscere e adattarsi correttamente al linguaggio del corpo di qualcuno può creare o distruggere la tua attività. Supponi di essere in riunione con un potenziale cliente e di continuare ad andare avanti con il tuo discorso.

Nel frattempo, non ti accorgi che il tuo potenziale cliente incrocia le braccia, intreccia le caviglie e allontana il busto da te. Alla fine te ne vai senza un accordo mentre pensavi di aver fatto un ottimo lavoro.

Imparare a riconoscere questo linguaggio del corpo può davvero aiutarti durante le conversazioni di vendita. Affrontare il linguaggio del corpo che ho appena descritto (braccia incrociate, caviglie intrecciate e busto rivolto dall'altra parte) potrebbe semplicemente salvare la conversazione e salvare il tuo accordo. A lungo termine, questo può farti guadagnare molti soldi!

3. Prevenire i conflitti

C'è un tipo speciale di linguaggio del corpo che usiamo quando siamo arrabbiati o sconvolti. Imparando il linguaggio del corpo difensivo e la rabbia non verbale, sei in grado di rilevare quando il tuo partner si arrabbia prima che si intensifichi. Immagina solo quanti litigi o commenti negativi saresti in grado di prevenire o fermare di colpo se avessi la giusta comprensione del linguaggio del corpo.

4. Migliorare la propria presenza

Imparando il linguaggio del corpo imparerai anche a conoscere la tua stessa presenza. Che tipo di segnali stai inviando? Come ti percepiscono le altre persone? Cosa ne pensano della tua postura? Quando inizi a conoscere il linguaggio del corpo diventi molto più consapevole del tuo corpo. Come sono posizionate le tue braccia? Quando inclini la testa nelle conversazioni? E cosa significa?

Un altro punto importante da menzionare è che se sai come funziona il linguaggio del corpo puoi usarlo per influenzare i tuoi sentimenti. Se ti senti leggermente depresso, apatico o abbattuto, puoi usare il linguaggio del corpo potente alzandoti in piedi, espandendo il petto e tenendo la testa alta. Fallo per 2 minuti. Inizierai a notare come riprendi le tue energie e come inizi a sentirti più sicuro. Migliorando il tuo linguaggio del corpo non solo puoi avere un impatto più positivo sugli altri ma anche su te stesso!

5. Aprirsi la strada al mondo e al successo

Hai mai desiderato acquistare un tipo specifico di auto? Diciamo che stavi pensando di acquistare l'ultimo modello Chevrolet. All'improvviso li vedi ovunque! Sono parcheggiati all'Home Depot, passano vicino al tuo ufficio e un amico inizia improvvisamente a parlarne. L'auto è stata venduta improvvisamente centinaia di volte da quando hai deciso? No, probabilmente no. È al tuo cervello che è stato detto di cercarli, il che ora sta evidenziando ogni singolo evento dell'auto.

La stessa cosa accadrà con il linguaggio del corpo. C'è così tanto da fare nelle conversazioni normali di cui non siamo consapevoli. In 30 minuti, le persone possono inviare oltre 800 segnali non verbali.

Imparando il linguaggio del corpo puoi dire al tuo cervello di sapere attivamente cosa cercare e rimarrai stupito di quanto puoi vedere all'improvviso. *"Una volta che inizi a studiare il linguaggio del corpo, è come vedere il mondo in alta definizione"*. Inizierai improvvisamente a vedere un ulteriore livello di informazioni.

LIBRO IV - COMUNICAZIONE ASSERTIVA

INTRODUZIONE

La comunicazione assertiva può rafforzare le tue relazioni riducendo lo stress causato dai conflitti e fornendoti supporto sociale quando affronti momenti difficili. Un "no" educato ma assertivo alle richieste eccessive degli altri ti consentirà di evitare di sovraccaricare il tuo programma e promuovere l'equilibrio nella tua vita.

Una comprensione della comunicazione assertiva può anche aiutarti a gestire più facilmente familiari, amici e colleghi di lavoro difficili, riducendo il dramma e lo stress. In definitiva, la comunicazione assertiva ti consente di tracciare i confini necessari che ti consentono di soddisfare i tuoi bisogni nelle relazioni senza alienare gli altri e senza lasciare che il risentimento e la rabbia s'insinuino.

Questo ti aiuta ad avere ciò di cui hai bisogno nelle relazioni mentre consenti ai tuoi cari di soddisfare anche i loro bisogni. Sebbene molte persone equiparino la comunicazione assertiva al conflitto e al confronto, l'assertività in realtà consente alle persone di essere più vicine.

La comunicazione assertiva richiede pratica. Molte persone scambiano l'assertività per aggressività, ma l'assertività è in realtà l'equilibrata via di mezzo tra aggressività e passività. L'aggressività porta a sentimenti feriti e relazioni spezzate. La passività porta a stress e risentimento, e alla fine, a volte, si scatena persino in modo incontrollabile.

MIGLIORA IL TUO STILE DI COMUNICAZIONE

Guardiamo una panoramica attenta: imparare a parlare in modo assertivo ti consente di rispettare i bisogni e i diritti di tutti, compresi i tuoi, e di mantenere i confini nelle relazioni aiutando gli altri a sentirsi rispettati allo stesso tempo. Questi passaggi possono aiutarti a sviluppare questo sano stile di comunicazione (e alleviare lo stress nella tua vita nel processo).

1. Sii concreto su ciò che non ti piace

Quando ti rivolgi a qualcuno per un comportamento che vorresti vedere cambiato, attenersi a descrizioni fattuali di ciò che ha fatto, piuttosto che utilizzare etichette o parole negative che trasmettono giudizi. Per esempio:

Situazione: il tuo amico, che abitualmente è in ritardo, si è presentato con 20 minuti di ritardo per un appuntamento a pranzo.

Risposta inappropriata (aggressiva): "Sei così scortese! Sei sempre in ritardo".

Comunicazione assertiva: "Dovevamo incontrarci alle 11:30, ma ora sono le 11:50".

Non dare per scontato di sapere quali sono le motivazioni dell'altra persona, soprattutto se pensi che siano negative. In questa situazione, non dare per scontato che il tuo amico sia arrivato deliberatamente in ritardo perché non voleva venire o perché stima il proprio tempo più del tuo.

2. Non giudicare o esagerare

Essere concreti su ciò che non ti piace nel comportamento di qualcuno, senza esagerare con il dramma o il giudizio, è un inizio importante. Lo stesso vale per la descrizione degli effetti del loro comportamento. Non esagerare, etichettare o giudicare; descrivi solo:

Risposta inappropriata: "Ora, il pranzo è rovinato".

Comunicazione assertiva: "Ora ho meno tempo da dedicare a pranzo perché devo ancora tornare al lavoro entro l'una."

Il linguaggio del corpo e il tono della voce sono importanti nella comunicazione assertiva. Lascia che il tuo rifletta la tua sicurezza: stai dritto, mantieni il contatto visivo e rilassati. Usa un tono deciso ma piacevole.

3. Utilizzare i messaggi "Io"

Quando inizi una frase con "Tu ... ", viene fuori come un giudizio o un attacco e mette le persone sulla difensiva. Se inizi con "io", l'attenzione si concentra maggiormente su come ti senti e su come sei influenzato dal loro comportamento.

Inoltre, mostra più proprietà delle tue reazioni e meno colpa. Questo aiuta a ridurre al minimo difensivo nell'altra persona, modellare l'atto di assunzione di responsabilità, ed entrambi muoversi verso il cambiamento positivo Ad esempio:

Il tuo messaggio: "Devi smetterla!"

Messaggio assertivo: "Mi piacerebbe se lo interrompessi".

Durante una discussione, non dimenticare di ascoltare e fare domande. È importante capire il punto di vista dell'altra persona.

4. Metti tutto insieme

Ecco un'ottima formula che mette tutto insieme:

"Quando [effettuano il loro comportamento], provo [i tuoi sentimenti personali]."

Quando viene utilizzata con affermazioni fattuali, piuttosto che giudizi o etichette, questa formula fornisce un modo diretto, non aggressivo e più responsabile per far sapere alle persone in che modo il loro comportamento ti influenza. Ad esempio: "Quando urli, mi sento attaccato".

5. Elenca comportamenti, risultati e sentimenti.

Una variazione più avanzata di questa formula include i risultati del loro comportamento (di nuovo, messi in termini fattuali) e si presenta così:

"Quando tu [effettuano il loro comportamento], poi [evidenzia i risultati del loro comportamento], e io sento [come ti senti personalmente]."

Ad esempio: *"Quando arrivi in ritardo, devo aspettare e mi sento frustrato".*

Oppure, *"Quando dici ai bambini che possono fare qualcosa che ho già proibito, parte della mia autorità di genitore viene tolta e mi sento minata".*

Prova a pensare in modo vantaggioso per tutti: vedi se riesci a trovare un compromesso o un modo per entrambi di soddisfare le tue esigenze. Nel caso dell'amico sempre in ritardo, forse un punto d'incontro diverso li aiuterebbe ad essere puntuali. Oppure puoi scegliere di fare programmi solo nei momenti in cui il tuo programma è più aperto e il loro ritardo non ti causerà tanto stress.

In questo libro approfondiremo l'argomento in modo dettagliato, contribuendo a limare tutti i dubbi che la tematica può comportare: non vi resta che mettervi comodi e assaporarvi una buona lettura!

CAPITOLO 1: COME COMUNICARE IN MODO EFFICACE E FARSI RISPETTARE

Il conflitto in una relazione è praticamente inevitabile. Di per sé, il conflitto non è un problema; il modo in cui viene gestito, tuttavia, può unire le persone o separarle. Scarse capacità di comunicazione, disaccordi e incomprensioni possono essere fonte di rabbia e distanza o un trampolino di lancio per una relazione più forte e un futuro più felice.

SUGGERIMENTI PER UNA COMUNICAZIONE EFFICACE

La prossima volta che hai a che fare con un conflitto, tieni a mente questi suggerimenti su capacità di comunicazione efficaci e puoi creare un risultato più positivo. Ecco come.

Rimanere concentrati

A volte si è tentati di richiamare alla mente conflitti passati apparentemente correlati quando si ha a che fare con quelli attuali. È importante affrontare tutto ciò che ti infastidisce in una volta e farlo parlare di tutto mentre hai già a che fare con un conflitto.

Sfortunatamente, questo spesso offusca il problema e rende meno probabile la ricerca di una comprensione reciproca e una soluzione al *problema attuale,* e rende l'intera discussione più faticosa e persino confusa. Cerca di non tirare in ballo le ferite del passato o altri argomenti. Rimani concentrato sul presente, sui tuoi sentimenti, sulla comprensione reciproca e sulla ricerca di una soluzione.

Praticare la meditazione consapevole può aiutarti a imparare ad essere più presente in tutte le aree della tua vita.

Ascolta attentamente

Le persone spesso *pensano* di ascoltare, ma pensano davvero a cosa diranno quando l'altra persona smetterà di parlare. Cerca di notare se lo fai la prossima volta che sei in una discussione.

Una comunicazione veramente efficace va in entrambe le direzioni. Anche se potrebbe essere difficile, prova ad ascoltare davvero quello che sta dicendo il tuo partner o il tuo interlocutore. Non interrompere. Non metterti sulla difensiva. Ascoltali e rifletti su quello che dicono in modo che sappiano che hai sentito. Allora li capirai meglio e saranno più disposti ad ascoltarti.

Prova a vedere il loro punto di vista

In un conflitto, la maggior parte di noi vuole principalmente sentirsi ascoltata e compresa. Parliamo molto del nostro punto di vista per convincere l'altra persona a vedere le cose a modo nostro. Questo è comprensibile, ma un'eccessiva concentrazione sul nostro desiderio di essere compresi sopra ogni altra cosa può ritorcersi contro. Ironia della sorte, se lo facciamo tutti tutto il tempo, c'è poca attenzione al punto di vista dell'altra persona e nessuno si sente capito.

Prova a vedere davvero l'altro lato e poi spiegherai meglio il tuo. (Se non "capisci", fai altre domande finché non lo fai.) Altri probabilmente saranno disposti ad ascoltare se si sentono ascoltati.

Rispondi alle critiche con empatia

Quando qualcuno viene da te con delle critiche, è facile sentire che ha torto e mettersi sulla difensiva. Sebbene le critiche siano difficili da ascoltare e spesso esagerate o colorate dalle emozioni dell'altra persona, è importante ascoltare il dolore dell'altra persona e rispondere con empatia per i suoi sentimenti. Inoltre, cerca ciò che è vero in ciò che dicono; che possono essere informazioni preziose per te.

Possiedi ciò che è tuo

Renditi conto che la responsabilità personale è un punto di forza, non una debolezza. Una comunicazione efficace implica l'ammissione di quando hai torto . Se entrambi condividete una certa responsabilità in un conflitto (come di solito è il caso), cercate e ammettete ciò che è vostro. Diffonde la situazione, dà il buon esempio e mostra maturità. Spesso ispira anche l'altra persona a rispondere in modo gentile, portandovi entrambi più vicini alla comprensione reciproca e a una soluzione.

USA I MESSAGGI "IO" COME ACCENNATO NELL'INTRODUZIONE

Piuttosto che dire cose come " *Hai* davvero sbagliato qui", inizia affermazioni con te come evidenza "Io" e descrivile su te stesso e sui tuoi sentimenti, come "Mi sento frustrato quando succede". È meno accusatorio, stimola meno difesa e aiuta l'altra persona a capire il tuo punto di vista piuttosto che sentirsi attaccata.

Cerca il compromesso

Invece di cercare di "vincere" la discussione, cerca soluzioni che soddisfino le esigenze di tutti. O attraverso un compromesso o una nuova soluzione creativa che ti dia ciò che desideri di più, questo obiettivo è molto più efficace di quanto una persona ottenga ciò che vuole a spese dell'altra. Una comunicazione sana implica la ricerca di una risoluzione di cui entrambe le parti possano essere soddisfatte.

Prenditi una pausa

A volte gli animi si scaldano ed è troppo difficile continuare una discussione senza che diventi una discussione o una rissa. Se ti senti che il partner o il tuo interlocutore sta iniziando ad arrabbiarsi molto, o sta mostrando alcuni modelli di comunicazione distruttivi, è bene a prendere una pausa dalla discussione fino a che non si calmino un po' gli animi.

Questo può significare fare una passeggiata e rinfrescarsi per tornare dopo, "dormirci sopra" in modo da poter elaborare ciò che senti un po' di più, o qualunque cosa sembri più adatta per voi due, fintanto che si torni alla conversazione.

A volte una buona comunicazione significa sapere quando fare una pausa.

Continua a farlo

Anche se a volte prendere una pausa dalla discussione è una buona idea, tornaci sempre. Se entrambi affrontate la situazione con un atteggiamento costruttivo, rispetto reciproco e disponibilità a vedere il punto di vista dell'altro o almeno a trovare una soluzione, potete fare progressi verso l'obiettivo di una risoluzione del conflitto. A meno che non sia il momento di rinunciare alla relazione o al rapporto di qualsiasi genere, non rinunciare alla comunicazione.

Chiedere aiuto

Se uno o entrambi avete difficoltà a rimanere rispettosi durante il conflitto, o se avete provato a risolvere il conflitto con il vostro partner o con il tuo interlocutore da soli e la situazione non sembra migliorare, potreste trarre vantaggio chiedendo aiuto ad amici e collaboratori.

Ricorda che l'obiettivo di una capacità di comunicazione efficace dovrebbe essere la comprensione reciproca e la ricerca di una soluzione che soddisfi entrambe le parti, non "vincere" la discussione o "avere ragione".

Questo non funziona in ogni situazione, ma a volte (se hai un conflitto in una relazione sentimentale) aiuta a tenerti per mano o rimanere fisicamente in contatto mentre parli. Questo può ricordarti che ci tieni ancora all'altro e che in genere ti sostieni a vicenda.

Tieni presente che è importante rimanere rispettosi dell'altra persona, anche se non ti piacciono le sue azioni.

CI SONO COSE SPECIFICHE DA FARE CHE POSSONO MIGLIORARE LE TUE CAPACITÀ DI COMUNICAZIONE

1. Ascolta, ascolta e ascolta. Le persone vogliono sapere di essere ascoltate. Ascolta davvero quello che sta dicendo l'altra persona, invece di formulare la tua risposta. Chiedete chiarimenti per evitare malintesi. In quel momento, la persona che ti parla dovrebbe essere la persona più importante della tua vita. Un altro punto importante è avere una conversazione alla volta. Ciò significa che se stai parlando con qualcuno al telefono, non rispondere a un'e-mail o inviare un messaggio di testo contemporaneamente. L'altra persona saprà che non ha la tua totale attenzione.

2. Con chi stai parlando è importante. Va bene usare acronimi e linguaggio informale quando comunichi con un amico, ma se stai inviando un'e-mail o un messaggio al tuo capo con qualsiasi linguaggio informale, non va bene. Non puoi presumere che l'altra persona sappia cosa significa l'acronimo. Alcuni acronimi hanno significati diversi per persone diverse, vuoi essere frainteso? I comunicatori efficaci indirizzano il loro messaggio in base a chi stanno parlando, quindi cerca di tenere a mente l'altra persona quando stai cercando di trasmettere il tuo messaggio.

3. Il linguaggio del corpo è importante. Questo è importante per le riunioni faccia a faccia e le videoconferenze. Assicurati di apparire accessibile, quindi usa un linguaggio del corpo aperto. Ciò significa che non dovresti incrociare le braccia. E mantieni il contatto visivo in modo che l'altra persona sappia che stai prestando attenzione.

4. Controlla il tuo messaggio prima di premere invio. I correttori ortografici e grammaticali sono salvavita, ma non sono infallibili. Ricontrolla quello che hai scritto, per assicurarti che le tue parole stiano comunicando il messaggio desiderato.

5. Sii breve, ma specifico. Per la comunicazione scritta e verbale, esercitati a essere breve ma abbastanza specifico da fornire informazioni sufficienti affinché l'altra persona possa capire cosa stai cercando di dire. E se stai rispondendo a un'e-mail, assicurati di leggerla prima di creare la tua risposta. Con abbastanza pratica, imparerai a non divagare o dare troppe informazioni.

6. Annotare le cose. Prendi appunti mentre parli con un'altra persona o durante una riunione e non fare affidamento sulla tua memoria. Invia un'e-mail di follow-up per assicurarti di aver compreso cosa è stato detto durante la conversazione.

7. A volte è meglio rispondere al telefono. Se scopri di avere molto da dire, invece di inviare un'e-mail, chiama la persona. L'email è fantastica, ma a volte è più facile comunicare verbalmente ciò che hai da dire.

8. Pensa prima di parlare. Fermati sempre prima di parlare, senza dire la prima cosa che ti viene in mente. Prenditi un momento e presta molta attenzione a ciò che dici e a come lo dici. Quest'unica abitudine ti permetterà di evitare imbarazzi.

9. Tratta tutti allo stesso modo. Non parlare con nessuno, trattando tutti con rispetto. Tratta gli altri come tuoi pari.

10. Mantieni un atteggiamento positivo e sorridi. Anche quando parli al telefono, sorridi perché il tuo atteggiamento positivo risplenderà e l'altra persona lo saprà. Quando sorridi spesso ed emani un atteggiamento positivo, le persone ti risponderanno positivamente.

COME MIGLIORARE LE ABILITÀ SOCIALI PER GESTIRE L'ANSIA E FARSI RISPETTARE

- L'ansia sociale, o la paura di essere giudicati negativamente dagli altri, impiega le difese naturali del corpo che sono biologicamente cablate.

- Detto questo, possiamo adottare misure per affrontare i fattori scatenanti della nostra ansia sociale e, a sua volta, superarla.

- Un passo importante è capire cosa scatena la tua ansia sociale: quali situazioni sociali causano la tua ansia? Quindi, si possono affrontare queste paur .

- Inoltre, ricordare ciò che è importante nella vita, come le relazioni significative che intrattieni, può aiutare a superare l'ansia sociale.

- Anche gli esercizi di visualizzazione e l'inserimento nel diario sono efficaci: il primo ti aiuta a sentirti sicuro nelle interazioni sociali reali e l'inserimento nel diario ti aiuta a trovare la prospettiva.

- Puoi anche superare l'ansia sociale delineando un piano per un'interazione sociale di successo e praticando la consapevolezza.

- Infine, la terapia dell'esposizione, che ti espone gradualmente alla tua paura, può aiutarti a superare l'ansia sociale.

È sicuro dire che molti di noi si sentono a disagio in determinate situazioni sociali. Diciamo, a una festa con 100 persone, quasi tutte che non conosciamo. Oppure, quando si fa una presentazione importante al lavoro. Oppure, in un appuntamento al buio con qualcuno con cui un amico ci ha organizzato. A volte, però, queste situazioni portano a qualcosa di più del semplice disagio: innescano ansia.

L'ansia sociale è caratterizzata da un'intensa paura delle situazioni sociali a causa della preoccupazione di un individuo che gli altri le vedano negativamente.

LE RADICI DELL'ANSIA SOCIALE

Un primo passo è capire esattamente cosa causa l'ansia sociale. E da dove nasce? La psicoterapeuta autorizzata Christine Scott-Hudson approfondisce l'ansia come risposta biologica alle minacce percepite:

"Quando lotti con l'ansia, la tua amigdala viene dirottata e vengono impiegate le difese naturali del tuo corpo, indipendentemente dal fatto che sia presente o meno un pericolo reale. Il tuo cervello e il tuo corpo stanno solo cercando di tenerti al sicuro. Tuttavia, i modi in cui tentano di tenerti al sicuro sono progettati anche per aiutarti a combattere, fuggire o congelarti per sfuggire al pericolo.

Nel caso dell'ansia sociale, il tuo corpo è terrorizzato dall'evento di parlare in pubblico come lo sarebbe se fossi inseguito da un leone di montagna. E le tue difese corporee naturali contro questi fattori di stress sono in gran parte cablate biologicamente. C'è una questione di scelta se affrontiamo la paura usando pratiche dal basso verso l'alto, il che significa che inizia con il cervello inferiore e più primitivo fino alle funzioni corticali superiori. Puoi pensare al futuro e portare con te alcuni oggetti che servono a ricordare a questa parte più antica e rettiliana del tuo cervello che in realtà stai bene e al sicuro. "

8 SUGGERIMENTI PER GESTIRE E SUPERARE L'ANSIA SOCIALE

Quindi, ora che lo comprendiamo un po' meglio, come possiamo iniziare a superare l'ansia sociale? Molte persone si aggrappano ad alcune strategie collaudate e vere. Di seguito sono elencate 8 di quelle strategie che possono aiutarti a gestire e superare l'ansia sociale. Guarda cosa funziona per te!

1. Comprendi i fattori scatenanti.

Un consiglio importante è esplorare ciò che innesca la tua ansia sociale. Parlare in pubblico? Spazi affollati? Attenzione indesiderata? La chiave per superare l'ansia sociale è capire in primo luogo quali tipi di situazioni innescano la tua ansia e trovare modi per mettere in pratica queste situazioni di conseguenza. In definitiva, l'ansia non può essere razionalizzata: non puoi spiegare a qualcuno perché non dovrebbe sentirsi ansioso. Tuttavia, puoi diventare insensibile agli effetti dell'ansia tramite un'esposizione graduale che ti desensibilizza ai suoi fattori scatenanti.

2. Affronta la tua paura.

Quindi, una volta che hai compreso i tuoi trigger, puoi fare un punto per affrontare le tue paure. Evitare situazioni che inducono ansia perpetua la paura. Affronta le tue paure non è solo un cliché di consiglio. In realtà funziona. Inizia in piccolo e costruisci te stesso. Se hai ansia sociale riguardo agli appuntamenti, inizia con l'iscrizione a un sito d'incontri online. Quindi Sali e progredisci. Ricorda a te stesso che puoi fare cose difficili. Pensa all'ultima volta che hai fatto qualcosa di veramente difficile. Come hai fatto? Cosa ha aiutato? Attingi da queste risorse per affrontare le tue paure.

3. Ricorda ciò che è importante.

Ricordare ciò che è importante può anche aiutarti a superare l'ansia sociale. Ad esempio, la prossima volta che provi ansia in situazioni sociali, metti di nuovo la vita in prospettiva pensando alle persone che ami. L'ansia sociale deriva dalla preoccupazione per ciò che gli altri penseranno di te. Il modo migliore per superarlo è spostare la tua attenzione su ciò che è importante per te. Stai vivendo una vita in cui ti senti bene? Passi bene il tuo tempo? Sei soddisfatto e felice nelle tue relazioni? Queste domande sono domande al rovescio: iniziano con te al centro della domanda, quindi porti le risposte al mondo al di fuori di te. Man mano che ti senti a tuo agio a vivere una vita che è significativa e ricca per te, automaticamente ti senti a tuo agio nel condividere la tua vita con gli altri.

4. Pratica esercizi di visualizzazione.

Inoltre, prova a immaginare di eccellere nelle situazioni sociali. Questo ti aiuterà a sentirti sicuro durante le interazioni sociali reali. Usa regolarmente esercizi di visualizzazione. Vedi te stesso in situazioni sociali divertendoti, chattando con gli altri e sentendoti bene nel tuo corpo. La visualizzazione è molto potente e ti aiuterà a sentirti più sicuro perché hai allenato il tuo cervello a sentirsi come se fosse già stato nella situazione molte volte con successo.

5. Scrivi i tuoi pensieri.

Prova anche a scrivere i tuoi pensieri per superare l'ansia sociale. Scrivere i tuoi pensieri man mano che emergono è un ottimo modo per guardarli con una certa prospettiva. Con la prospettiva, probabilmente scoprirai che la maggior parte di ciò che ti rende ansioso rientra in una delle due categorie. O sono cose che in realtà non accadranno, o sono cose su cui non hai alcun controllo. Prendi l'abitudine di scrivere ciò che ti rende ansioso e, nella tua testa, etichettare questi sentimenti come "ansiosi". Ti darà la prospettiva di cui hai bisogno per ignorare piuttosto che obbedire alla tua ansia.

6. Preparare esperienze correttive positive.

Delineare un piano per il successo è anche un modo efficace per superare l'ansia sociale. La chiave per superare l'ansia è avere esperienze correttive positive. Il modo migliore per affrontare questo problema è identificare piccoli passi verso il comportamento target in modo da acquisire un senso di padronanza dello stimolo temuto. Ad esempio, quando si ha a che fare con l'ansia sociale, se si ha paura di incontrare nuove persone perché non si sa cosa dire, una persona può creare un elenco che delinea i passaggi per presentarsi eventualmente a qualcuno di nuovo. Un piano di esempio potrebbe essere: prima stabilisci un contatto visivo con qualcuno, poi una volta che ti senti a tuo agio nel farlo, saluta qualcuno, poi parlaci e così via.

7. Sii consapevole.

Prova a praticare la consapevolezza! La consapevolezza consiste nell'essere nel momento presente e nell'esperienza di ciò che ci circonda in modo più completo. Praticando la consapevolezza, stai letteralmente allenando il tuo cervello ad essere più presente e meno nella tua testa.

8. Considera la terapia dell'esposizione.

Infine, considera la terapia dell'esposizione, che ha dimostrato di aiutare le persone a superare l'ansia sociale (e altre forme di ansia per quella materia). Uno dei modi migliori per affrontare l'ansia sociale è attraverso la terapia dell'esposizione. Questo approccio ti consente di presentarti gradualmente alle situazioni temute mentre impari a elaborarle con un livello ridotto di paura e ansia. È meglio provare questo approccio con un professionista qualificato che inizierà creando una gerarchia della paura con te. Questo ti consente di organizzare le tue situazioni temute e affrontarle in modo più produttivo.

CAPITOLO 2: EQUILIBRIO TRA GENTILEZZA, BUONA EDUCAZIONE ED ASSERTIVITA'

Un amico non risponde alla tua email. Ti chiedi se è arrabbiata con te ma non sai cosa fare al riguardo. Tua sorella ti chiede di prenderti cura dei suoi figli per un lungo weekend e, sebbene tu abbia paura del pensiero, non vuoi deluderla. Il tuo capo ti chiede di intraprendere un progetto che temi possa essere travolgente, ma ti preoccupi delle conseguenze di dire di no. Queste, o situazioni simili, sono solo alcuni esempi di volte in cui potresti voler essere assertivo, ma ti ritrovi a trattenerti perché hai paura degli esiti negativi.

Se sei come la maggior parte delle persone, potrebbe essere difficile sapere quando è opportuno parlare e quando è meglio tacere e lasciare andare le cose. I tuoi genitori potrebbero dirti di perdonare e dimenticare e di rispettare, ma potresti anche sentire commenti di colleghi o amici che è un mondo di cani mangia cani là fuori, quindi è meglio che tu prenda quello che vuoi prima che qualcun altro lo ottenga al posto tuo. Alcune persone trovano facile essere assertivi in modo carino, ma la maggior parte di noi fatica a trovare un'alternativa sana all'essere né aggressivi né uno zerbino. Fortunatamente, esiste un nuovo approccio, chiamato "assertività compassionevole", che può aiutarti a parlare in modo saggio e premuroso. Implica la coltivazione di una varietà di abilità e mentalità dalla psicologia comportamentale cognitiva, culture orientali e tradizioni religiose e di altra saggezza in tutto il mondo. Potresti trovare utili alcune delle seguenti lezioni sull'assertività compassionevole la prossima volta che un problema interpersonale ti stresserà.

Calma la tua mente e il tuo corpo. Quando ci sentiamo frustrati, minacciati o arrabbiati, le funzioni di "lotta o fuga" del nostro sistema nervoso possono prendere il sopravvento, trasformandosi in una modalità reattiva automatica e autoprotettiva che aggira la parte del pensiero, del ragionamento e della pianificazione del nostro cervello. È comprensibile che avremmo questa inclinazione perché nella storia antica gli esseri umani spesso dovevano avere una risposta fisica immediata per sopravvivere a situazioni quotidiane pericolose per la vita. Fortunatamente, questa risposta fisica è raramente più necessaria, ma il nostro sistema nervoso non si è evoluto abbastanza velocemente per stare al passo con i tempi moderni. Quindi, quando sei arrabbiato con qualcuno, è meglio evitare di cedere all'impulso primitivo di *"soccorritore di emergenza"* di combatterlo - verbalmente o fisicamente - o scappare. Invece, prova a concederti un po' di tempo per trovare opzioni migliori.

Puoi iniziare facendo alcuni respiri lenti e profondi o fare una camminata veloce per aiutarti a rinfrescarti. Potrebbe essere difficile per te ora, ma forse puoi provare a imparare alcuni esercizi mente-corpo - come esercizi di respirazione, yoga, consapevolezza o meditazione - che possono essere praticati regolarmente quando non sei turbato. In questo modo, quando ti trovi in situazioni di stress sarai maggiormente in grado di rilassare il tuo corpo, il che a sua volta aiuterà anche le tue emozioni e i tuoi pensieri a calmarsi. Quando sei in uno stato mentale ed emotivo più calmo, sei in una posizione migliore per risolvere il problema in modo premuroso e razionale. Ad esempio, se ricordi a te stesso che potresti non conoscere l'intera storia su ciò che sta succedendo, potresti essere maggiormente in grado di sospendere il giudizio e astenersi dal fare supposizioni negative. Un'altra tecnica utile è ricordare che, proprio come te, nessuno è perfetto e che, sebbene tutti abbiamo dei difetti, tutti abbiamo qualità positive che meritano di essere prese in considerazione anche quando non siamo al meglio. E infine, non dimentichiamo che non è saggio o fruttuoso cercare, saltare o arrabbiarsi per ogni piccolo errore che noi o altri siamo tenuti a fare di volta in volta.

Lascia che la regola d'oro sia la tua guida. Se qualcuno fosse arrabbiato con te a causa di qualcosa di significativo che hai detto o fatto, vorresti saperlo? La maggior parte di noi vorrebbe che l'altra persona ci informasse del problema in modo da poter migliorare il nostro rapporto con loro, se potesse farlo in modo premuroso e non giudicante. Dopotutto, non preferiresti che la persona ti porti il problema invece di spettegolare con gli altri, nutrire risentimenti silenziosi o allontanarsi dalla relazione? Ribaltando la situazione, se qualcuno nella tua vita non sa che hai una preoccupazione significativa per qualcosa che ha detto o fatto, presumerà che tutto vada bene. Questo non va bene per lui, per te o per la tua relazione. Il trucco, però, è rivolgersi alla persona tenendo presente la regola aurea. Quindi, prima di rispondere al telefono o bussare alla porta, chiediti: "Posso affrontare questo problema in modo premuroso, proprio come vorrei che facesse se fosse arrabbiato con me?"

Cerca prima di capire, poi di essere capito. Probabilmente hai sentito parlare di amicizie che sono finite a causa di incomprensioni e (che tu lo sappia o no) è possibile che questo sia successo anche a te in passato. Ci sono modi, tuttavia, per evitare che ciò accada in futuro. Ad esempio, se sei arrabbiato con qualcuno, cerca di aspettare finché non sarai calmo e pronto a esprimere le tue preoccupazioni in modo amichevole e ragionevole. Quindi trova un momento e un luogo privati per avvicinarti all'altra persona, di nuovo con la regola d'oro in mente. A volte è utile iniziare comunicando, in modo aperto, la necessità di condividere o ottenere informazioni facendo una dichiarazione neutra o facendo una domanda senza fare supposizioni. Questi potrebbero includere una dichiarazione: "Ho bisogno di parlarti di qualcosa che ho in mente" o una domanda, come "Hai ricevuto l'email che ti ho scritto la scorsa settimana?" oppure "Non riesco a trovare il mio asciugamano da mare; lo hai visto?" Questo tipo di aperture probabilmente faranno iniziare la conversazione in modo migliore rispetto a una domanda accusatoria come "Perché non hai restituito la mia email?" o "Cosa hai fatto con il mio asciugamano?"

Negozia con una soluzione vincente come obiettivo. A volte, ma non sempre, una comunicazione chiara risolve il problema. Se si verifica un potenziale conflitto anche quando la comunicazione è chiara, ad esempio quando i tuoi obiettivi o bisogni sono diversi da quelli dell'altra persona, prova a comunicare preoccupazione per il punto di vista e il benessere dell'altra persona, oltre che per il tuo.

Ciò può includere il riconoscimento degli aspetti validi del punto di vista dell'altra persona e dei modi in cui avresti potuto gestire meglio le cose da solo. Quando tua sorella ti chiede di prenderti cura dei suoi figli per un lungo weekend e pensi davvero di non poterlo gestire, prova a riconoscere qualsiasi potenziale contributo al problema che potresti aver creato. "So di averti detto che mi piacerebbe dare una mano con i tuoi figli, ma confesso che penso che un lungo weekend sia più di quello che posso gestire" è sia una risposta onesta che assertiva.

Sarebbe ancora meglio, però, se tu continuassi con: "Vediamo se mamma e papà possono prendersi cura dei bambini per un giorno o due e io mi prenderò cura di loro per il resto del tempo, ok?" Un approccio simile può essere utilizzato se il tuo capo ti chiede di impegnarti in un progetto che sarebbe sopra la tua testa da gestire da solo. Rispondere alla richiesta dicendo che il progetto è grande e chiedere se è possibile condividere la responsabilità con qualcun altro sarebbe assertivo in un modo che non sembra irresponsabile.

La vita ci insegna che lo stress interpersonale è inevitabile. Ma invece di esplodere, scappare o chiudere, se affronti i problemi di relazione usando un'assertività compassionevole, potresti scoprire che la tua fiducia, così come le tue relazioni, prospereranno.

CAPITOLO 3: NON SCUSARTI SEMPRE

Quante volte hai pronunciato le parole "mi dispiace" senza aver effettivamente offeso qualcuno o fatto un errore? È un fenomeno comune, soprattutto sul posto di lavoro. Sebbene tu possa pensare che le tue scuse riflessive dimostrino deferenza, rispetto o accomodamento, in realtà ti fanno sembrare meno sicuro delle tue capacità professionali.

Se hai difficoltà a chiedere scusa in modo cronico, potresti dover adottare un approccio diverso e trovare modi per esprimere ciò che intendi veramente. Ecco 10 casi in cui non dovresti dire che ti dispiace e cosa dovresti fare.

1. TROVA UN MODO PER DIRE "GRAZIE"

Mostra preoccupazione senza umiliarti dicendo "grazie". Ad esempio, se un progetto rimane indietro, salta le scuse ("Mi dispiace così tanto di non averti completato ancora questo progetto") e scambialo: "Grazie per la pazienza mentre navighiamo in questo progetto, lo riceverai Venerdì della prossima settimana". Riprenditi il potere assumendo la tua situazione, eliminando la storia singhiozzante e ringraziando semplicemente.

2. RISPONDI CON AZIONI, NON CON PAROLE

Usare la scusa come risposta occasionale e sincera alla delusione può essere molto efficace al lavoro o a casa. Al suo meglio, dimostra umiltà e chiede espiazione. Ma il suo uso eccessivo può essere percepito come una scusa. Aggiungi attivamente una correzione e un recupero immediati a un momento in cui vuoi usare la parola scusa. L'azione per riparare e recuperare può essere un'alternativa positiva alla parola scusa.

3. Parla di ciò che vorresti vedere accadere come una risoluzione

"Mi dispiace" può diventare un'affermazione senza significato. Un ottimo sostituto per mi dispiace è "desidero". Questa affermazione è una dichiarazione di spicco che pone l'accento su ciò che accadrà o su ciò che entrambe le parti vorrebbero che accadesse. Permette all'ascoltatore di sentirsi ascoltato e conoscere il cuore di chi parla. Con questa affermazione, l'oratore è in grado di passare alla risoluzione.

4. Chiedere scusa senza usare la parola "Mi dispiace"

Scusarsi significa assumersi la responsabilità e impegnarsi a fare diversamente la prossima volta. Se non sei responsabile o faresti lo stesso di nuovo, non è il momento di chiedere scusa. La prossima volta che ti senti spinto a dire "scusa", semplicemente non usare quella parola. Fai le scuse senza di essa. Questo ti costringerà a essere chiaro.

5. Non scusarti per le persone "infastidite"

Vedo questa parola "scusa" utilizzato più spesso in modo improprio durante una riunione o una conversazione quando si desidera interpellare un'opinione o porre una domanda. Invece, esprimi semplicemente e gentilmente la tua mente quando l'altra persona ha fatto una pausa e, quando bussa alla porta del tuo capo, dì: "Ora è un buon momento per una domanda veloce?" Non scusarti per avere un'opinione o una domanda che ti consentirà di portare a termine il tuo lavoro.

6. Pratica l'empatia invece di dare un compassionevole "Mi dispiace"

Alcune persone usano "mi dispiace" per mostrare simpatia. Invece, pratica l'empatia riflettendo ciò che l'altra persona potrebbe provare. Ad esempio, se qualcuno condivide una storia o un'esperienza difficile, potresti dire: "Sembra che sia stato davvero difficile per te". Lo scusarsi spesso trasmette simpatia, il che raramente fa sentire l'altra persona ascoltata, apprezzata o migliore.

7. Esprimere consapevolezza di sé e cosa si può fare per ottenere il risultato desiderato

Considera un approccio emotivamente più intelligente. Chiediti, chi è che ha bisogno di chiedere scusa tutto il tempo: la soluzione ti ha preso in considerazione o insicuro? Invece di chiedere scusa, dì: "Grazie per averlo sottolineato, cos'altro vale la pena sapere qui?" Concentrati su ciò che è necessario per ottenere il risultato desiderato, non su ciò di cui hai bisogno. Esprimi una maggiore consapevolezza di sé e autocontrollo.

8. Rispondi con sicurezza al fallimento percepito e impegnati a correggerlo

Chiedere scusa ha sicuramente il suo posto, anche nel lavoro, ma risparmia le scuse per quando hai ferito qualcuno personalmente o emotivamente. Quando si tratta di problemi sul posto di lavoro, invece, riconoscere il fallimento percepito e rispondere con sicurezza: "Non è andato come previsto, ma ci sono riuscito. Lasciami andare a lavorare". Quindi raccogli tutte le risorse e la grinta necessarie e porta a termine il lavoro.

9. Prendete una prospettiva razionale e pratica, piuttosto che emotiva

Spesso chiediamo scusa per diffondere inconsciamente il conflitto. Quando non sei d'accordo con l'opinione di un altro e dici "Mi dispiace, ma non sono d'accordo", ti toglie il potere. Prova: "Guardiamolo da un'altra angolazione". Questo è un approccio puramente pratico per offrire una prospettiva. Per fare un altro esempio, "Mi dispiace dirtelo", può diventare "Non ti piacerà sentirlo".

10. CHIEDI UN FEEDBACK COSTRUTTIVO

Scusarsi troppo può derivare da una bassa autostima o dall'ansia. Quale modo migliore per costruire la tua autostima se non per ottenere un feedback? Chiedi: "Potete darmi un feedback su come posso farlo in modo diverso?" Un feedback costruttivo sosterrà il tuo successo e aumenterà la fiducia in te stesso. E il tuo leader sarà incoraggiato a voler migliorare e ad avere fiducia nella sua opinione.

CAPITOLO 4: COME DIRE "NO" SENZA RISULTARE MALEDUCATO

Molte persone trovano difficile dire "no" a qualcuno. Se qualcuno chiede loro un favore, trovano difficile rifiutarli, quindi lo fanno anche quando hanno poco tempo. La parola "No" può sembrare minuscola, ma viene fornita con un bagaglio di responsabilità enorme. Se non hai l'abitudine di dire no alle persone, potresti sentirti in colpa se rifiuti qualcuno. Dire "no" alle persone senza ferire i loro sentimenti è un'arte. Se non sei abituato a rifiutare qualcuno, dovrai imparare. Continua a leggere per sapere come puoi dire gentilmente di no alle persone senza sentirti in colpa.

QUANDO DOVRESTI DIRE DI NO?

Per i bambini, dire di no è praticamente un lavoro normale perché non devono preoccuparsi delle conseguenze. Ma rifiutare o dire di no a qualcuno è difficile per un adulto. Quando si rifiuta educatamente qualcuno, ogni parola deve essere attentamente valutata prima di pronunciarla. Ci saranno momenti in cui dovrai dire di no alle persone per il tuo bene. A volte solo guardando un problema, ti renderai conto che qualcosa non va.

Cerca di evitare momenti in cui sai che non saresti in grado di mantenere l'impegno. Non c'è niente di sbagliato nel dire no a bruciapelo. Se non sarai in grado di completare un'attività in un periodo di tempo stabilito, non farlo per il gusto di tentare. Inoltre, non farlo per compiacere qualcuno. Se non hai tempo o hai altri impegni, non devi per forza accettare.

Dire di no in situazioni in cui non ti senti a tuo agio è importante. Non ha senso fare un passo in una zona in cui sei fuori dalla tua zona di comfort. Non dire di sì solo per soddisfare il desiderio di qualcuno, altrimenti finiresti per farlo a metà.

COME DIRE DI NO SENZA SENTIRSI IN COLPA

Per sapere come dire di no a qualcuno devi capire com'è l'altra persona e cosa potrebbe percepire. A volte devi pianificarlo di conseguenza per salvarti dal senso di colpa in seguito.

Se sei gradito alle persone, probabilmente avrai difficoltà a stabilire dei limiti o rispettarli. Come esseri sociali, ci sforziamo di preservare le nostre relazioni con le altre persone, il che rende difficile deludere le persone, anche se è nel nostro interesse.

In questo capitolo, parleremo di come puoi dire comodamente "no" alle persone. Offriremo strategie che puoi utilizzare per rifiutare le richieste di altre persone senza essere scortese e suggerimenti per aiutare a cancellare qualsiasi senso di colpa associato.

Ma prima, vediamo *perché* dovresti dire "no" più spesso.

PERCHÉ DOVRESTI DIRE "NO" PIÙ SPESSO

Da bambini ci è stato insegnato a dire di sì. Se tua madre ti ha chiesto di fare qualcosa, ci si aspettava che tu fossi d'accordo. Una volta a scuola, se gli amici ti chiedevano di giocare con loro nel cortile, lo facevi perché volevi essere accettato.

Ora in età adulta, potresti trovarti a dire di sì a ogni richiesta che ti viene fatta in modo da poter essere visto come un giocatore di squadra o come qualcuno che non mette in dubbio l'autorità.

Le persone spesso dicono di sì nelle situazioni sociali per evitare di deludere gli altri o perché si sentono intrappolati. Ci dispiace essere quel genitore che non dà soldi per il regalo di festa di gruppo per l'insegnante o uno dei pochi dipendenti che non si offre volontario per aiutare a decorare per la festa in ufficio. La ricerca ha effettivamente scoperto che preferiremmo affrontare l'inconveniente di dire di sì piuttosto che il potenziale giudizio di altre persone.

Sebbene tu voglia essere utile e disponibile per coloro che hanno bisogno di qualche tipo di aiuto da parte tua, può anche essere un peso portare questo carico, non solo perché aggiunge cose extra alla tua lista di cose da fare, ma anche perché l'impulso a dire di sì spesso deriva da una mancanza di autostima.

Pensaci per un secondo. Se dici di sì, anche quando qualcosa è davvero scomodo per te, probabilmente è perché non vuoi che l'altra persona si arrabbi con te o ti rifiuti in qualche modo. Vuoi che ti accettino e ti apprezzino. Stai scegliendo di valutare i loro sentimenti (o il tempo) rispetto alle tue priorità. A volte è più facile dire "sì" che affrontare l'angoscia che deriva dal dire "no" o dalle reazioni di altre persone alla tua declinazione di aiutare.

Tuttavia, quando dici di sì nei momenti in cui un "no" è giustificato, stai rinunciando al tuo potere e controllo e dai la priorità ai bisogni delle altre persone rispetto ai tuoi. Mentre stai giustificando la tua decisione nella tua testa, stai mancando di rispetto ai tuoi bisogni perché stai inventando ragioni per cui va bene trascorrere il tuo tempo in un modo che alla fine non ti aiuta a raggiungere i tuoi obiettivi.

Ma mentre puoi dire a te stesso che non è un problema o è "solo questo" momento, in realtà è un grosso problema. Ogni volta che dici di sì, scegli di ignorare ciò che *sai* essere meglio per te e potresti mettere a repentaglio la qualità del tuo lavoro.

QUINDI COSA PUÒ PORTARE A DIRE SÌ?

Dire di sì può avere un impatto negativo sulla tua salute e può essere una ricetta per l'esaurimento. Diamo un'occhiata ad alcune delle specifiche.

Aumento dello stress

Accettare di fare qualcosa che non vuoi fare crea stress. Può portare ad ansia, tensione, dolori muscolari e perdita di sonno. Tuttavia, dire di sì quando non vuoi è una delle cause di stress che è facile da controllare. È meno probabile che ti senti sopraffatto se impari a sentirti a tuo agio nel dire di no alle persone.

Persone che si approfittano di te

Se le persone sanno che dirai di sì a tutto ciò che ti viene chiesto, rischi di essere dato per scontato. Coloro che sono disposti a trarre vantaggio dagli altri e schivare le proprie responsabilità sono spesso manipolatori esperti che usano il senso di colpa per spingerti a dire di sì.

Queste persone a volte ti chiederanno finché non cederai. Se vedono un punto debole, potrebbero provare a trasformare il tuo no iniziale in un sì, il che può essere difficile da gestire. Esamineremo alcune strategie per affrontare questo problema in seguito.

Tempo perso

Solo *tu* puoi controllare le 24 ore che hai ogni giorno. Trascorri il tuo tempo in un modo che sia in linea con le tue priorità invece di consentire a qualcun altro di creare il tuo programma o la tua lista di cose da fare. Concentrati su ciò che è importante per *te*.

Per assicurarti di non sprecare il tuo tempo (né per le responsabilità di altre persone o in generale), devi essere chiaro su quali sono le tue priorità. Sapere questo ti aiuterà a dire di no alle persone più convinte.

Diminuzione della concentrazione

Quando hai troppo da fare, probabilmente proverai a svolgere più compiti o affrettati nel tuo lavoro. Avrai difficoltà a sederti e dedicare tutta la tua concentrazione al compito da svolgere.

Accetta solo di fare cose rilevanti per i tuoi obiettivi in modo da non distrarti quando cerchi di essere produttivo. Rifiuta qualsiasi attività che ti allontani da ciò che desideri o che potrebbe farti perdere la concentrazione. Dì di sì a cose che sembrano essere una buona opportunità di apprendimento o cose che potrebbero aiutarti a crescere personalmente o professionalmente. Dì anche di sì alle cose che trovi interessanti. Ma dì no a qualsiasi altra cosa.

Energia esaurita

Prenotate la vostra energia per fare un lavoro migliore sui compiti che sia *necessario* fare o *volete* fare. Avere più energia porterà a una maggiore produttività e ad uno stato d'essere più felice.

Ora che sai perché dovresti dire di no più spesso, diamo

un'occhiata ad alcune strategie che puoi usare per farlo senza essere scortese.

7 Strategie per dire di no senza essere scortesi

1. Conosci le tue priorità

Se conosci le tue priorità, saprai esattamente a cosa dire di no. Questo ti aiuterà a dire di no con un senso di convinzione, poiché puoi decidere oggettivamente quali opportunità sono buone per te e quali ti prosciugheranno. Quindi, prima di finire e iniziare a dire no a tutto, assicurati di essere chiaro sui tuoi obiettivi e priorità.

Conosci le tue priorità e i tuoi obiettivi prima di iniziare a dire no a tutto.

Una cosa da tenere a mente qui che sappiamo e che a volte facciamo fatica è di non confrontare l'importanza di ciò che è nel tuo programma con ciò che ti viene chiesto.

Se la causa è importante per te, troverai i modi per supportarla senza dover riorganizzare altre cose che sono nella tua lista di priorità. Non è necessario classificare i propri obblighi in base all'impatto che avranno sul mondo. Piuttosto, classificali in base all'impatto che avranno sul *tuo* mondo. Questo non vuole sembrare egoista, ma devi fare ciò che è nel tuo migliore interesse e dare la priorità al tuo tempo in un modo che ti aiuti a condurre la vita più appagante.

Questo mostra anche perché è una buona idea bloccare tutto sul tuo calendario. Quando hai già segnato le tue priorità nel tuo pianificatore, sarai in grado di vedere che hai un impegno e non hai nemmeno bisogno di guardare i dettagli di quell'impegno. La ricerca ha dimostrato che se hai un piano specifico prima di essere confrontato con la richiesta di un'altra persona, è più probabile che ti attenga al tuo piano originale.

2. Trasforma un "No" in un "Non adesso"

Se sono le 14:30 e hai qualcosa su cui stai lavorando che è dovuto finire entro le 16:00 e un collega entra nel tuo ufficio chiedendoti "5

216

minuti" del tuo tempo, probabilmente sai già nella tua mente che "5 minuti "in realtà significano 30. In un caso come questo, invece di dire no, puoi dire:" Sto lavorando a qualcosa di urgente in questo momento, possiamo incontrarci alle 16:15? "

La chiave di questa risposta è usare la parola *urgente*. Potresti essere tentato di dire che stai lavorando a qualcosa di importante, ma è sempre soggettivo. Dire che un'attività è "urgente" scoraggerà ulteriori domande.

Dicendo "non adesso" invece di no, non stai completamente abbattendo l'altra persona, ma stai chiarendo che le tue priorità vengono prima.

3. L'onestà è la migliore politica

Se sai che la risposta è no, non legare qualcuno dicendo forse - o anche sì - senza l'intenzione di proseguire. Non solo le persone lo rispetteranno di più, ma risparmierai anche loro la fatica e lo stress di chiedersi se riuscirai mai a farcela per loro. Se non hai intenzione di intraprendere alcuna azione sull'attività richiesta, fallo sapere all'altra persona in modo che possa andare avanti.

L'onestà entrerà in gioco anche se ti viene chiesto di fare qualcosa che non è etico. Ad esempio, supponiamo che un collega (che è anche un amico) ti chieda di registrarlo per una riunione a cui non stanno effettivamente partecipando perché sono troppo occupati. Qui entrano in gioco due cose, la compassione per il tuo amico e la tua integrità.

Per dire di no, affronta entrambi questi fattori. Di 'qualcosa come: "Mi dispiace che tu abbia molto da fare in questo momento, e vorrei poterti aiutare, ma l'onestà è molto importante per me e non posso mentire per te". Sii compassionevole nella tua risposta, ma non compromettere il tuo carattere.

4. Non spiegare troppo

Potresti essere tentato di dare una spiegazione o un motivo quando dici di no perché non vuoi che la persona che chiede il tuo aiuto pensi che stai rifiutando solo perché non vuoi aiutare. Questo non vuol dire che non dovresti fornire alcun contesto per la tua risposta, ma cercare di spiegare troppo darà alle persone un motivo per provare a cambiare idea.

Quando dici di no agli altri, evita di dare troppe informazioni perché potrebbe portare a problemi e mostrare che ti senti in colpa per aver rifiutato la richiesta.

Quando dai una scusa, offri anche alla persona che richiede il tuo aiuto un'opportunità per risolvere qualsiasi problema ti impedisca di aiutarla. Potrebbero continuare a cercare di convincerti che puoi fare *e* aiutarli. Se davvero non vuoi fare qualcosa, lascia fuori spiegazioni e scuse. Se provi a giustificare troppo la tua risposta, potrebbe sembrare che tu stia mentendo.

Tuttavia, solo dire di no senza fornire alcun contesto potrebbe sembrare duro. Invece, prova: "no, non ho tempo in questo momento". Puoi anche aggiungere un "ma grazie per aver chiesto" se ritieni di dover aggiungere un po' di cortesia. L'idea qui è di evitare di fornire troppe informazioni perché potrebbe portare a problemi e dimostrare che ti senti in colpa per aver rifiutato la richiesta.

5. Offri un'alternativa

Se puoi offrire a qualcuno un'alternativa, potresti comunque essere in grado di aiutarlo senza fare ciò che ti hanno chiesto. Cerca di offrire una soluzione pertinente, sia che si tratti di suggerire qualcun altro che ritieni possa svolgere il lavoro o di offrirti volontario per un impegno minore che può comunque aiutare ma è alle tue condizioni.

Non dare per scontato che la persona che ti chiede aiuto non sia disposta a essere flessibile. Le probabilità ci sono, essi saranno grati per tutto l'aiuto che sei disposto a offrire.

6. Comunicare con fiducia

Parlare con un senso di fiducia è fondamentale quando comunichi le tue esigenze personali. Quando le persone sanno che sei sicuro di te stesso, è improbabile che continuino a farti pressione. La maggior parte delle persone non vuole che i propri amici o colleghi siano sovraccaricati di cose da fare.

Se scopri che qualcuno continua a chiederti il tuo aiuto dopo che hai già detto di no, fai semplicemente sapere alla persona che hai sentito quello che ti sta chiedendo ma gli hai detto di no e la tua risposta non cambierà. Essere fiduciosi o assertivi nella tua risposta non significa essere scortesi.

7. Incorpora un complimento

Supponiamo che un collega venga da te per chiedere aiuto su un progetto e non hai la capacità di assumerlo in questo momento. Per assicurarti di lasciare l'interazione in buoni rapporti, includi un complimento quando rifiuti di aiutare.

"Grazie per aver pensato a me come qualcuno che credi sarebbe in grado di fare questo progetto. Tuttavia, non sono in grado di farlo ora perché i rapporti di proiezione annuale richiedono la mia piena attenzione e volontà per la prossima settimana. Sono certo che farai un ottimo lavoro su questo progetto, come fai sempre. Penso che stiamo tutti sentendo la pressione con le nostre scadenze incombenti. "

In questo esempio, stai dicendo alla persona che hai fiducia nella sua capacità di portare a termine il lavoro e stai citando i suoi successi passati. Ti stai anche relazionando al loro livello di stress riconoscendo il grande carico di lavoro di tutti.

PENSIERI FINALI

È in tuo potere accettare o rifiutare le cose che ti vengono richieste. Dovresti dire "no" più spesso nel tentativo di realizzare il tuo valore e darti il tempo di concentrarti su ciò che è importante per te. Ogni volta che dici di no a qualcun altro, stai dicendo di sì a te stesso. Stai prendendo il controllo della tua vita rifiutando di permettere agli altri di fare le tue scelte per te. Acquisirai fiducia ogni volta che rimarrai fermo entro i tuoi limiti.

Se puoi imparare a dire no alle cose ingiuste e sì alle cose giuste, sarai in grado di raggiungere un nuovo livello di produttività e potenziale di leadership.

Dicendo di no, guadagnerai anche il rispetto delle altre persone. Se sei chiaro su quello che *sei* e *non sei* disposto a fare, gli altri ti rispetteranno di più e dimostrerai un forte senso di fiducia in te stesso. Fare lo sforzo di limitare il tuo tempo a svolgere attività che ti piacciono davvero o di cui sei responsabile ti aiuterà in definitiva a trovare la vita più appagante.

CAPITOLO 5: COME OTTENERE CIÒ CHE DESIDERI

Hai mai pensato che le persone non stessero apprezzando abbastanza te, il tuo tempo, il tuo contributo o la tua opinione?

Certo che lo fai. Chi non lo fa?!

La realtà è che le altre persone raramente si preoccuperanno dei nostri bisogni, preferenze e desideri quanto noi. Eppure, quando questi bisogni, preferenze e desideri non sono soddisfatti, noi spesso non riusciamo a impegnarci in conversazioni necessarie per cercare i cambiamenti che vogliamo.

Forse è il tuo capo che ha aspettative irragionevoli o un collega che ha oltrepassato i tuoi limiti. Forse è il tuo coniuge che sembra ignaro dei tuoi sforzi sul fronte interno. In ogni caso, sentimenti di sopraffazione, frustrazione e risentimento sono generalmente i sintomi di una mancanza di richieste.

Ecco 7 chiavi per soddisfare i tuoi desideri e gestire meglio quelle situazioni (e le persone) che ti appesantiscono

1. Non dare per scontato che gli altri leggano la mente

Lamentarsi dei propri problemi non li risolve. Piagnucolare per bisogni insoddisfatti non li soddisfa. Sia che tu voglia che il tuo collega comunichi con te più spesso in merito a un progetto di squadra, o che proponga la tua candidatura per un ruolo più importante, è fondamentale essere assertivi nel trasmettere ciò che desideri. Spesso presumiamo che i nostri coniugi, capi, colleghi di lavoro e persino i nostri buoni amici possano leggere nella nostra mente. Quindi, quando non si comportano come vorremmo, finiamo feriti e sconvolti. Affinché una relazione possa prosperare, entrambe le parti devono assumersi la responsabilità di comunicare chiaramente le proprie esigenze.

2. Sii audace in ciò che chiedi (non diluire!)

La realtà è che raramente, se non mai, ti verrà dato più di quello che hai il coraggio di chiedere. Quindi non diluire le tue richieste per ridurre al minimo la possibilità di essere rifiutato. Pensa a quale sarebbe il tuo risultato ideale e poi chiedilo con sicurezza, coraggio. Non in modo legittimo. Non in modo aggressivo. Ma in un modo che fa capire che conosci il tuo valore. Anche se potresti non ottenere sempre ciò che desideri (che si tratti di un aumento di stipendio o dell'ufficio d'angolo), ti ritroverai quasi sempre con più di quanto avresti ricevuto altrimenti se non fossi stato audace nella tua richiesta.

3. Sii specifico su ciò che vuoi e quando lo vuoi

Sul posto di lavoro, la ragione principale per le aspettative non soddisfatte è la mancanza di comprensione di ciò che esattamente ci si aspettava. Chiedere a qualcuno di fare qualcosa "presto" può essere interpretato in tutti i modi. Affinché una richiesta possa contenere solidità, è necessario specificare non solo "cosa" si desidera, ma anche il periodo di tempo in cui lo si desidera. Ovvero, un "cosa" e un "quando" sia chiaro e inequivocabile. Ad esempio, "Potresti ricevere il rapporto mensile sulle vendite entro le 14:00 di venerdì?" È irragionevole aspettarsi di ottenere ciò che si vuole se le persone non hanno le idee chiare su cosa sia.

4. Sii chiaro su ciò che non tollererai

È una regola di vita che ottieni ciò che tolleri. Fare richieste contribuirà notevolmente a eliminare le "tolleranze" nella tua vita. Che si tratti di chiedere a un membro del team di presentarsi in tempo o di chiedere al tuo collega di smetterla di fare battute sessiste. Ogni giorno, attraverso quello che dici e fai, insegni agli altri come trattarti. Se permetti agli altri di darti per scontato, di oltrepassare i tuoi confini personali o di essere apertamente irrispettosi, ne sei complice. Far sapere agli altri cosa ti aspetti da loro e cosa tollererai (e *non* tollererai) è fondamentale sia per il tuo successo professionale che per il tuo benessere personale. Quindi chiediti, cosa non sei più disposto a tollerare? Qui sta il confine che solo tu devi stabilire e le richieste che solo tu devi fare.

5. Dimentica i suggerimenti: sii diretto

Se ti piace prendere la via meno conflittuale (e spesso, più codarda) di lasciare suggerimenti per convincere gli altri a comportarsi in modo diverso, abbiamo una brutta notizia per te: i suggerimenti semplicemente non tagliarli. Se non vuoi essere ignorato, devi essere diretto ed esplicito! Fare un commento generale a un gruppo di persone, "Sarebbe fantastico se le persone qui intorno arrivassero alle riunioni in tempo" è passivo e patetico. Piuttosto parla direttamente con il seriale ritardatario, fagli sapere che lo trovi irrispettoso del tempo di tutti e chiedi loro se sono entrambi *disposti* e in *grado* di impegnarsi per essere puntuali in futuro. Se non lo sono, allora chiaramente sono necessarie più conversazioni per affrontare i problemi di fondo, ma almeno ora il problema è sul tavolo e sai dove stanno le cose. Lo stesso per qualsiasi situazione che ti causa frustrazione: sii diretto.

6. Abbandona l'atto del martire

Questo punto è più per le donne che per gli uomini. Intrappolati nel cercare di essere tutto per tutte le persone, possiamo trovarci rapidamente a mancare su tutti i fronti, e finire col risentirci, bruciarci e non essere la persona che vogliamo divenire, tanto meno per noi stessi. Più richieste ti vengono fatte, più devi fare agli altri. Spostare le proprie esigenze più in alto nella lista delle priorità non è quindi egoista, è intelligente. Quindi basta con l'atto di martire guidato dal senso di colpa. Anche le tue esigenze contano.

7. Non fare in modo che un "no" significhi più di quanto non faccia

Ammettiamolo, non otterrai sempre ciò che chiedi. Il tuo capo non ti darà sempre la promozione che desideri e i tuoi genitori potrebbero non accettare di badare ai tuoi tre figli ogni secondo fine settimana. Così è la vita. Quando le persone dicono di no, non trattarlo come un rifiuto personale: accettalo con gentilezza e vai avanti. Almeno ora sai come stanno le cose e puoi pianificare di conseguenza.

Chiedere meno di quello che vuoi veramente - da te stesso, dagli altri e dalla vita - non serve a nessuno. Quindi ti sfidiamo - prova a chiedere quello che vuoi *veramente*. Chi lo sa ... si potrebbe semplicemente ottenere!

CAPITOLO 6: COME ELIMINARE IL RIMORSO, L'ANSIA E LE PREOCCUPAZIONI

C'È QUALCOSA PER CUI TI SENTI IN COLPA?

Pensiamo che possiamo essere tutti d'accordo sul fatto che la colpa è un pesante fardello. Metaforicamente, può farti sentire come se stessi portando un peso enorme sulle spalle. Se lo permetti, il senso di colpa può tenerti in ostaggio e consumare la tua vita.

Questa è l'ultima forma di auto-tradimento.

Non devi portare con te questa emozione negativa per un giorno in più.

Se ti sei mai fermato a fare il punto su tutte le emozioni che provi, sicuramente ti sei imbattuto in emozioni di base come "felice" o "triste". Queste sono emozioni facili da capire e di solito sappiamo da dove provengono. Queste sono emozioni innate e cablate, il che significa che le abbiamo tutte e possiamo riconoscerle in noi stessi e negli altri.

Come tutti sappiamo, la vita a volte può diventare caotica. Questo è quando le emozioni non così divertenti tendono a insinuarsi e cercano di rovinare la nostra giornata, o peggio, la nostra vita. Una di queste emozioni è il senso di colpa.

Quindi, come smettere di sentirsi in colpa?

Senso di colpa definito

Esistono diverse definizioni di colpa, a seconda della modalità da cui la vedi. Risuona di più con un approccio cognitivo che afferma che il senso di colpa è un'emozione che le persone provano perché sono convinte di aver causato danni a qualcuno.

Questa è una trappola in cui cadono molte persone. Spesso, è l'illusione di un possibile danno che hai inflitto a qualcuno che provoca sentimenti di colpa. È davvero facile interpretare male gli

225

eventi o i comportamenti degli altri.

Non importa come lo decostruisci, il senso di colpa fa schifo. La domanda è.... perché ci sentiamo in colpa? Una volta che sai da dove provengono i tuoi sentimenti di colpa, puoi imparare come smettere di sentirti in difetto e liberare la mente per concentrarti su cose che danno più potere.

PERCHÉ CI SENTIAMO IN COLPA

Il senso di colpa è un'esperienza personale, nel senso che ciò che può farti sentire in colpa potrebbe non disturbare minimamente qualcun altro. Tutto si riduce al codice morale secondo cui vivi. Se pensi che qualcosa non va, e noi no, ti sentirai in colpa per averlo fatto anche se non interessa altre persone.

Fondamentalmente, la colpa è un modo per riconoscere che non siamo stati all'altezza dei nostri valori e standard.

La causa più comune di colpa deriva dalle cose che fai o non fai.

Cosa ti fa la colpa?

Il senso di colpa, come la maggior parte delle emozioni negative, non è una bella sensazione da provare. Dover ripensare alle tue scelte sbagliate può farti impazzire e costringerti a pensare troppo a come avresti potuto fare le cose in modo diverso.

Ma, come abbiamo già appreso, non si può tornare indietro quando hai portato a termine qualcosa.

Quando ti senti in colpa, puoi saltare automaticamente in tua difesa. Alcune persone cercheranno di convincersi a pensare che le loro azioni non siano state così dolorose come prima.

A volte, cerchiamo di trovare il modo di credere che le persone che abbiamo danneggiato se lo meritassero in qualche modo. Questo è solo l'ego che parla.

Quando siamo costretti a rivalutare queste convinzioni, possiamo diventare irritabili o difensivi, che è un meccanismo di autodifesa. D'altro canto, quando abbiamo accettato la nostra colpa, spesso cerchiamo di compensarla.

Quindi, se hai fatto arrabbiare qualcuno, puoi fare tutto ciò che è in tuo potere per cercare di renderlo di nuovo felice. Anche se far sentire meglio qualcuno può essere un'ottima cosa, può anche mettere a dura prova il tuo stato emotivo.

È importante ricordare che cercare di mantenere o aggiustare una relazione attraverso l'emozione del senso di colpa non è necessariamente salutare. Scegli le tue battaglie con saggezza, sapendo che non puoi cambiare il passato, ma solo riscrivere il futuro. Se le persone nella tua vita non sono d'accordo con questo concetto, è tempo di ripensare alle amicizie.

Gli effetti collaterali della colpa

Quando ti senti in colpa, spesso, significa che sei anche stressato. Se pensi costantemente a quello che hai fatto, ha senso solo che avrà un impatto sul tuo corpo. Questo è il motivo per cui è importante valutare l'impatto fisico della tua colpa su di te.

Il senso di colpa incide anche su uno stato mentale già fragile. Contribuisce in modo significativo alla depressione e all'ansia, poiché molto spesso implica una visione negativa di sé.

Più pensi alle cose, più inizi a soffermarti su di esse. Se rimugini sulle tue azioni ripetutamente, stai occupando spazio nella tua mente che potrebbe andare a schemi di pensiero più produttivi.

Non lasciare che il senso di colpa abbia la meglio su di te. Concediti una pausa. La vita è troppo breve per sentirsi sempre in colpa e fa male alla salute.

COME ELIMINARE IL SENTIRSI COLPEVOLE E SENTIRSI LIBERI

È possibile riqualificare il cervello per smettere di credere di essere colpevole. Soprattutto per situazioni o atteggiamenti sbagliati è perfettamente normale, ma quando ti aggrappi alla colpa troppo a lungo, ha il potenziale per prendere il sopravvento su tutta la tua vita.

Questo è il motivo per cui è importante riqualificare il cervello per smettere di sentirsi in colpa. Inizia con l'apprendimento di come affrontare efficacemente i sensi di colpa in modo proattivo.

1. Prendi le tue decisioni

Una volta che prendi una decisione consapevole e valutato attentamente le tue opzioni, è finita. Agonizzare su ciò che avresti dovuto fare diversamente ti farà solo impazzire. Nel momento in cui ti assumi la responsabilità della tua scelta, smetti di pensare troppo e vai avanti.

Il punto in cui le persone si bloccano è che prendono decisioni senza pensare alle conseguenze. Di conseguenza, finiscono per creare situazioni che portano a stress e senso di colpa. Non lasciare che la vita ti accada. Piuttosto, lascia che accada per te.

Il modo migliore per farlo è prendere decisioni e possederle. Scegliendo qualsiasi decisione (anche se non è la migliore), rivendichi la proprietà personale. È così che diminuisci i sentimenti di colpa e vergogna e rivendichi il tuo potere.

2. Pratica l'auto-compassione

Non sei perfetto e nessuno si aspetta che tu lo sia. Tutti commettiamo errori. Non auto-sabotarti più del dovuto perché la vita è già abbastanza dura così com'è.

È importante rendersi conto che provare compassione per te stesso non significa rinunciare all'istante alla responsabilità delle tue azioni. Piuttosto, significa che sei finalmente in grado di lasciar andare l'odio per te stesso e liberare la tua mente.

La prossima volta che inizi a provare sentimenti di colpa, prova invece a praticare l'auto-compassione. Rendilo un rituale quotidiano. Dì a te stesso che sei abbastanza bravo e perdona i tuoi torti. Ne sei degno.

3. Rifletti sulle tue azioni

Non puoi cambiare nulla finché non rifletti intimamente su ciò che hai fatto per farti sentire in colpa. La consapevolezza di sé è il fondamento della crescita personale.

Quando accettiamo l'invito a riflettere sulle nostre azioni, ci costringiamo ad andare verso l'interno e fare il lavoro per capire meglio chi siamo.

Il senso di colpa porta a comportamenti improduttivi come la ruminazione, che compromette la tua consapevolezza di sé non permettendoti di rimanere nel presente.

Non ha senso cercare di scappare da qualunque cosa ti faccia sentire in colpa. Allora, perché ti senti in colpa? Accetta invece il ruolo che hai interpretato in una situazione. Dopo averlo fatto, puoi iniziare a pensare al motivo per cui hai commesso l'errore in primo luogo.

4. Impara dai tuoi errori

Sei umano, ricordi? Ciò significa che puoi sbagliare. Fa parte del processo per diventare la migliore versione di te stesso.

Ogni volta che ti senti come se avessi commesso un errore, è importante dedicare del tempo a pensare a ciò che vorresti aver fatto diversamente.

Il modo migliore per evitare che tu cada nella spirale del senso di colpa è quello di chiedersi, *"Che cosa posso imparare da questa esperienza?"* Se non fallisci e impari dai tuoi errori, molto probabilmente ti stai punendo.

Quando impariamo a provare sentimenti di colpa come un modo per ricevere informazioni, stiamo già guarendo dai nostri errori.

Non chiedere il permesso a qualcuno per liberarti dalla colpa. Fai quel regalo a te stesso.

CONSIDERAZIONI

Non permettere che il senso di colpa controlli la tua vita. Vivere la tua vita sentendoti male con te stesso è una perdita di tempo prezioso. La vita è breve. Perdona te stesso, vai avanti e sii felice.

Sei pronto a smettere di sentirti in colpa e a liberare la tua mente? Fai un respiro profondo e lascia andare. La vita ti sta aspettando.

COME ELIMINARE L'ANSIA

Sentirsi accettato è un desiderio umano quasi universale. Dopotutto, ci siamo evoluti per sopravvivere meglio in gruppo, dove integrarsi e avere la fiducia e il rispetto dei nostri coetanei sono le misure del successo. La necessità di appartenere è nel nostro DNA.

Ma a volte quel bisogno è al centro della scena e ciò che gli altri pensano di noi assume più importanza di ciò che pensiamo di noi stessi.

Possiamo analizzare ogni aspetto e parola che ci viene incontro per trovare indizi che siamo stati giudicati e trovati accettabili o mancanti. Qualcuno che passa nella hall senza un saluto può lasciarci interdetti e convinti che non meritiamo preavviso. Potremmo esaurirci cercando di essere abbastanza freddi, abbastanza laboriosi, abbastanza attraenti o abbastanza di successo da sentirci apprezzati.

Cosa c'è dietro quest'ansia di essere apprezzato e perché alcuni di noi sono molto più vulnerabili rispetto ad altri?

In molti casi, è un tipo di eco del passato. Ad un certo punto della nostra vita, qualcosa o qualcuno potrebbe aver fatto sembrare la connessione e l'affetto *condizionali* , qualcosa per cui dobbiamo lottare e che non meritiamo davvero. Un senso di vergogna si sviluppa quando inevitabilmente non raggiungiamo la perfezione. L'autrice Brené Brown, che ha trascorso la sua carriera studiando la vergogna e i modi in cui possiamo sviluppare quella che lei chiama " resilienza alla vergogna ", scrive di questo nel suo libro *The Gifts of Imperfection:*

> *"L'impegno salutare è incentrato su sé stessi: 'Come posso migliorare?' Il perfezionismo è focalizzato sull'altro: "Cosa penseranno?" "*

Forse sei stato vittima di bullismo a scuola. Forse ti sei sentito come se non fossi mai stato all'altezza della nostra cultura del confronto competitivo.

O forse non riesci a trovare una spiegazione. Sai solo che ti senti insicuro e indegno, e questo ti porta a contare sugli altri per essere rassicurato sul fatto che sei importante e appartieni.

A dire il vero, voler essere pensato positivamente non è una brutta cosa. Abbiamo tutti bisogno di un po' di consapevolezza di come gli altri ci vedono per rimanere in equilibrio e in sintonia con il modo in cui influenziamo gli altri. Ma troppa preoccupazione per ciò che la gente pensa può portarci a valutare solo ciò che gli altri vogliono da noi, piuttosto che ciò che desideriamo e di cui abbiamo bisogno. E l'ironia è che quello che inizia come uno sforzo per garantire la nostra felicità e accettazione può finire per fare il contrario.

CREARE UNA NUOVA MENTALITÀ

Se riconosci di essere una persona ansiosa di essere apprezzata, ci sono dei passaggi che puoi intraprendere per tornare a una relazione più sana con gli altri e con te stesso.

1. Mantieni le cose in prospettiva.

Si dice che le persone si preoccuperebbero molto di meno di ciò che gli altri pensano di loro se sapessero quanto *poco gli* altri pensano della loro persona. Ed è vero: ognuno ha abbastanza per occupare la propria mente. Hanno anche le loro insicurezze. Se sei preoccupato per come t'imbatti in qualcuno che hai appena incontrato, tieni presente che probabilmente stanno facendo lo stesso.

2. Metti in discussione il tuo pensiero.

Gli esseri umani tendono a distorsioni cognitive, schemi di pensiero negativo che possono danneggiare il nostro umore o comportamento. Ad esempio, possiamo presumere il peggio o filtrare il bene in una situazione e prestare attenzione solo al male. Oppure possiamo generalizzare eccessivamente o saltare a conclusioni. Presta attenzione ai tuoi pensieri e interrogali piuttosto che permettere alle impressioni di scappare con te. Potresti scoprire che ciò di cui ti preoccupi esiste solo nella tua mente.

3. Lascia andare la perfezione.

Può essere difficile scuotere la sensazione che se fai le cose per *bene,* sarai amato e ammirato. Ma questa è una ricerca infruttuosa, non solo perché la perfezione è un'illusione, ma perché ciò che la gente pensa di te ha più a che fare con *loro* che con te.

4. Conosci te stesso.

Cosa ti piace veramente? cosa vuoi veramente? Stai facendo scelte sulla tua carriera, relazioni e passatempi perché li vuoi o perché piaceranno o impressioneranno qualcun altro? Consenti a te stesso di provare cose nuove e chiediti: "Cosa vorrei perseguire o godermi se non fossi così preoccupato di essere giudicato?"

5. Trova la tua tribù.

Da qualche parte là fuori ci sono persone che possono identificarsi con te e apprezzarti per quello che sei. Non perdere tempo cercando di aggrapparti a coloro che si aspettano che tu ti conformi ai loro desideri. Coltiva l'autenticità e troverai le persone con cui dovresti stare. Come scrive Brown in *Daring Greatly,*

> "Poiché la vera appartenenza avviene solo quando presentiamo il nostro sé autentico e imperfetto al mondo, il nostro senso di appartenenza non può mai essere maggiore del nostro livello di auto-accettazione".

6. Consenti a te stesso di essere vulnerabile.

Può essere terrificante *andare* controcorrente, parlare, correre un rischio o affrontare la disapprovazione. Ma decidi ciò che conta per te, fidati di te stesso e fallo. Non si cresce giocando sempre sul sicuro; cresciamo concedendoci la possibilità di fallire.

7. Accetta una mano.

L'ansia che provi per ciò che pensano gli altri a volte può essere superata con un po' di autocoscienza. Ma in alcuni casi, soprattutto per coloro che hanno traumi sottostanti o problemi di salute mentale, un aiuto professionale può aiutarti ad arrivare alla radice dei tuoi sentimenti. Consenti a te stesso di raggiungere le cure di cui hai bisogno invece di prolungare la tua sofferenza.

8. Sii tuo amico.

È una dura realtà, ma non sarai *mai* in grado di rendere *tutti* come te, qualunque cosa tu faccia. Ma guarda il lato positivo: nessun altro può farlo neanche. Quindi accetta le fitte che inevitabilmente arriveranno quando ti rendi conto di non aver stabilito una connessione con qualcuno e concentrati invece su un obiettivo che ti porterà più lontano verso l'essere il tipo di persona che vuoi essere: impara a piacerti, compreso i difetti.

LE PREOCCUPAZIONI

Vorrei poter recuperare tutti quegli anni che ho sprecato preoccupandomi di ciò che gli altri pensavano di me.

Vorrei aver vissuto la mia vita concentrandomi su me stesso, sui miei sogni e sulle cose che contano.

Vorrei che qualcuno mi dicesse quando ero piccolo che non importava quello che pensavano gli altri fintanto che ero felice di quello che volevo.

Vorrei, vorrei

Invece, quello che sentiamo è stato "Non fare queste cose, cosa diranno le persone?" oppure "Se lo fai, le persone ti derideranno".

Le preoccupazioni di essere all'altezza delle aspettative degli altri e la pressione a prendere decisioni che sembravano buone di fronte a tutti che non avevano importanza per la propria vita.

COME SMETTERE DI PREOCCUPARSI DI CIÒ CHE PENSANO GLI ALTRI

> *Non cambiare così piacerai alle persone. Sii te stesso e le persone giuste ameranno il vero te.-*
> **Anonimo**

1. Conosci te stesso

Il primo passo nella crescita personale è essere consapevoli del problema. Se non sai di avere un problema, non puoi mai risolverlo e uscirne fuori. Pensi di essere nato in questo modo e che devi conviverci.

Questo è il potere di imparare e continuare a istruirti.

Non tutti soffrono di ansia sociale. Ma abbiamo tutti bisogno di sentirci approvati. È normale, ma quando gli diamo più importanza del necessario, iniziamo a preoccuparci dell'opinione degli altri.

La soluzione è **conoscere te stesso.** Dovresti conoscere il tuo tipo di personalità (introversa, estroversa, ambigua, ecc.), i tuoi valori, come vuoi vivere e i tuoi obiettivi.

Conoscere il tuo tipo di personalità è importante perché molte volte i tratti introversi (più ricerca sugli estroversi) sono etichettati come negativi o antisociali quando non lo sono.

Conosci i tuoi valori. E difendi i valori, qualunque cosa accada. Se hai una serie di regole che hai stabilito per la tua vita, lascia che siano loro a guidarti. Lascia che ti guidino su quando trascurare l'opinione degli altri perché conosci le tue regole.

Se sei sicuro dei tuoi valori, non hai bisogno di impressionare gli altri.

2. La maggior parte delle persone pensa a sé stessa tutto il tempo

No, non state tenendo il centro della scena e i riflettori, ricorda che non si concentrano su di te. Ma dal momento che sei importante ai tuoi occhi e pensi a te stesso tutto il tempo, senti che anche gli altri ti stanno guardando.

Ma l'ironia è, come abbiamo detto prima, che anche gli altri pensano la stessa cosa. Come te, stanno pensando alle loro vite e a come le vedono gli altri. Stanno pensando a come fare soldi, cosa preparare per cena, appunti per il prossimo incontro, ecc.

Vedi, tutti hanno molte cose nel loro piatto e questo occupa le loro menti la maggior parte del tempo in un giorno.

Ma per quanto riguarda le persone che dicono opinioni su quello che fai?

La maggior parte delle persone che dicono opinioni sulla tua vita non ti conoscono a fondo. Non conoscono i tuoi piani, i tuoi sogni o i tuoi valori quanto tu sai.

Quindi, quando dicono un'opinione, potrebbero dirla senza conoscere la tua storia. **Solo tu conosci la tua storia.** Allora perché dovresti dare valore a ciò che qualcuno dice quando non ti conoscono nemmeno?

Potrebbero esprimere un pensiero passeggero. Impara a ignorare tali opinioni e rimani indifferente a loro.

3. Le differenze di prospettiva

Ognuno di noi vede il mondo in modo diverso. Abbiamo tutti prospettive diverse sulla vita. Alcuni hanno una prospettiva più ampia e un atteggiamento non giudicante, mentre ad alcune persone piace giudicare qualsiasi cosa e tutto ciò che fanno gli altri.

Prima di ossessionarti con ciò che pensano e dicono gli altri, sappi che le prospettive sono diverse. Quando le persone esprimono un'opinione, di solito si basa sulle loro esperienze di vita e sulle loro prospettive che potrebbero non essere sempre vere. E le prospettive cambiano continuamente. Potrebbero non dire la stessa cosa dopo 10 anni.

Ecco perché abbiamo detto che dovresti conoscere il tuo vero io.

Se sai chi sei e cosa vuoi, non lasciarti influenzare da ciò che dice la gente.

Invecchiando, hai guadagnato più esperienze e inizi a vedere le cose da prospettive diverse. Ora sai cosa importerà tra pochi anni e cosa no. Impari per cosa dovresti piangere e cosa no. E, cosa più importante, impari chi sei e questo è meraviglioso.

Scava in profondità e scopri te stesso dai giudizi della società e dalle tue false credenze e impari che non eri poi così male, dopotutto. Ma ci arrivi solo se investi in apprendimento e crescita personale.

E nel processo, impari automaticamente a non preoccuparti di ciò che pensa la gente.

Quindi, continua ad imparare e continua a crescere.

4. Non cercare di accontentare tutti

Non importa quanto ci provi, non piacerai a tutti. E VA BENE. Dillo a te stesso ancora e ancora.

Non importa se non piaccio a tutti. Sono felice di quello che sono.

E dillo a te stesso quando inizi a preoccuparti di ciò che pensa la gente. E non fare affidamento sul tuo successo sulle opinioni di altre persone. Non scegliere una professione in cui gli altri vogliono che tu faccia.

Quando non parli a mente, ti sottoponi a stress e ansia che non riesci a gestire. Diventi la persona ideale per tutto perché vuoi compiacere le persone e hai paura di dispiacere a chiunque perché hai paura di dire NO.

Va bene parlare alla tua mente. E dovresti stabilire dei limiti per ciò che puoi fare e ciò che non vuoi fare. Ricorda, per quanto tu faccia, le persone non saranno completamente soddisfatte di te.

5. Esci dalla tua testa

Coloro che si preoccupano troppo degli altri hanno una meravigliosa immaginazione. O in generale, le persone che soffrono di ansia tendono a immaginare cose irreali in ogni situazione.

Ad esempio, se sei a una festa e senti che qualcuno ti ha ignorato, il tuo cervello inizia a disegnare diversi tipi di scenari peggiori. Pensi di non essere ben vestito come l'altra persona o di essere noioso, ecc. Ma in realtà l'altra persona potrebbe non aver nemmeno pensato al tuo vestito.

Potrebbero essere passati a prendere un drink o cercare qualcosa. L'analisi eccessiva delle situazioni porta a credere a fatti irreali su di te.

Renditi conto che questi sono solo pensieri e pensarci più e più volte fa sembrare un dato di fatto dal tuo cervello. E poi inizi ad agire in base a queste convinzioni evitando le persone. Ma dove è iniziato tutto? Nella tua testa. E non sai nemmeno se è vero.

Quindi, quando arrivano i pensieri, cerca di riconoscerlo e lasciarli andare. Distaccati dallo schema di pensiero negativo.

6. Pratica l'amore per te stesso

Ama te stesso per quello che sei. Quando cerchi costantemente l'approvazione di altre persone per sentirti bene, sviluppi una mancanza di fiducia in te stesso. Ti rende impossibile fare qualcosa da solo perché sei preoccupato per quello che penserebbero gli altri.

Ma quando ti rendi conto di chi sei, riesci a identificare i tuoi punti di forza e quelli deboli. **Ama te stesso incondizionatamente con tutti i tuoi difetti e accetta te stesso per quello che sei.**

Non sbattere la testa contro il muro pensando alle tue inadeguatezze, perché Dio non commette mai errori. Sei nato qui come la persona esatta che avresti dovuto essere. Sei unico e non c'è nessun altro con le tue stesse caratteristiche al mondo.

Attraverso l'auto-accettazione arriva la fiducia in sè stessi. Dopo un po', ti rendi conto che non hai bisogno dell'approvazione di persone che non conosci davvero per vivere la tua vita a modo tuo.

7. Preoccuparsi è solo una perdita di tempo

> *La mia vita è stata piena di terribili disgrazie; la maggior parte delle quali non è mai avvenuta. -*
> **Michel De Montagne**

Potresti sentire come se i giorni fossero lunghi, ma hai osservato come volano gli anni? Sì, la vita è troppo breve per preoccuparsi di ciò che pensa il tuo vicino. E preoccuparsi è solo immaginare cose che raramente accadono.

Dobbiamo tutti morire un giorno anche se ci siamo goduti la vita o no. Goditi ogni giorno e quando le preoccupazioni inutili iniziano a offuscare la tua mente, pratica la consapevolezza. Goditi il momento presente e lascia andare tutto il resto.

CONCLUSIONI

La maggior parte delle persone non pensa consapevolmente al proprio metodo o stile d'interazione con gli altri. Ma crediamo che ci siano grandi vantaggi nel fare scelte o decisioni dirette su come comunichiamo con gli altri, soprattutto se vogliamo avere relazioni soddisfacenti e gratificanti.

LE RELAZIONI DI SUCCESSO SONO *RELAZIONI ASSERTIVE!*

Quando qualcuno ti tratta ingiustamente, lo porti alla sua attenzione?

In genere esprimi ciò che senti?

Critichi apertamente le idee, le opinioni e il comportamento degli altri?

Nelle relazioni assertive ogni partner ha la capacità di esprimere sentimenti e chiedere ciò che vuole e di cui ha bisogno nella relazione. L'assertività è un'abilità di comunicazione inestimabile. Nelle partnership di successo, entrambe le persone sono generalmente assertive. Non leggono nel pensiero e non fanno supposizioni; esprimono i loro sentimenti, le loro intenzioni e chiedono direttamente ciò che vogliono. Inoltre, dicono chiaramente al loro partner il *significato, le ragioni e l'importanza* di ciò che stanno chiedendo in modo che vi sia una maggiore comprensione del bisogno o della richiesta.

COMPORTAMENTI SOTTOMESSI, AGGRESSIVI E ASSERTIVI

Robert Bolton nel suo libro "People Skills" vede i comportamenti su un continuum: sottomesso, assertivo e aggressivo.

Comportamenti sottomessi: queste persone mostrano tipicamente una mancanza di rispetto per i propri bisogni e diritti; non condividere onestamente sentimenti e bisogni. Consentono ad altri di violare il loro spazio, negare i diritti e ignorare i loro bisogni. Il "prezzo" del comportamento sottomesso è "una vita non vissuta". La vita è meno soddisfacente. Spesso i risultati sono astinenza, risentimenti e persino una bassa autostima.

Comportamenti aggressivi: le persone aggressive esprimono i propri sentimenti, desideri e bisogni *a spese* degli altri. Vincono nella maggior parte delle conversazioni e dei conflitti. Si "muovono contro" o "si muovono per nuocere". I sentimenti degli altri non vengono presi in considerazione e diventano irrilevanti. C'è poco valore, onore o rispetto. I comportamenti aggressivi tendono a respingere le persone, le alienano e le inducono a ritirarsi ed evitarle.

Comportamenti assertivi: la persona assertiva comunica in modo da poter mantenere il rispetto di sé e continuare a prendersi cura degli altri. Possono difendere i loro diritti e il loro spazio personale *senza* abusare o dominare gli altri. Considerano i diritti e i sentimenti di se stessi e degli altri.

Molti di noi trovano difficile essere assertivi. La passività è spesso vista come una forma di cortesia. Siamo cresciuti per rendere felici gli altri, anche a nostre spese.

L'altra estremità dello spettro ha la sua serie unica di sfide. L'aggressività non piace agli altri. È probabile che altri si arrendano troppo di fronte all'aggressività. Questo crea sentimenti negativi e danneggia le emozioni.

L'assertività è un'opzione interessante e offre molteplici vantaggi a te e a chi ti circonda.

Impara a essere assertivo piuttosto che passivo o aggressivo e goditi questi vantaggi:

1. **Aumenta la tua autostima.** Cosa potrebbe esserci di meglio per la tua autostima che parlare per te stesso e agire per influenzare il mondo che ti circonda? La depressione è spesso causata dalla sensazione di mancanza di controllo. **L'assertività è una forma per assumere il controllo e la responsabilità.**

2. **Rafforza la tua autostima.** Quando sei assertivo, le cose iniziano ad andare a modo tuo. Man mano che i tuoi risultati migliorano, aumenterà anche la tua fiducia in te stesso.

3. **Aumenta la tua comunicazione.** Parte dell'essere assertivi

è parlare di ciò che vuoi ed essere aperto ai tuoi desideri. Se pensi alle persone meno assertive che conosci, non le conosci molto bene. Tengono tutto per sé. Le persone assertive hanno un'apertura verso di loro che le persone non assertive non possiedono.

4. **Realizza di più.** Quando sei aperto alle tue opinioni e ai tuoi desideri e stai agendo per realizzarli, rimarrai scioccato da quanto puoi essere più efficace.

5. **Altri danno per scontato che tu sia fiducioso.** Ci sono molti vantaggi nell'essere percepiti come fiduciosi. Le persone presumeranno che tu sia più capace, intelligente e con migliori capacità di leadership rispetto a qualcuno che è meno sicuro di sé. È anche attraente per gli altri.

6. **Ottieni quello che vuoi più spesso.** Immagina di essere in un gruppo di persone e viene fuori l'argomento della scelta di un ristorante per la cena. La persona che offre un suggerimento di solito "vince".

La maggior parte delle persone è troppo passiva per offrire un'opinione. Questa tendenza può essere trovata in tutti gli aspetti della vita. Quelli che sono troppo passivi si sacrificano troppo per rendere felici gli altri. Potrebbe sembrare nobile, ma è un modo frustrante di vivere. La convinzione è che alla fine riceverai ciò che desideri se permetti agli altri di avere tutto ciò che vogliono. Questo raramente funziona nella vita reale.

1. **Entra in contatto con i tuoi sentimenti.** Quando reprimi le tue emozioni e i tuoi desideri, perdi il contatto con te stesso. Perseguendo costantemente ciò che desideri, acquisirai una migliore comprensione di te stesso.

2. **Le situazioni vantaggiose per tutti diventano la norma.** Quando sei troppo passivo, l'altra persona ottiene le cose a modo suo. Quando sei troppo aggressivo, potresti far andare le cose a modo tuo più spesso, ma l'altra persona è risentita. La migliore opportunità per entrambi di essere soddisfatti del risultato è essere assertivi.

3. **Migliora le tue capacità decisionali.** Le persone passive

spesso basano le decisioni sulla soluzione meno conflittuale. Le persone aggressive sono prevenute nella direzione opposta. Quelli che sono assertivi hanno una posizione più neutrale. La loro passività e aggressività non contaminano la loro prospettiva. Le decisioni sono meno basate sulle emozioni.

L'assertività è una combinazione di onestà e rispetto per gli altri e per te stesso. Quando sei assertivo, sei onesto riguardo alle tue intenzioni, desideri e convinzioni. Non li costringi ad altri, ma sei disposto a esprimerli e possederli. Sei anche rispettoso non nascondendo le tue intenzioni.

La passività e l'aggressività non sono gradite agli altri e sono meno efficaci dell'assertività. Consenti agli altri di rispettarti essendo più assertivo in tutte le tue interazioni. E soprattutto rispetta i risultati raggiunti!

LIBRO V - COME ANALIZZARE LE PERSONE

INTRODUZIONE

La definizione di psicologia comportamentale è lo studio di come la nostra mente e il nostro comportamento si connettono. La psicologia comportamentale esplora i misteri che si celano dietro le nostre azioni. Questo campo della psicologia è indicato anche come comportamentismo, ma il sottocampo intende comprendere e scoprire modelli in modo che gli esseri umani possano prevedere risultati e comportamenti per sviluppare abitudini migliori.

COMPRENSIONE DELLA PSICOLOGIA COMPORTAMENTALE

La psicologia comportamentale è più nota per il suo uso del condizionamento e per l'idea che tutti i comportamenti che una persona esibisce vengono acquisiti attraverso il condizionamento. Ciò significa che le azioni delle persone sono per lo più modellate dall'ambiente e dagli stimoli piuttosto che dalla biologia e dalla genetica. Gli psicologi comportamentali ritengono che, indipendentemente dallo stato mentale interno del paziente, il loro comportamento possa essere studiato sistematicamente. Si ritiene che le emozioni e gli stati d'animo siano soggettivi e quindi non possano essere misurati.

La teoria della psicologia comportamentale estrema suggerisce che le persone possono essere condizionate a fare qualsiasi cosa indipendentemente dalle loro opinioni, pensieri o valori morali. Questo tipo di condizionamento è paragonato al lavaggio del cervello.

STORIA DELLA PSICOLOGIA COMPORTAMENTALE

John B. Watson ha introdotto per la prima volta la psicologia comportamentale nel 1913. Watson ha rilasciato questa teoria alla comunità scientifica nel suo articolo *Psychology as the Behaviorist Views It* ". Oggi, Watson è considerato il padre del comportamentismo.

Watson affermava che se qualcuno gli avesse dato una dozzina di bambini, che erano in buona salute, e li avesse cresciuti tutti in un mondo specifico di sua creazione, avrebbe potuto addestrarli ad essere degli esperti in qualsiasi vocazione, da mendicante a medico, avvocato o artista, nonostante la genetica, la personalità, i talenti o gli interessi del bambino.

Il comportamentismo divenne la scuola di pensiero prevalente per gli psicologi dagli anni '20 agli anni '50 grazie alla capacità del metodo di essere misurato empiricamente e facilmente descritto. Durante questi decenni, la psicologia si era trasformata da scuola di pensiero filosofica a scuola scientifica con laboratori di ricerca che ricevevano finanziamenti nella maggior parte delle principali università.

TIPI DI CONDIZIONAMENTO UTILIZZATI NELLA PSICOLOGIA COMPORTAMENTALE

Secondo gli psicologi comportamentali, le persone apprendono i loro comportamenti attraverso il condizionamento. Esistono due tipi di condizionamento riconosciuti nella psicologia comportamentale.

Condizione classica: lo stimolo neutro e lo stimolo naturale sono accoppiati nel condizionamento classico in modo che lo stimolo neutro solleciti la stessa risposta dello stimolo naturale per il controllo. Non è necessario che lo stimolo naturale sia presente una volta che si verifica il condizionamento affinché lo stimolo neutro determini la risposta. Questo è ora chiamato stimolo condizionato mentre il comportamento appreso è chiamato risposta condizionata.

Condizionamento operante - Le tattiche di punizione e rinforzo sono utilizzate nel condizionamento operante. Usando influenza operativa, la persona crea abbinamenti tra comportamenti desiderati e indesiderati attraverso le conseguenze. Quando è presente il comportamento desiderato, viene utilizzato il rinforzo per aumentare le probabilità che il comportamento si ripresenti. Questa tattica viene solitamente eseguita tramite una ricompensa o un elogio. Quando viene presentato un comportamento indesiderato, la punizione viene utilizzata per aumentare le probabilità che il comportamento non si ripeta. Il condizionamento operante è una modalità psicologica molto popolare utilizzata nella genitorialità.

CHE COSA C'È DA SAPERE SUL PROCESSO DI CONDIZIONAMENTO

Uno degli esperimenti più famosi che coinvolgono il condizionamento classico è stato l'esperimento di Ivan Pavlov con alcuni cani. In questo esperimento, Pavlov ha dimostrato che il condizionamento ha successo attraverso l'associazione. La base dell'esperimento sul cane di Pavlov era associare il cibo, che avvia naturalmente una risposta salivare, con un campanello e poi un camice da laboratorio. Ai cani è stato insegnato ad associare sia il suono della campana che un camice da laboratorio con l'alimentazione.

La prima parte del condizionamento consiste nello stabilire una risposta e quindi rafforzare quella risposta. Molti fattori possono influenzare questo processo, inclusa la prominenza e la tempistica dello stimolo. Se la prominenza dello stimolo o della tempistica non è proprio così, il condizionamento non può verificarsi. Il condizionamento si ottiene anche solo se la presentazione dello stimolo è sempre coerente.

La coerenza può diventare un grosso problema con il condizionamento comportamentale. Il condizionamento operante è più pesantemente influenzato dalla coerenza perché la ricompensa o la punizione deve essere presentata con ogni istanza del comportamento condizionato. Senza questa coerenza, la risposta condizionata non può essere appresa. Le associazioni possono scomparire, noto anche come estinzione quando il condizionamento non è coerente. Se un comportamento è stato condizionato per un lungo periodo, tuttavia, l'estinzione del comportamento avverrà più lentamente.

Un modo per rimanere coerenti nel proprio condizionamento è eseguire un programma di rinforzo. Ciò significa che ogni volta che viene presentato un comportamento desiderabile, il rinforzo avverrà, di solito attraverso la ricompensa. Per essere coerenti nel rinforzo, le ricompense devono essere continue. Man mano che i comportamenti vengono instillati, tuttavia, il rinforzo può diventare solo parziale. L'uso del rinforzo parziale significa che il comportamento non è sempre premiato o può essere ricompensato dopo un periodo. Questo programma consente al comportamento di continuare senza un rinforzo immediato.

TECNICHE TERAPEUTICHE DI PSICOLOGIA COMPORTAMENTALE

La psicologia comportamentale è usata oggi per aiutare a curare i bambini con autismo e altri ritardi nello sviluppo. L'analisi del comportamento può essere utilizzata per aiutare questi pazienti ad acquisire e rafforzare nuove abilità. Le tecniche utilizzate con questi tipi di terapie includono la modellatura e il concatenamento. Attraverso questi processi, i bambini con disabilità cognitive o dello sviluppo possono essere ricompensati per essere vicini al comportamento desiderato. I processi possono anche essere suddivisi in semplici passaggi collegati tra loro per comprendere meglio i compiti dei bambini con autismo.

Terapia dell'avversione, desensibilizzazione sistematica, modellazione e gestione delle contingenze sono altre tecniche di terapia comportamentale spesso utilizzate per condizionare determinati comportamenti.

Terapia dell'avversione: i comportamenti indesiderati sono associati allo stimolo avversivo in questa tecnica terapeutica che riduce i comportamenti indesiderati. Questo tipo di terapia può essere utilizzato con dipendenze come l'alcolismo. Viene assunto un farmaco che fa ammalare gravemente l'alcolista non appena beve. Ciò condiziona il paziente a non voler più bere perché si aspetta un risultato spiacevole ogni volta che cerca di farlo. Questa tecnica di terapia può essere utilizzata anche per interrompere altre abitudini come mangiarsi le unghie. Se quando ti mangi le unghie, l'esperienza diventa ogni volta sgradevole, alla fine chi si morde le unghie smetterà di farlo.

Desensibilizzazione sistematica: questo tipo di terapia viene spesso utilizzato per trattare le fobie. Un paziente scriverà le proprie paure e il terapeuta insegnerà all'individuo come rilassarsi mentre si trova di fronte a quella paura. John Watson è stato in grado di utilizzare questa tecnica per creare paura, mentre Mary Cover Jones in seguito l'ha usata per cancellare la paura. I pazienti si concentrano sull'imparare a regolare le proprie emozioni e rilassarsi per ridurre la risposta alla paura.

Modellazione: i comportamenti vengono appresi attraverso l'osservazione quando si utilizza la modellazione. Albert Bandura ha dimostrato che la modellazione è un modo significativo di apprendere i comportamenti durante l'infanzia. Il suo esperimento con le bambole ha sviluppato la teoria dell'apprendimento sociale. Tuttavia, questa teoria non utilizza ricompense o punizioni e si basa sull'osservazione dell'ambiente per modellare il comportamento.

Gestione delle emergenze: terapeuta, insegnanti e datori di lavoro utilizzano spesso la tecnica della gestione delle emergenze per modellare il comportamento. Utilizzando questo metodo, la figura dell'autorità redige un contratto tra sé e l'altra persona che descrive i comportamenti desiderati e gli obiettivi che la figura dell'autorità si aspetta. Questi tipi di accordi spingono l'altra parte a conformarsi a quelle aspettative perché sono le regole. Questo delinea anche esattamente quali saranno le ricompense e le conseguenze come ottenere un aumento o ottenere una sospensione.

DISTURBI PSICHIATRICI TRATTATI CON PSICOLOGIA COMPORTAMENTALE

Anche se stiamo approfondendo I vari rami, è importante notare che la terapia comportamentale è molto efficace nel trattamento dei disturbi psichiatrici che causano problemi di comportamento come disturbi di panico, disturbi ossessivo-compulsivi e fobie. Ci sono anche disturbi psichiatrici che la psicologia comportamentale non è efficace per il trattamento come la schizofrenia e la depressione clinica.

Per molti disturbi, la terapia comportamentale può essere un ottimo strumento per imparare come affrontare alcune delle risposte che derivano dalle condizioni. Tuttavia, la terapia comportamentale è spesso accompagnata da farmaci e altre terapie per il trattamento di gravi disturbi psichiatrici.

Disturbo di panico - Il disturbo di panico non è la stessa cosa del suddetto d'ansia, anche se spesso viene diagnosticato erroneamente come tale. Con il disturbo di panico, i pazienti sperimentano attacchi di panico casuali che inducono la persona a temere costantemente. Gli attacchi di panico possono verificarsi durante il sonno o la veglia e in genere iniziano in età adulta, sebbene i bambini possano anche soffrirne.

Disturbo ossessivo compulsivo - Il disturbo ossessivo-compulsivo, noto anche come DOC, è un disturbo d'ansia che causa pensieri, idee o ossessioni ricorrenti che si traducono in comportamenti ripetitivi. Le compulsioni comuni sono lavarsi le mani, contare, toccare oggetti o controllare le serrature. Questi comportamenti possono sconvolgere notevolmente la vita dei pazienti e delle persone che li circondano. Il disturbo ossessivo compulsivo inizia nella prima età adulta con sintomi che si presentano generalmente intorno ai 19 anni di età.

Fobia - Le paure estreme e irrazionali di oggetti o situazioni specifiche sono definite fobie. Un altro tipo di disturbo d'ansia, le fobie sono risposte emotive apprese a uno stimolo che sono state trasferite ad altre situazioni. Un esempio potrebbe essere che le persone con intense paure dell'acqua potrebbero aver avuto un'esperienza di annegamento da bambini. Questi traumi del passato vengono generalmente repressi.

In questo libro ci occuperemo su come analizzare approfonditamente le persone, togliendo ogni dubbio alla tematica e approfondire i lati più nascosti.

Vi auguriamo una buona lettura!

CAPITOLO 1: ANALISI DEL COMPORTAMENTO: I TRATTI DISTINTIVI

Nella ricerca scientifica, il comportamento umano è una complessa interazione di tre componenti: azioni, cognizione ed emozioni. Affrontiamoli uno per uno.

LE AZIONI SONO COMPORTAMENTO

Un'azione denota tutto ciò che può essere osservato, ad occhi nudi o misurato da sensori fisiologici. Pensa a un'azione come un'iniziazione o una transizione da uno stato a un altro: sul set di un film, il regista grida "azione" per la scena successiva da filmare.

Le azioni comportamentali possono avvenire su varie scale temporali, che vanno dall'attivazione muscolare all'attività delle ghiandole sudoripare, al consumo di cibo o al sonno.

LE COGNIZIONI SONO COMPORTAMENTO

Le cognizioni descrivono i pensieri e le immagini mentali che porti con te e possono essere sia verbali che non verbali. "Devo ricordarmi di fare la spesa" o "Sarei curioso di sapere cosa pensa di me", possono essere considerate cognizioni verbali. Al contrario, immaginare come sarà la tua casa dopo la ristrutturazione potrebbe essere considerata una cognizione non verbale.

Le cognizioni comprendono abilità e conoscenze: saper usare gli strumenti in modo significativo o cantare canzoni per il karaoke ad esempio.

LE EMOZIONI SONO COMPORTAMENTO

Comunemente, un'emozione è qualsiasi esperienza conscia relativamente breve caratterizzata da un'intensa attività mentale e una sensazione che non è caratterizzata come risultante dal ragionamento o dalla conoscenza. Questo di solito esiste su una scala, da positivo (piacevole) a negativo (spiacevole).

Altri aspetti della fisiologia che sono indicativi dell'elaborazione emotiva, come l'aumento della frequenza cardiaca o la frequenza respiratoria causata da un aumento dell'eccitazione, sono solitamente nascosti all'occhio. Analogamente alle cognizioni, le emozioni non possono essere osservate direttamente. Possono essere dedotti solo indirettamente monitorando l'attività elettromiografica facciale (fEMG), analizzando le espressioni facciali, monitorando l'eccitazione utilizzando l'ECG, la risposta galvanica della pelle (GSR) , i sensori di respirazione o le misure auto-riferite, per esempio.

TUTTO È CONNESSO

Azioni, cognizioni ed emozioni non funzionano indipendentemente l'una dall'altra: la loro corretta interazione ti consente di percepire il mondo intorno a te, ascoltare i tuoi desideri interiori e rispondere in modo appropriato alle persone che ti circondano. Tuttavia, è difficile dire cosa sia esattamente causa ed effetto: girare la testa (azione) e vedere un volto familiare potrebbe causare un'improvvisa esplosione di gioia (emozione) accompagnata da una realizzazione interna (cognizione):

Azione = emozione (gioia) + cognizione

In altri casi, la sequenza di causa ed effetto potrebbe essere invertita: poiché sei triste (emozione) e rimugini su questioni relazionali (cognizione), decidi di fare una passeggiata per schiarirti le idee (azione).

Emozione (tristezza) + cognizione ("dovrei andare a fare una passeggiata") = azione

GLI ESSERI UMANI SONO CONSUMATORI ATTIVI DI IMPRESSIONI SENSORIALI

Muovi attivamente il tuo corpo per raggiungere obiettivi e desideri cognitivi o per entrare in stati emotivi positivi (o negativi). In altre parole: sebbene la cognizione e l'emozione non possano essere osservate direttamente, certamente guidano l'esecuzione di un'azione osservabile. Ad esempio, muovendo il corpo per raggiungere obiettivi e desideri cognitivi o per entrare in stati emotivi positivi (o per uscire da quelli negativi).

LE COGNIZIONI SONO SPECIFICHE DEL TEMPO E DELLE SITUAZIONI

Il primo è importante in quanto devi accoppiare dinamicamente le risposte agli stimoli, a seconda delle intenzioni e delle istruzioni. Ciò ti consente di rispondere a uno stesso stimolo in modi pressoché illimitati. La stabilità, al contrario, è fondamentale per mantenere relazioni stimolo-risposta durature, consentendo di rispondere in modo coerente a stimoli simili.

L'IMMAGINAZIONE E LA COGNIZIONE ASTRATTA SONO BASATE SUL CORPO

Anche le cognizioni astratte (prive di interazione fisica diretta con l'ambiente) sono basate sul corpo. Immaginare i movimenti degli arti innesca le stesse aree cerebrali coinvolte durante l'esecuzione effettiva dei movimenti. Quando provi il materiale nella memoria di lavoro, vengono attivate le stesse strutture cerebrali utilizzate per la percezione e la produzione del linguaggio.

APPRENDIMENTO E COMPORTAMENTO

Quando parliamo di comportamento, dobbiamo considerare come viene acquisito. L'apprendimento denota qualsiasi processo di acquisizione di nuove abilità e conoscenze, preferenze, atteggiamenti e valutazioni, regole sociali e considerazioni normative.

Avrai sicuramente sentito parlare del dibattito "natura - nutrimento" - in passato, ci sono state alcune controversie sul fatto che il comportamento fosse guidato esclusivamente da predisposizioni genetiche (natura) o da fattori ambientali (nutrimento).

Oggi non è più una questione problematica. Ci sono semplicemente troppe prove per l'impatto della natura e dell'educazione allo stesso modo - il comportamento è considerato stabilito dall'interazione di entrambi i fattori.

Gli attuali quadri teorici sottolineano anche il ruolo attivo dell'agente nell'acquisizione di nuove abilità e conoscenze. Sei in grado di sviluppare e cambiare te stesso attraverso l'acquisizione di abilità in corso per tutta la vita, che può avere un impatto a livello neurologico. Pensalo come un'assegnazione di processi neuroscientifici alla frase "la pratica rende perfetti".

CONDIZIONAMENTO CLASSICO

Il condizionamento classico si riferisce a una procedura di apprendimento in cui vengono appresi gli abbinamenti stimolo-risposta: vedere cibo gustoso in genere provoca la salivazione (buonissimo!), Per esempio. Mentre il cibo funge da stimolo incondizionato, la salivazione è la risposta incondizionata.

Stimolo incondizionato -> risposta incondizionata

Vedere cibo -> salivazione

Se l'incontro con il cibo è costantemente accompagnato da uno stimolo (precedentemente) neutro come suonare un campanello, viene appreso un nuovo abbinamento stimolo-risposta.

stimolo incondizionato + stimolo condizionato -> risposta incondizionata

Vedere il cibo + sentire il campanello -> salivazione

La campana diventa uno stimolo condizionato ed è abbastanza potente da innescare la salivazione anche in assenza del cibo vero e proprio.

Stimolo condizionato -> risposta

Udire campanello -> salivazione

Descritto come generalizzazione, questo processo di apprendimento è stato studiato per la prima volta, come accennavamo prima, da Ivan Pavlov e dal team (1927) attraverso esperimenti con i cani, motivo per cui il condizionamento classico viene anche definito condizionamento pavloviano.

Queste teorie dell'apprendimento forniscono una guida per sapere come raccogliamo informazioni sul mondo. Il modo in cui apprendiamo viene valutato sia emotivamente che fisiologicamente. Ciò avrà conseguenze sul modo in cui agiamo e ci comportiamo in futuro, su cosa ci occupiamo e su come ci fa sentire.

DECISIONI E COMPORTAMENTO

Mentre il comportamento viene acquisito attraverso l'apprendimento, se l'individuo che agisce decide di eseguire un'azione o di trattenere un determinato comportamento dipende dagli incentivi, benefici e rischi associati ("se Peter è stato penalizzato per averlo fatto, di certo non lo farò!").

Ma quali sono i fattori che guidano le nostre decisioni? Teorie come la teoria dell'apprendimento sociale forniscono una serie di caratteristiche di base, ma una delle teorie psicologiche più influenti sul processo decisionale in realtà ha le sue origini in una rivista di economia.

Nel 1979, Daniel Kahneman e Amos Tversky pubblicarono un articolo che proponeva un quadro teorico chiamato Prospect Theory. Questo ha gettato le basi per i pensieri e gli studi successivi di Kahneman sul comportamento umano, che sono stati riassunti nel suo libro bestseller "Thinking, Fast and Slow".

SISTEMA 1 E SISTEMA 2

Le teorie di Kahneman riguardavano anche il modo in cui le persone elaborano le informazioni. Ha suggerito che ci sono due sistemi che determinano il modo in cui prendiamo le decisioni: il sistema 1, che è veloce ma relativamente impreciso, e il sistema 2, che è lento ma più accurato.

La teoria suggerisce che le nostre decisioni quotidiane vengono eseguite in uno di questi due modi, dall'acquisto del caffè mattutino alle scelte di carriera. Useremo approcci diversi a seconda delle circostanze.

PROCESSO DECISIONALE ED EMOZIONI

Il comportamento umano e il processo decisionale sono fortemente influenzati dalle emozioni, anche in modi sottili che potremmo non sempre riconoscere. Dopo aver preso una decisione alimentata emotivamente, tendiamo a continuare a usare il ragionamento imperfetto dietro di essa, e "una lieve emozione accidentale nel processo decisionale può vivere più a lungo dell'esperienza emotiva stessa", come sottolineato da Andrade e Ariely.

Un esempio di manipolazione dell'umore che influisce sul processo decisionale è stato completato da ricercatori che volevano sapere come la disponibilità ad aiutare potrebbe essere influenzata da sentimenti positivi.

INTRODUZIONE ALLA RICERCA SUL COMPORTAMENTO UMANO

La ricerca sul comportamento umano si occupa di come e perché le persone si comportano nel modo abituale. Tuttavia, come avete visto, il comportamento umano è piuttosto complesso in quanto è influenzato, modulato e modellato da molteplici fattori che spesso non sono riconosciuti dall'individuo: palesi o occulti, logici o illogici, volontari o involontari.

Comportamento conscio vs inconscio

La coscienza è uno stato di consapevolezza per pensieri e sentimenti interni, nonché per una corretta percezione e assorbimento delle informazioni dall'ambiente circostante.

Gran parte dei nostri comportamenti sono guidati da processi inconsci. Proprio come un iceberg, c'è una grande quantità di informazioni nascoste e solo alcune di esse sono visibili ad occhio nudo.

Comportamento palese vs comportamento nascosto

Il comportamento manifesto descrive qualsiasi aspetto che può essere osservato, ad esempio i movimenti del corpo o le (inter) azioni. Inoltre, i processi fisiologici come arrossire, espressioni facciali o dilatazione della pupilla potrebbero essere impercettibili, ma possono comunque essere osservati. I processi segreti sono pensieri (cognizione), sentimenti (emozione) o risposte che non sono facilmente visibili. Ad esempio, i sottili cambiamenti nei processi corporei sono nascosti all'occhio dell'osservatore.

In questo caso, sensori biologici o fisiologici vengono utilizzati per aiutare l'osservazione con misure quantitative mentre scoprono processi che sono nascosti in primo luogo. Secondo questa definizione, EEG, MEG, fMRI e fNIRS monitorano tutti i processi fisiologici che riflettono il comportamento nascosto.

Comportamento razionale vs irrazionale

Il comportamento razionale può essere considerato qualsiasi azione, emozione o cognizione pertinente, influenzata o guidata dalla ragione. Al contrario, il comportamento irrazionale descrive azioni che non sono oggettivamente logiche.

I pazienti che soffrono di fobie spesso riferiscono di essere irrazionali nella consapevolezza dei loro pensieri e paure ("So che il ragno non può farmi del male"), anche se non riescono ancora a resistere all'impulso di comportarsi in un certo modo.

Comportamento volontario e involontario

Le azioni volontarie sono autodeterminate e guidate dai tuoi desideri e decisioni. Al contrario, le azioni involontarie descrivono qualsiasi azione compiuta senza intenzione o eseguita nonostante un tentativo di prevenirla. Nella psicoterapia cognitivo-comportamentale, ad esempio, i pazienti sono esposti a scenari problematici, denominati anche allagamenti, come ragni, esibizioni sociali o un viaggio in aereo transatlantico.

Molti dei nostri comportamenti sembrano essere volontari, razionali, evidenti e consapevoli, ma rappresentano solo la punta dell'iceberg per il normale comportamento umano. La maggior parte delle nostre azioni sono involontarie, potenzialmente irrazionali e sono guidate dal nostro subconscio. Il modo per accedere a questo altro aspetto del comportamento è esaminare i comportamenti nascosti che si verificano di conseguenza.

MISURARE IL COMPORTAMENTO UMANO

Al fine di descrivere e interpretare il comportamento umano, i ricercatori accademici e commerciali hanno sviluppato tecniche complesse che consentono la raccolta di dati indicativi di tratti di personalità, stati cognitivo-affettivi e strategie di problem solving.

Nelle configurazioni sperimentali, è possibile chiarire ipotesi specifiche sulle relazioni stimolo-risposta. In generale, le tecniche di ricerca impiegate dagli scienziati possono essere classificate in procedure qualitative e quantitative.

Gli studi qualitativi raccolgono approfondimenti non numerici, ad esempio analizzando le voci del diario, utilizzando questionari aperti, interviste o osservazioni non strutturate. Gli studi qualitativi sul campo / sull'usabilità, ad esempio, mirano a capire come gli intervistati vedono il mondo e perché reagiscono in un modo specifico piuttosto che contare le risposte e analizzare statisticamente i dati.

Gli studi quantitativi caratterizzano le tecniche statistiche, matematiche o computazionali utilizzando numeri per descrivere e classificare il comportamento umano. Esempi di tecniche quantitative includono sondaggi strutturati, test e osservazioni con schemi di codifica dedicati. Inoltre, le misurazioni fisiologiche da EEG, EMG, ECG, GSR e altri sensori producono un output quantitativo, consentendo ai ricercatori di tradurre le osservazioni comportamentali in numeri discreti e output statistici.

OSSERVAZIONE COMPORTAMENTALE

L'osservazione comportamentale è uno degli strumenti più antichi per la ricerca psicologica sul comportamento umano. I ricercatori visitano le persone nel loro ambiente naturale (studio sul campo) o invitano individui o gruppi al laboratorio.

Le osservazioni sul campo hanno diversi vantaggi. I partecipanti sono in genere più rilassati e meno imbarazzati se osservati a casa, a scuola o sul posto di lavoro. Tutto gli è familiare, consentendo un'osservazione relativamente non filtrata del comportamento che è incorporato nell'ambiente naturale dell'individuo o del gruppo di interesse.

Tuttavia, c'è sempre il rischio di distrazioni. Le osservazioni sul campo sono un punto di partenza ideale per qualsiasi studio di ricerca comportamentale. Stare seduti e guardare le persone offre un'enorme quantità di intuizioni se sei in grado di concentrarti su una domanda o un aspetto specifico del comportamento.

L'osservazione in laboratorio, al contrario, consente un controllo molto più sperimentale. Puoi escludere qualsiasi aspetto indesiderato e bandire completamente gli smartphone, controllare la disposizione della stanza e assicurarti di avere tutto preparato per condizioni di registrazione ottimali (condizioni di illuminazione corrette, garantendo un ambiente silenzioso e così via).

È possibile creare ambienti di laboratorio quasi realistici, ad esempio costruendo un tipico soggiorno di famiglia, uno spazio ufficio o una zona creativa, per far sentire gli intervistati a proprio agio e facilitare un comportamento più naturale.

SONDAGGI E QUESTIONARI

I sondaggi e i questionari sono uno strumento eccellente per catturare comportamenti e abilità auto-riferiti, stati mentali o emotivi o profili di personalità dei tuoi intervistati. Tuttavia, i questionari sono sempre solo istantanee momentanee e catturano solo alcuni aspetti del comportamento, dei pensieri e delle emozioni di una persona.

Sondaggi e questionari misurano in genere ciò che Kahneman descriverebbe come processi del sistema 2: pensieri che vengono eseguiti lentamente e deliberatamente. I processi del Sistema 1 - pensieri veloci e automatici - possono essere misurati con altri metodi che rilevano rapidi cambiamenti fisiologici.

FOCUS GROUP

Nella ricerca di mercato, i focus group consistono tipicamente in un piccolo numero d'intervistati (circa 4-15) riuniti con un moderatore per concentrarsi su convinzioni e atteggiamenti verso un prodotto, servizio, concetto, pubblicità, idea o confezione. I focus group sono strumenti qualitativi poiché il loro obiettivo è discutere in gruppo invece di giungere a conclusioni individuali.

Quali sono i vantaggi di un prodotto, quali sono gli svantaggi, dove potrebbe essere ottimizzato, quali sono le popolazioni target ideali? Tutte queste domande possono essere affrontate in un focus group.

OLTRE I SONDAGGI E I FOCUS GROUP

Mentre sondaggi e focus group possono essere strumentali nella comprensione dei nostri pensieri ed emozioni coscienti, c'è di più nel comportamento umano di quanto sembri. La mente subconscia determina come viene eseguito il nostro comportamento, e solo una piccola parte di questo è accessibile dalle metodologie tradizionali - utilizzando sondaggi e focus group.

Come hanno affermato alcuni ricercatori, fino al 90% delle nostre azioni sono guidate dal subconscio. Mentre l'altro 10% è importante, è chiaro che c'è molto da guadagnare sondando oltre quanto testato con i metodi tradizionali.

Gli approcci moderni mirano a esplorare il territorio nascosto e inesplorato del subconscio, misurando output affidabili che forniscono informazioni più approfondite su ciò che qualcuno sta realmente pensando.

BIOSENSORI

Oltre a osservare il comportamento manifesto, puoi utilizzare biosensori e dispositivi di misurazione per capire come interagiscono mente, cervello e corpo.

I biosensori danno accesso a processi altrimenti nascosti. Questi processi solitamente nascosti (almeno a un osservatore) possono fornire indicazioni sui processi di pensiero che Daniel Kahneman descriverebbe come appartenenti al Sistema 1 - reazioni rapide e in gran parte guidate dalle emozioni. Queste reazioni sono processi rapidi che sono alla base di gran parte del nostro processo decisionale e del nostro comportamento risultante.

TRACCIAMENTO OCULARE

Offre incredibili intuizioni sull'attenzione visiva al di là di qualsiasi altro metodo sperimentale. Sebbene il tracciamento oculare sia comunemente utilizzato per monitorare dove dirigiamo i nostri movimenti in un determinato momento, traccia anche la dilatazione della pupilla.

ELETTROENCEFALOGRAFIA (EEG)

È una tecnica di neuroimaging che misura l'attività elettrica generata dal cervello dalla superficie del cuoio capelluto utilizzando sensori (elettrodi) e sistemi di amplificazione. È ideale per valutare l'attività cerebrale associata alla percezione, alla cognizione e ai processi emotivi.

Tra tutti i biosensori, l'EEG ha la più alta risoluzione temporale, rivelando così approfondimenti sostanziali sulle dinamiche cerebrali sub-secondarie d'impegno, motivazione, frustrazione, carico di lavoro cognitivo e ulteriori metriche associate all'elaborazione dello stimolo, alla preparazione dell'azione e all'esecuzione.

SPETTROSCOPIA FUNZIONALE DEL VICINO INFRAROSSO (FNIRS)

FNIRS registra la diffusione della luce nel vicino infrarosso da parte del cranio umano, del cuoio capelluto e del tessuto cerebrale, consentendo ai ricercatori di monitorare il flusso sanguigno cerebrale in specifiche regioni del cervello. Sebbene fNIRS sia una tecnologia relativamente nuova, ha già dimostrato di essere uno strumento molto promettente nella ricerca sul comportamento umano.

RISONANZA MAGNETICA PER IMMAGINI (MRI)

Ogni volta che desideri eseguire l'imaging cerebrale con un'eccellente risoluzione spaziale, **la risonanza magnetica (MRI)** è il metodo di scelta. La risonanza magnetica può essere utilizzata per generare scansioni strutturali di elevata precisione spaziale, che rappresentano un rendering 3D accurato e altamente preciso del cervello dell'intervistato.

Per esaminare i cambiamenti dinamici nel cervello, è possibile utilizzare la **risonanza magnetica funzionale (fMRI)** . Lo scanner utilizza campi magnetici e radiofrequenze per misurare i cambiamenti nel flusso sanguigno ossigenato e deossigenato in specifiche regioni del cervello, che possono quindi essere correlati ai processi cognitivi.

ATTIVITÀ ELETTRODERMICA (EDA)

L'EDA, noto anche come risposta galvanica della pelle (GSR), riflette la quantità di secrezione di sudore dalle ghiandole sudoripare nella nostra pelle. L'aumento della sudorazione si traduce in una maggiore conduttività della pelle. Quando esposti a stimoli emotivi, "sudiamo emotivamente", in particolare sulla fronte, sulle mani e sui piedi. Proprio come la dilatazione della pupilla, la conduttanza della pelle è controllata inconsciamente, offrendo quindi enormi intuizioni sull'eccitazione emotiva non filtrata e imparziale di una persona.

ESPRESSIONI FACCIALI

Poiché le espressioni facciali sono legate alle nostre emozioni interiori e le nostre emozioni governano gran parte del nostro comportamento, lo studio delle espressioni facciali fornisce una panoramica delle ragioni delle nostre azioni.

L'analisi dell'espressione facciale è un metodo non intrusivo che valuta la posizione e l'orientamento della testa, le microespressioni (come il sollevamento delle sopracciglia o l'apertura della bocca) e le espressioni facciali globali delle emozioni di base (gioia, rabbia, sorpresa, ecc.) utilizzando una webcam posta davanti al convenuto. I dati facciali sono estremamente utili per convalidare le metriche di coinvolgimento, carico di lavoro o sonnolenza.

ELETTROMIOGRAFICO (EMG)

I sensori **elettromiografici (EMG)** monitorano l'energia elettrica generata dai movimenti corporei del viso, delle mani o delle dita, ecc. È possibile utilizzare l'EMG per monitorare le risposte muscolari a qualsiasi tipo di materiale di stimolo per estrarre anche i modelli di attivazione sottili associati a mani / dita controllate consapevolmente e movimenti (riflesso di trasalimento). Inoltre, l'**EMG facciale** può essere utilizzato per tracciare sorrisi e cipiglio al fine di inferire la propria valenza emotiva.

Electorcardiography (EEG)

Monitora la frequenza cardiaca, o il polso, dagli elettrodi **dell'elettrocardiografia (ECG)** o dai **sensori ottici (fotopletismogramma; PPG)** per ottenere informazioni sullo stato fisico, sull'ansia e sui livelli di stress (eccitazione) degli intervistati e su come i cambiamenti nello stato fisiologico sono correlati alle loro azioni e decisioni.

Mentre i metodi di biosensore e imaging offrono un accesso senza precedenti ai pensieri, ai sentimenti e alle emozioni di un individuo, il modo migliore per comprendere qualcuno nella sua interezza è integrare le misurazioni con metodi più tradizionali, come sondaggi e focus group.

Combinando le misure, siamo in grado di interpretare entrambe le parti di ciò che Kahneman ha descritto come Sistema 1 e Sistema 2: sia decisioni rapide, guidate emotivamente, sia decisioni lente e deliberate. L'utilizzo delle intuizioni offerte da entrambi i percorsi di indagine offre una visione completa dei pensieri e dei comportamenti che un individuo possiede.

Metriche del comportamento umano

Le metriche derivano dall'osservazione o dai dati dei sensori e riflettono i processi cognitivo-affettivi alla base delle azioni palesi e segrete. In genere, vengono estratti utilizzando tecniche e statistiche di pre-elaborazione del segnale basate su computer. Di seguito descriveremo le metriche più importanti nella ricerca sul comportamento umano.

VALENZA EMOTIVA

Uno degli aspetti più indicativi dell'elaborazione emotiva è il tuo viso. Le espressioni facciali possono essere monitorate utilizzando sensori di elettromiografia facciale (fEMG) posizionati su alcuni muscoli facciali o procedure di analisi basate su video. Una tecnica di osservazione manuale molto perfezionata è il Facial Action Coding System (FACS) progettato principalmente da Paul Ekman. Programmatori qualificati e software sofisticati possono valutare la quantità di attivazione di Action Unit (AU) modulari, che rappresentano espressioni facciali molto brevi e sottili che durano fino a mezzo secondo.

Sulla base dei cambiamenti sub-millisecondi nei modelli di attivazione muscolare o cambiamenti nelle caratteristiche facciali globali (alzare un sopracciglio, aggrottare la fronte, sollevare gli angoli della bocca), i ricercatori comportamentali deducono stati emotivi universali come gioia, rabbia, sorpresa, paura, disprezzo, disgusto, tristezza o confusione.

ECCITAZIONE EMOTIVA

Mentre le espressioni facciali possono fornire informazioni sulla direzione generale di una risposta emotiva (positiva - negativa), non possono dire l'intensità dell'emozione provata come descritta per mezzo dell'eccitazione. L'eccitazione si riferisce allo stato fisiologico e psicologico della risposta agli stimoli ed è rilevante per qualsiasi tipo di regolazione della coscienza, dell'attenzione e dell'elaborazione delle informazioni.

Si ritiene che il sistema di eccitazione umano comprenda diversi sistemi neurali diversi ma fortemente interconnessi nel tronco cerebrale e nella corteccia.

Si può pensare che l'eccitazione fisiologica e la valenza emotiva avvengano su una scala in cui entrambi interagiscono tra loro. L'intensità dell'eccitazione influenza quindi l'intensità dell'emozione. L'acquisizione di dati su entrambi questi processi può fornire ulteriori informazioni su un individuo e sul suo comportamento.

Sebbene tutti questi processi avvengano a livello microscopico e non possano essere osservati con l'occhio, l'eccitazione può essere misurata utilizzando diversi metodi psicofisiologici come tracciamento oculare, EEG, GSR, ECG, respirazione e altro.

CARICO DI LAVORO E CARICO COGNITIVO

La memoria di lavoro rappresenta il sistema cognitivo responsabile della conservazione e dell'elaborazione transitoria delle informazioni, e la ricerca cognitivo-comportamentale umana ha un particolare interesse in questo aspetto per il suo ruolo cruciale nel processo decisionale.

La quantità totale di sforzo mentale utilizzato nella memoria di lavoro viene generalmente definita carico cognitivo.

PERCEZIONE E ATTENZIONE

Gli stimoli "saltano fuori" e suscitano il nostro interesse? Guardiamo un filmato o una pubblicità perché è visivamente accattivante? Per gli scienziati cognitivo-comportamentali è molto importante determinare il livello di salienza degli stimoli e se cattura o meno la nostra attenzione. Il rilevamento della salienza è considerato un meccanismo attenzionale chiave che facilita l'apprendimento e la sopravvivenza.

MOTIVAZIONE E COINVOLGIMENTO

Un altro parametro rilevante per gli scienziati cognitivo-comportamentali è la motivazione, a volte indicata come motivazione all'azione. Descrive la spinta ad avvicinarsi / evitare azioni, oggetti e stimoli.

Il comportamento di acquisto è principalmente guidato dal coinvolgimento e dalla motivazione sottostante all'acquisto di un prodotto, quindi sarebbe utile dedurre la propria motivazione già durante l'esposizione iniziale con un articolo. Gli esperimenti EEG hanno fornito prove esaurienti per certi modelli di attivazione cerebrale che riflettono stati motivazionali aumentati o diminuiti.

Oltre all'EEG, il livello di attenzione può essere determinato sulla base del tracciamento oculare, sia in ambienti di laboratorio che in ambienti del mondo reale. Gli eye tracker remoti sono montati davanti allo schermo di un computer o di una TV e registrano la posizione dello sguardo degli intervistati sullo schermo.

Gli occhiali per il monitoraggio degli occhi sono la scelta ottimale per monitorare i cambiamenti dell'attenzione in soggetti in movimento, consentendo di estrarre misure di attenzione in ambienti del mondo reale come gli acquisti in negozio o gli scenari in test su pacchi.

CAMPI DI APPLICAZIONE

Neuroscienze dei consumatori e neuromarketing

Non ci sono dubbi: valutare le preferenze dei consumatori e fornire una comunicazione persuasiva sono elementi critici nel marketing. Sebbene le auto-segnalazioni e i questionari possano essere strumenti ideali per ottenere informazioni sugli atteggiamenti e la consapevolezza degli intervistati, potrebbero essere limitati nel catturare risposte emotive imparziali dall'autoconsapevolezza e dalla desiderabilità sociale.

Poiché solo gran parte del nostro comportamento palese e consapevole viene catturato da metodi tradizionali come sondaggi e focus group, i biosensori offrono un modo per colmare questa lacuna.

Ricerca psicologica

Gli psicologi analizzano come rispondiamo emotivamente a stimoli esterni e interni, come pensiamo a noi stessi e agli altri e come ci comportiamo. Negli studi sistematici, i ricercatori possono misurare e variare le proprietà dello stimolo (colore, forma, durata della presentazione) e le aspettative sociali al fine di valutare come le caratteristiche della personalità e le storie di apprendimento individuali influiscono sull'elaborazione emotiva, cognitiva e percettiva.

Test sui media e pubblicità

Nella ricerca sui media, i singoli intervistati o i focus group possono essere esposti a pubblicità televisive, trailer e progetti pilota a figura intera mentre monitorano le loro risposte comportamentali, ad esempio utilizzando l'analisi dell'espressione facciale. Identificare le scene in cui ci si aspettavano risposte emotive ma che il pubblico non ha "capito" è fondamentale per affinare l'attrattiva del programma televisivo.

Interfaccia utente del software e progettazione di siti Web

Idealmente, la gestione del software e la navigazione nei siti Web dovrebbero essere un'esperienza piacevole: i livelli di frustrazione e confusione dovrebbero certamente essere mantenuti i più bassi possibile. Il monitoraggio del comportamento degli utenti, ad esempio in base allo scorrimento o al rapporto di clic, nonché alle espressioni facciali, mentre i tester navigano su siti Web o finestre di dialogo, i software possono fornire informazioni sulla soddisfazione emotiva del gruppo target desiderato.

L'eye tracking è una tecnologia particolarmente utile, poiché aiuta a individuare esattamente ciò che la persona sta guardando durante la sua esperienza con il sito web. Se combinato con altre misure, fornisce una panoramica di ciò che ha dato loro esattamente una sensazione positiva o negativa durante l'interazione.

In sintesi

Il comportamento umano è un campo di studio multiforme e dinamico, che richiede molti punti di interrogazione per produrre intuizioni. I processi di apprendimento gettano le basi per determinare molti dei nostri comportamenti, sebbene cambiamo costantemente in risposta al nostro ambiente. Comprendere i nostri comportamenti è un compito difficile, ma che ci stiamo avvicinando sempre di più alla realizzazione. I metodi di studio tradizionali ci hanno insegnato molte cose e ora i biosensori possono aprire la strada.

Come decifrare le emozioni dell'interlocutore

Noi uomini leggiamo le emozioni gli uni degli altri con grande entusiasmo.

Ma lo facciamo perché ci preoccupiamo, enormemente, delle intenzioni degli altri. Cosa significano e cosa significano per noi? Sono amici o nemici? Potente o sottomesso? Un potenziale compagno, o no? E così via.

La domanda che inevitabilmente segue a questa preoccupazione altamente pratica per i sentimenti degli altri, è più filosofica. Viene forse prima in quel momento in cui la risposta di qualcuno a un evento ti sorprende perché è diverso dal tuo.

Ti chiedi: "Quell'altra persona sta vivendo lo stesso evento come me?" Il che porta alla domanda più generale: "Noi umani proviamo emozioni simili o siamo tutti diversi?"

La filosofia ha dato risposte diverse nel corso degli anni, ma generalmente la conclusione è che, nel complesso, siamo incommensurabili l'uno con l'altro. È un dilemma, ma significa che la tua esperienza della partita di calcio di ieri sera è stata diversa dalla nostra. Forse ci importava più della squadra di casa, o forse non ci interessa per niente del calcio.

Facendo un ulteriore passo avanti, pensa alle singole parole. Se ti diciamo "Londra", molto probabilmente avrai un'immagine mentale della grande città inglese, ma su cosa si basa? Sei stato a Londra? Ma qualcuno che vive lì avrà inevitabilmente una risposta molto più dettagliata, ricca ed emotiva alla parola "Londra" di te o di noi. Ecco il loro pub preferito, ecco la loro solita fermata della metropolitana, qui sono stati licenziati da un lavoro, ecco dove lavorano attualmente - e ancora e ancora.

Possiamo dire che la parola "Londra" significa la stessa cosa per tutti noi?

Eppure, la neuroscienza ci sta insegnando che siamo più simili di quanto siamo diversi. Un recente lavoro sulle scansioni cerebrali, ad esempio, può leggere le emozioni umane con una precisione del 90%. I ricercatori hanno mostrato alle persone immagini di cose spiacevoli - lesioni fisiche, gruppi di odio e atti di aggressione - e hanno scoperto che le persone reagivano in modi prevedibili. Ma soprattutto, hanno reagito tutti con più o meno gli stessi schemi cerebrali.

Siamo più simili che diversi.

Allo stesso modo, il lavoro di un team di psicologi dell'Università di Princeton ha scoperto che quando un narratore e un ascoltatore si incontrano, i loro schemi cerebrali corrispondono in modo identico. Le storie prendono il sopravvento sul nostro cervello e allo stesso modo.

Le emozioni umane sono simili e gli schemi cerebrali lo dimostrano. Come ha affermato il capo ricercatore, il dott. Luke Chang, le emozioni hanno una "firma neurale" che è essenzialmente la stessa da umano a umano. Ciò suggerisce anche che i computer potrebbero imparare a riconoscere queste emozioni con elevata precisione - 90% finora.

E c'è un'ulteriore implicazione, ovvero che il tasso di precisione per i computer è molto più alto di quello che gli esseri umani possono gestire. Più alto persino di quanto gli umani possano gestire sulle *proprie emozioni.* Non siamo nemmeno molto bravi a riconoscere come ci sentiamo.

Leggere le emozioni delle altre persone, così come le nostre, è essenziale per una buona comunicazione e per parlare in pubblico. Il fatto che la ricerca dimostri che siamo più simili che diversi suggerisce che gli esseri umani possono imparare proficuamente a diventare più precisi nel leggere le emozioni e che i risultati potrebbero ripagare in comunicazioni migliori per chiunque le provi.

CAPITOLO 2: LE MICRO ESPRESSIONI DEL VOLTO: COME LEGGERLE?

Le espressioni facciali sono usate dagli esseri umani per trasmettere vari tipi di significato in vari contesti. La gamma di significati abbraccia concetti socio-emotivi di base possibilmente innati come "sorpresa" a concetti complessi e specifici della cultura come "negligenza". La gamma di contesti in cui gli esseri umani usano le espressioni facciali abbraccia le risposte agli eventi nell'ambiente a particolari costruzioni linguistiche all'interno delle lingue dei segni. In questo capitolo riassumiamo i risultati sull'uso e l'acquisizione di espressioni facciali e presentiamo un resoconto unificato della gamma di espressioni facciali utilizzate facendo riferimento a tre dimensioni su cui variano: semantica, compositiva e iconica.

Gli esseri umani percepiscono le espressioni facciali come un significato, ma da dove vengono e cosa significano esattamente? Sulla base delle osservazioni delle espressioni facciali tipicamente associate alle emozioni, Darwin ipotizzò che dovevano avere uno scopo strumentale nella storia evolutiva.

Ad esempio, sollevare le sopracciglia avrebbe potuto aiutare i nostri antenati a rispondere a eventi ambientali inaspettati allargando il campo visivo e quindi consentendo loro di vedere di più. Anche se la loro funzione strumentale potrebbe essere andata persa, l'espressione facciale rimane negli esseri umani come parte della nostra dotazione biologica e quindi alziamo ancora le sopracciglia quando accade qualcosa di sorprendente nell'ambiente, indipendentemente dal fatto che vedere di più sia di qualche valore o meno. Seguendo questa tradizione Ekman ha affermato che esistono una serie di espressioni facciali che sono innate e significano che la persona che fa quella faccia sta vivendo un'emozione; cioè, alzare le sopracciglia significa "mi sento sorpreso".

Ha anche affermato che ci sono espressioni facciali acquisite culturalmente utilizzate per modulare le espressioni emotive innate, le cosiddette regole di visualizzazione e anche altre che vengono utilizzate per la comunicazione.

Esempi di quest'ultimo tipo sono; (a) un lampo nelle sopracciglia usato per significare "ciao", (b) movimenti delle sopracciglia durante il discorso che enfatizzano certe parole. Secondo questo punto di vista, alcune espressioni facciali sono "letture" di stati emotivi interiori e il fatto che abbiano un significato per l'osservatore è incidentale, mentre altre sono utilizzate specificamente per la comunicazione e sono quindi in un certo senso intenzionalmente significative.

Tuttavia, Fridlund ha affermato che non ci sono "letture" di stati emotivi interni; piuttosto, quelle che di solito sono considerate espressioni emotive si sono evolute per comunicare intenzioni. Cioè, le sopracciglia alzate non significano "Sono sorpreso", ma potrebbero significare "È successo qualcosa; Vado a scoprire cosa. " Da questo punto di vista tutte le espressioni facciali si sono evolute per scopi comunicativi.

Gli ultimi 30 anni di ricerca linguistica dei segni hanno rivelato che ci sono espressioni facciali che sono usate insieme ai segni manuali e funzionano come caratteristiche fonologiche, morfemi e marcatori sintattici / prosodici, ad esempio le clausole condizionali che segnano il sopracciglio. Queste espressioni facciali sono di natura chiaramente comunicativa e vengono utilizzate in combinazione con altri movimenti significativi (quelli delle mani).

In sintesi, ci sono prove che le espressioni facciali significano cose che vanno da messaggi forse universali, ad esempio, "Sono sorpreso" / "È successo qualcosa!" ai significati appresi specifici della cultura; cioè, "ciao", a significati specifici della cultura che possono prendere parte a strutture composite più ampie con altri elementi significativi, cioè, il marcatore della clausola condizionale nelle lingue dei segni.

Come si spiega la gamma di significati e usi delle espressioni facciali? Seguendo Wierzbicka, sosteniamo che le espressioni facciali sono unità semiotiche (accoppiamenti forma-significato) che possono essere analizzate con la stessa metodologia semantica usata per analizzare le parole.

Due ulteriori assunzioni di lavoro che adottiamo da Wierzbicka sono:

(a) alcune configurazioni facciali hanno significati identificabili indipendenti dal contesto;

(b) alcune espressioni facciali hanno un significato universale che può essere interpretato senza riferimento alla cultura.

L'ipotesi (a) è avanzata anche da Dachkovsky e Sandler, sebbene per quanto ne sappiamo, limitano quest'affermazione alle espressioni facciali usate come unità prosodiche. L'assunzione (b) è condivisa da Ekman. Si noti che in generale si può sostenere con forza che alcune espressioni facciali sono innate perché sono prodotte anche da persone congenitamente cieche, ma determinare il loro significato è oggetto di maggiore controversia.

Per illustrare la controversia, discuteremo brevemente il significato di innalzamento delle sopracciglia, poiché utilizziamo questa espressione facciale come esempio. Ekman propone che signifchi "Sono sorpreso", ma adottiamo il suggerimento di Wierzbicka che significa "Voglio saperne di più (su questo)". Adottiamo l'interpretazione di Wierzbicka per i seguenti motivi: Wierzbicka sottolinea che il termine "sorpresa" non è universale, fa parte della lingua e della cultura anglo. Suggerisce invece che i significati delle espressioni facciali possono essere meglio espressi usando termini del metalinguaggio semantico natural, per i quali ha qualche evidenza di universalità. Inoltre, ci sembra che parte del significato dell'essere sorpresi sia, infatti, "voler saperne di più su questo [evento inaspettato che si è appena verificato]", quindi le due interpretazioni non sono del tutto incompatibili. Tuttavia troviamo la definizione di Wierzbicka più generale con il potere di coprire l'uso del sopracciglio in relazione all'emozione e nelle lingue dei segni, quindi è questa che adottiamo, riconoscendo che attualmente non c'è consenso sulla questione.

Per quanto riguarda le espressioni facciali in generale, proponiamo che le loro differenze e somiglianze possano essere spiegate in termini di tre dimensioni: semantica, iconica e compositiva. Queste dimensioni derivano dalla nostra prima ipotesi di lavoro; che alcune espressioni facciali sono unità semiotiche (accoppiamenti forma-significato). La dimensione semantica si riferisce alla parte di significato dell'unità semiotica, la dimensione di iconicità alla natura del rapporto tra la forma e il significato e la composizionalità al modo in cui l'unità semiotica può combinarsi con altre unità semiotiche per formare strutture semiotiche complesse.

La dimensione semantica abbraccia significati che sono universali a quelli che sono specifici della cultura. La dimensione iconica abbraccia i vari gradi in cui le espressioni facciali assomigliano al loro significato. La dimensione della composizionalità abbraccia i gradi in cui le espressioni facciali si combinano prontamente con altre unità semiotiche per formare strutture complesse. Una proposizione simile a questa è stata fatta per spiegare la gamma di movimenti della mano usati dagli esseri umani, coprendo i gesti di co-discorso di individui udenti per firmare da individui sordi.

LINGUAGGI DEI SEGNI E RUOLO DEL VISO

Le lingue dei segni sono i sistemi linguistici naturali che sorgono all'interno di una comunità e, come le lingue parlate, hanno livelli di struttura fonologici, lessicali e sintattici. I dati cognitivi e neurocognitivi forniscono la prova che le lingue segnate e parlate vengono elaborate in modo simile; per esempio, mostrano effetti di accesso lessicale simili e sono supportati da regioni cerebrali simili.

I movimenti del viso e della testa sono usati nelle lingue dei segni a tutti i livelli della struttura linguistica. A livello fonologico alcuni segni hanno una componente facciale obbligatoria nella loro forma di citazione. Le azioni facciali segnano clausole relative, domande di contenuto e condizionali, tra gli altri, sebbene vi sia qualche controversia se questi segni debbano essere considerati sintattici o prosodici Di seguito descriviamo come questi usi del viso possono essere descritti in termini di tre dimensioni; semantico, compositivo e iconico con prove dall'acquisizione dell'espressione facciale.

LA DIMENSIONE SEMANTICA

La dimensione semantica si riferisce alla parte di significato di un'unità semiotica. È stato proposto, soprattutto per i significati delle espressioni facciali, che esistano significati universali e significati specifici della cultura. Il sollevamento delle sopracciglia è considerato un'unità con un significato universale e adottiamo il suggerimento che signifíchi "Voglio saperne di più (su questo)".

Il sollevamento della fronte sembra essere utilizzato sia con che senza il linguaggio di accompagnamento. Il contesto può dargli un significato aggiuntivo oltre a "Voglio saperne di più (su questo)", tuttavia sosteniamo che anche quando più significato viene aggiunto dal contesto, mantiene sempre il suo significato universale. Ad esempio, le persone che sentono possono sollevare la fronte mentre fanno una domanda sì-no e quando si trovano di fronte a qualcosa di inaspettato nell'ambiente. In entrambi i casi mantiene ancora il significato "Voglio saperne di più (su questo)" ma nel primo caso è legato alle parole della domanda e nel secondo all'evento. Anche all'interno delle lingue dei segni, il sopracciglio viene utilizzato in diversi contesti; può contrassegnare domande sì-no e l'antecedente dei condizionali. Dachkovsky e Sandler propongono che, nonostante questi diversi contesti linguistici, il sopracciglio alto ha un significato, vale a dire "[...] la frase intermedia o intonazionale contrassegnata da [sopracciglio] deve essere seguita da un'altra frase, prodotta dall'interlocutore o un altro ". Troviamo l'interpretazione di Dachkovsky e Sandler compatibile con quella di "Voglio saperne di più (su questo)" o una formulazione simile come "più informazioni in arrivo".

LA DIMENSIONE DELL'ICONICITÀ

Usiamo il termine iconicità per indicare una somiglianza tra forma e significato. La somiglianza per sua natura è una questione di grado. Alcune espressioni facciali assomigliano ai loro significati in misura maggiore rispetto ad altre. La relazione tra la forma che solleva le sopracciglia e il significato "Voglio saperne di più (su questo)" è iconica poiché alzare le sopracciglia per vedere di più è un'icona metaforica di voler sapere di più. Anche l'avverbiale con noncuranza sembra essere iconico poiché la leggera sporgenza della lingua e l'inclinazione della testa potrebbero assomigliare al viso di una persona che si comporta con noncuranza. Non disponiamo di dati sulle espressioni facciali utilizzate da persone udenti o non udenti che siano completamente arbitrariamente correlate al loro significato; tuttavia pensiamo che ciò sia in linea di principio possibile perché molte unità semiotiche, specialmente nella lingua parlata, non sembrano mostrare alcuna somiglianza di forma-significato. Proponiamo l'occhiolino, usato in alcune culture per significare "Non sono serio", come esempio di un'azione facciale arbitrariamente correlata a un significato.

In acquisizione, poiché le espressioni universali appaiono per prime, e poiché i significati universali sembrerebbero necessariamente avere una forma motivata dal significato, quindi l'iconicità precede l'arbitrio.

LA DIMENSIONE DELLA COMPOSIZIONALITÀ

Sopra abbiamo visto che il sopracciglio può essere usato da solo o in combinazione con altre unità semiotiche come le parole, cioè è compositivo. Nelle lingue dei segni il sollevamento della fronte può essere utilizzato insieme ai segni manuali (che sono equivalenti alle parole pronunciate). Nelle lingue parlate il sopracciglio può anche essere usato insieme alle parole, tuttavia sembrano esserci maggiori restrizioni sul modo in cui il sollevamento della fronte è combinato con segni / parole. La prima grande differenza è che in alcune lingue l'aumento della fronte è obbligatorio nelle domande sì-no. La seconda differenza è che le espressioni facciali che prendono parte a strutture di segni composti sembrano essere più strettamente sincronizzate con l'inizio e la compensazione di segni / parole rispetto alle lingue parlate di altre nazioni. Sembrerebbe che ci sia un aumento delle opzioni combinatorie per le espressioni facciali quando si passa dall'uso del viso con il linguaggio parlato.

Non tutte le espressioni facciali devono apparire in strutture composite; tuttavia non siamo a conoscenza dell'esistenza di un'espressione facciale che non consenta la combinazione in tutti i casi. Ad esempio, sembra che anche espressioni facciali emblematiche che di solito stanno da sole, come il flash per sopracciglia "ciao" di cui sopra, potrebbero essere utilizzate per sostituire le parole in una frase. Tuttavia, il nostro punto è che alcune espressioni facciali sono più prontamente combinate con altre unità semiotiche rispetto ad altre, e che ci sono gradi nella regolarità delle strutture composite, cioè, la combinazione di sopracciglio con parole nelle lingue dei segni è più regolare nell'occorrenza e tempistica rispetto alle lingue parlate.

L'acquisizione della piena padronanza delle convenzioni combinatorie delle espressioni facciali nel linguaggio sembra durare almeno 7 anni. La prima combinazione di espressioni facciali con altre unità semiotiche avviene a circa 5-6mesi. Queste azioni facciali sembrano essere caratteristiche fonologiche. Questo è anche quando appare un segno manuale di negazione, ma il bambino non lo combina con lo scuotere la testa fino a 2 mesi dopo. A 2 anni compaiono i primi avverbiali facciali. A 2 anni e mezzo i bambini usano le espressioni facciali per rappresentare le emozioni degli altri e a 3 anni usano l'interruzione nel contatto visivo e la mimica degli altri per marcare il cambiamento di ruolo. È anche l'età in cui i bambini usano il segno manuale per "se", ma solo a 5 anni iniziano a usarlo con il sopracciglio sollevato e solo a 7 si avvicinano completamente alla produzione di condizionali da parte degli adulti.

In termini delle tre dimensioni proposte, quando i bambini acquisiscono le espressioni facciali, passano da concetti universali innati mappati a forme iconiche prodotte in strutture olistiche a concetti specifici della cultura, mappature convenzionali di significato di forma e strutture composite sempre più complesse.

CI SIAMO EVOLUTI BIOLOGICAMENTE PER INDOSSARE QUESTE ESPRESSIONI INDIPENDENTEMENTE DALLA CULTURA.

Le espressioni facciali umane sono uno dei modi non verbali più importanti con cui comunichiamo. Con 43 muscoli diversi, i nostri volti sono in grado di fare più di 10.000 espressioni, molte delle quali risalgono alle nostre radici primitive. Anche il nostro sorriso, dicono alcuni ricercatori, si è evoluto dal modo in cui i primati mostrano i denti per negoziare lo status sociale o per stabilire il dominio.

E mentre ogni volto ha il suo modo unico di presentare le emozioni, ci sono alcune espressioni selezionate che continuano a comparire, indipendentemente dall'età, dalla razza, dalla lingua o dalla religione di una persona. Di seguito sono riportate sette emozioni di base che sono cablate nel nostro cervello e si manifestano sui nostri volti.

Ecco una carrellata di quelle sette emozioni universali, che aspetto hanno e perché siamo biologicamente programmati per esprimerle in questo modo:

Rabbia

Movimenti facciali: sopracciglia abbassate, palpebre superiori sollevate, palpebre inferiori sollevate, margini delle labbra arrotolati, le labbra possono essere contratte.

La faccia di rabbia funziona così bene perché ogni movimento del viso fa sembrare una persona fisicamente più forte, secondo i ricercatori. Questa faccia fa capire alla minaccia che intendiamo affrontare qualsiasi situazione. È una delle nostre emozioni più potenti e mostra quanto possa essere espressivo il volto umano. Questa faccia serve da avvertimento, sia che si tratti semplicemente di intimidire o di mostrare che è iniziato un conflitto.

Paura

Movimenti facciali: sopracciglia sollevate e unite, palpebre superiori sollevate, bocca allungata.

Ogni movimento facciale basato sulla paura ci prepara per una risposta di lotta o fuga. Questa espressione facciale capitalizza il modo in cui funzionano i nostri corpi. Allargando gli occhi si apre il nostro campo visivo, lasciando entrare più luce e ci permette di vedere le minacce intorno a noi. Lo stesso si può dire per le nostre vie dell'ossigeno. Aprire le narici aumenta il nostro apporto di ossigeno e ci aiuta a prepararci a fuggire o combattere.

Disgusto

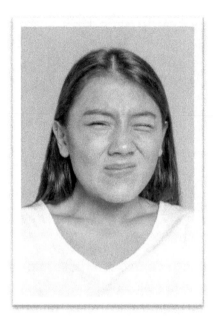

Movimenti facciali: sopracciglia abbassate, naso arricciato, labbro superiore sollevato, labbra sciolte.

La faccia disgustata non mostra solo il nostro disgusto, ma funziona anche per proteggerci. Arricciando il naso si chiude il passaggio nasale proteggendolo da fumi pericolosi e strizzare gli occhi li protegge dai danni.

Felicità

Movimenti facciali: i muscoli intorno agli occhi s'irrigidiscono, le rughe intorno agli occhi "zampe di gallina", le guance sollevate, gli angoli delle labbra sollevati in diagonale.

Nonostante la connotazione amichevole, i ricercatori ritengono che i nostri sorrisi potrebbero avere un'origine più sinistra. Molti primati mostrano i denti per affermare il loro dominio e bloccare il loro status nella loro struttura sociale. Alcuni ricercatori ritengono che sia quel segno non verbale che alla fine si è evoluto in un sorriso.

Tristezza

Movimenti facciali: angoli interni delle sopracciglia sollevate, palpebre sciolte, angoli delle labbra abbassati.

La tristezza è difficile da fingere, secondo i ricercatori. Uno dei segni rivelatori della tristezza è l'innalzamento delle sopracciglia interne, che pochissime persone possono fare su richiesta.

Sorpresa

Movimenti facciali: intero sopracciglio sollevato, palpebre sollevate, bocca aperta, pupille dilatate.

Mentre l'espressione sorpresa potrebbe durare solo uno o due secondi, i movimenti del viso - in particolare le sopracciglia sollevate - ci consentono di comprendere ciò che ci circonda, spostare la nostra attenzione su un altro evento, forse minaccioso, e reagire più rapidamente. Che si tratti di una sorpresa buona o cattiva, la reazione del viso è la stessa.

Disprezzo

Movimenti facciali: occhi neutri con l'angolo delle labbra sollevato e indietro su un lato.

Sebbene l'emozione del disprezzo possa sovrapporsi alla rabbia e alla sfiducia, l'espressione del viso è unica. È l'unica espressione che si manifesta su un solo lato del viso e può variare d'intensità. Quando è più forte, una fronte può abbassarsi mentre la palpebra inferiore e l'angolo delle labbra si sollevano sullo stesso lato. Nella sua forma più nascosta, l'angolo del labbro potrebbe sollevarsi solo brevemente.

CAPITOLO 3: SEGNALI DI MENZOGNA: COME RICONOSCERLI?

5 SEGNI RIVELATORI CHE QUALCUNO STA MENTENDO

Pensi che qualcuno ti stia gettando fumo sugli occhi? Ecco come individuare i segnali che qualcuno sta mentendo.

Ci sono bugie tra amici, insegnanti e studenti, **mariti e mogli**, avvocati e clienti, ma nessuno vuole essere scoperto.

1. Come capire se qualcuno sta mentendo dal suono della sua voce

Presta attenzione ai cambiamenti di voce come il cambiamento d'intonazione o il cracking; possono ben indicare un inganno. "Il tono della voce di una persona tende ad essere un po' più alto quando mente rispetto a quando dice la verità", afferma Mary Ann Campbell, direttrice del Center for Criminal Justice Studies e assistente professore di psicologia presso l'Università di New Brunswick a Saint John. "Non significa che stiano mentendo per certo, ma c'è una maggiore probabilità."

2. Queste parole indicano che qualcuno sta mentendo

E il materiale scritto? Ci sono segni che qualcuno stia mentendo nelle lettere, nelle e-mail e persino nei curriculum? Il professor David Skillicorn e i suoi studenti della School of Computing della Queen's University di Kingston, Ontario, hanno creato un software basato sul modello di inganno sviluppato presso l'Università del Texas ad Austin che può fiutare bugie nelle e-mail e altro materiale scritto studiando la frequenza e tipi di parole usate. Skillicorn dice che i bugiardi tendono a usare meno parole esclusive come ma, o e tranne. Tendono anche a usare parole con emozioni più negative come vergogna, turbamento e imbarazzo.

3. Gli occhi sfuggenti * non sono * sempre un segno che qualcuno sta mentendo

In una conversazione capita molto spesso che il nostro interlocutore giri gli occhi verso destra o sinistra: bene questi movimenti sono concetti subliminali di fuga. Viene usato in modo significativo quando si sta mentendo.

4. Pensi che qualcuno ti stia mentendo? Fai domande, velocemente!

È scientificamente provato che se una persona cerca di mentirti, raccoglie tempo per le informazioni e per le storie da inventare. Una soluzione efficace e colpire velocemente. Domande e quesiti molto veloci metteranno in crisi l'interlocutore, più visibilmente di quando tu possa pensare.

5. Verificare la presenza di "fughe" emotive

Si riallaccia al punto 3: quando in qualsiasi conversazione, se il soggetto si trova in ansia o divaga sui concetti esposti, dimostra con il corpo un'idea di evasione. Può farlo con la posizione delle mani, dei piedi, della testa, del busto. Ogni minimo movimento può rispecchiare e quindi comunicarti menzogne.

CAPITOLO 4: DIVERSI TIPI DI PERSONALITÀ: GLI STRUMENTI PER RICONOSCERLI

Cosa rende una persona quello che è? Ogni persona ha un'idea del proprio tipo di personalità: se è frizzante o riservata, sensibile o timida. Gli psicologi che cercano di svelare la scienza di chi siamo definiscono la personalità come differenze individuali nel modo in cui le persone tendono a pensare, sentire e comportarsi.

Ci sono molti modi per misurare la personalità, ma gli psicologi hanno per lo più rinunciato a cercare di dividere ordinatamente l'umanità in tipi. Invece, si concentrano sui tratti della personalità.

I più ampiamente accettati di questi tratti sono i Big Five:

- Apertura
- Coscienziosità
- Estroversione
- Piacevolezza
- Nevrosi

I Big Five sono stati sviluppati negli anni '70 da due gruppi di ricerca. Queste squadre erano guidate da Paul Costa e Robert R. McCrae del National Institutes of Health e Warren Norman e Lewis Goldberg dell'Università del Michigan ad Ann Arbor e dell'Università dell'Oregon.

I Big Five sono gli ingredienti che compongono la personalità di ogni individuo. Una persona potrebbe avere un pizzico di apertura, molta coscienziosità, una quantità media di estroversione, molta piacevolezza e quasi nessun nevroticismo. Oppure qualcuno potrebbe essere antipatico, nevrotico, introverso, coscienzioso e per niente aperto. Ecco cosa comporta ogni tratto:

APERTURA

L'apertura è una scorciatoia per " l'esperienza". Le persone che sono molto aperte amano l'avventura. Sono curiosi e apprezzano l'arte, l'immaginazione e le cose nuove. Il motto dell'individuo aperto potrebbe essere "La varietà è il sale della vita".

Le persone con poca apertura sono esattamente l'opposto: preferiscono attenersi alle loro abitudini, evitare nuove esperienze e probabilmente non sono i mangiatori più avventurosi. Il cambiamento della personalità è solitamente considerato un processo difficile, ma l'apertura è un tratto che ha dimostrato di essere soggetto a cambiamenti nell'età adulta. In uno studio del 2018, le persone che hanno assunto psilocibina, o "funghi magici" allucinogeni, sono diventate più aperte dopo l'esperienza. L'effetto è durato almeno un anno, suggerendo che potrebbe essere permanente.

COSCIENZIOSITÀ

Le persone coscienziose sono organizzate e hanno un forte senso del dovere. Sono affidabili, disciplinati e focalizzati sui risultati. Non troverai tipi coscienziosi che si lanciano in viaggi intorno al mondo con solo uno zaino; sono pianificatori.

Le persone con poca coscienza sono più spontanee e libere. Possono tendere alla disattenzione. La coscienziosità è una caratteristica utile da avere, poiché è stata collegata ai risultati scolastici e sul lavoro.

ESTROVERSIONE

L'estroversione contro l'introversione è forse il tratto della personalità più riconoscibile dei Big Five. Più qualcuno è un estroverso, più è bisognoso di aspetti sociali. Gli estroversi sono loquaci, socievoli e traggono energia dalla folla. Tendono ad essere assertivi e allegri nelle loro interazioni sociali.

Gli introversi, d'altra parte, hanno bisogno di molto tempo da soli, forse perché il loro cervello elabora l'interazione sociale in modo diverso. L'introversione viene spesso confusa con la timidezza, ma le due cose non sono la stessa cosa. La timidezza implica la paura delle interazioni sociali o l'incapacità di funzionare socialmente. Gli introversi possono essere perfettamente affascinanti alle feste: preferiscono solo attività da solista o in piccoli gruppi.

PIACEVOLEZZA

La gradevolezza misura l'entità del calore e della gentilezza di una persona. Più qualcuno è gradevole, più è probabile che sia fiducioso, disponibile e compassionevole. Le persone sgradevoli sono fredde e sospettose degli altri e hanno meno probabilità di collaborare.

Gli uomini che sono molto piacevoli sono giudicati ballerini migliori dalle donne, suggerendo che il movimento del corpo può segnalare la personalità. (Secondo lo stesso studio del 2018, la coscienziosità fa anche essere dei bravi ballerini.) Ma sul posto di lavoro, gli uomini antipatici guadagnano in realtà più dei ragazzi piacevoli. Le donne sgradevoli non hanno mostrato lo stesso vantaggio salariale, suggerendo che un comportamento senza fronzoli è straordinariamente vantaggioso per gli uomini.

L'invidia, che può portare le persone a essere percepite come non gradevoli, è risultato essere il tipo di personalità più comune. Le persone invidiose si sentono minacciate quando qualcun altro ha più successo di loro.

NEVROSI

Le persone ad alto contenuto di nevrosi si preoccupano frequentemente e scivolano facilmente nell'ansia e nella depressione. Se tutto va bene, le persone nevrotiche tendono a trovare cose di cui preoccuparsi. Uno studio del 2012 ha rilevato che quando le persone nevrotiche con buoni stipendi guadagnati aumentano, il reddito extra le rende effettivamente meno felici.

Al contrario, le persone che hanno un basso livello di nevroticismo tendono ad essere emotivamente stabili e equilibrate.

Non sorprende che il nevroticismo sia collegato a molti esiti negativi sulla salute. Le persone nevrotiche muoiono più giovani delle persone emotivamente stabili, forse perché si rivolgono al tabacco e all'alcol per alleviare i loro nervi.

Forse il fatto più inquietante sul nevroticismo, però, è che i parassiti possono farti sentire in quel modo. E non stiamo parlando dell'ansia naturale che potrebbe derivare dal sapere che una tenia ha creato una casa nel tuo intestino. Secondo uno studio del 2006, l'infezione non rilevata dal parassita *Toxoplasma gondii* può rendere le persone più inclini al nevroticismo.

ALTRE MISURE DELLA PERSONALITÀ

La percezione e l'intuizione si riferiscono a come le persone preferiscono raccogliere informazioni sul mondo, sia attraverso informazioni concrete (sensitive) che sensazioni emotive (intuizione). Il pensiero e il sentimento si riferiscono al modo in cui le persone prendono le decisioni. I tipi di pensiero seguono la logica, mentre i tipi di sentimenti seguono i loro cuori.

Il sistema Myers-Briggs è completato dalla dicotomia giudizio / percezione, che descrive il modo in cui le persone scelgono di interagire con il mondo. Giudicare i tipi come un'azione decisiva, mentre i tipi percepenti preferiscono le opzioni aperte. Il sistema identifica ulteriormente 16 tipi di personalità sulla base di una combinazione di quattro delle categorie, portando a descrizioni come ISTP, ENFP, ESFJ, ecc.

L'uso di Myers-Briggs è controverso, poiché la ricerca suggerisce che i tipi non si correlano bene con la soddisfazione o le abilità sul lavoro.

La personalità può cambiare?

Può essere. Uno studio ha sintetizzato 207 articoli di ricerca pubblicati e ha scoperto che la personalità può essere alterata attraverso la terapia. "Per le persone che vogliono cambiare il loro coniuge domani, cosa che molte persone vogliono fare, non nutro molte speranze per loro", ha detto il ricercatore Brent Roberts, psicologo sociale e della personalità presso l'Università dell'Illinois. Tuttavia, ha continuato, "se sei disposto a concentrarti su un aspetto di te stesso e sei disposto ad affrontarlo sistematicamente, ora c'è un maggiore ottimismo sul fatto che puoi influenzare il cambiamento in quel dominio".

Rendersi conto che aspetti della nostra personalità sono coinvolti a vari livelli ogni giorno - a casa, al lavoro e nel gioco - è una cosa. Capire come usare quella conoscenza è un altro. Ma è importante. Essere in grado di identificare i tipi di personalità può aiutarci a esercitare la nostra influenza, migliorare le relazioni, comunicare in modo più efficace e raggiungere il successo in qualunque attività sia in gioco, che si tratti di convincere i nostri figli a prendere i loro giocattoli o motivare un team di vendita a raggiungere un obiettivo elevato.

È importante che conosciamo la personalità di altre persone? Certo, perché ognuno di noi ha la sua zona di comfort e una zona di abilità in cui possiamo impegnarci. Conoscendo le nostre zone di comfort e le nostre zone di sfida, ciò che siamo in grado e non in grado di fare, possiamo guidare noi stessi. E poi, se sappiamo che lo stesso vale anche per le persone intorno a noi, possiamo anche aiutarci a guidare noi stessi.

La sinergia tra cervello e mente è una somma di forze che si modellano a vicenda e co-evolvono in una bussola che ci fornisce la direzione.

Persone di vari tipi di personalità non si limitano a fare affidamento su diverse regioni del cervello. Usano il cervello in modi fondamentalmente diversi. Cervello, contesto mentale e cultura si modellano a vicenda e si evolvono insieme. Il cavallo modella le opzioni del cavaliere, mentre il cavaliere modella le opzioni del cavallo.

Entriamo in una zona in due modi, spesso la competenza deriva dalla formazione. Un musicista professionista entra nella zona mentre suona le sue canzoni. Quando siamo veramente esperti, chiudere gli occhi e immaginare l'attività è sufficiente per farci entrare nella zona. Altre volte, i momenti di punta si riferiscono al tipo di personalità di una persona, dalla revisione del passato all'ascolto attivo, alla gestione delle crisi o all'immaginazione del futuro. In ogni caso, essere nella zona spesso ci fornisce una valanga di risultati creativi quasi impeccabili.

Arrivare a questo punto

Gli psicologi hanno esplorato la teoria del tipo di personalità da quando lo psichiatra / psicoterapeuta svizzero Carl G. Jung ha introdotto il concetto negli anni '10. Jung ha identificato quattro funzioni di base: percezione (S), intuizione (N), pensiero (T) e funzionamento (F) nel mondo esterno (estroverso) o interno (introverso). Ha usato un totale di otto processi cognitivi, espressi come una lettera maiuscola per processo (S, N, T o F), più una lettera minuscola "e" (estroverso) o "i" (introverso) per indicare l'orientamento. Quindi "Se" indica il rilevamento estroverso, dove il rilevamento si riferisce al coinvolgimento con il mondo esterno.

Negli anni '40, l'autrice americana Isabel Briggs Myers e sua madre, Katharine Cook Briggs, crearono il Myers-Briggs Type Indicator (MBTI), un test volto a rendere le teorie di Jung "comprensibili e utili" nella vita delle persone. Questa ricerca è in continua evoluzione, fornendo agli utenti informazioni aggiornate e nuove sul tipo psicologico e le sue applicazioni.

Se le persone differiscono sistematicamente in ciò che percepiscono e nel modo in cui raggiungono le conclusioni, è ragionevole che differiscano corrispondentemente nei loro interessi, reazioni, valori, motivazioni e abilità.

Sono necessari formazione e un livello di competenza per valutare e agire in modo efficace sulla base dei test di personalità. La certificazione è ovviamente il primo passo verso la conoscenza, ma anche leggendo i diversi tipi di personalità, se qualcuno non ha molta familiarità con loro, può accendere alcune lampadine.

L'approccio di Myers-Briggs può essere semplificato nei seguenti passaggi:

- Preferisci concentrarti sul mondo esterno (questo è chiamato estroversione o "E") o sul tuo mondo interiore (introversione o "io")?

- Preferisci concentrarti sulle informazioni di base che acquisisci (percezione o "S"), o preferisci interpretare e aggiungere significato (intuizione o "N")?

- Preferisci guardare prima alla logica e alla coerenza

(pensiero o "T") o prima guardare alle persone e alle circostanze speciali nel prendere decisioni (sentimento o "F")?

• Nel trattare con il mondo esterno, preferisci che le cose siano decise (giudicare o "J"), o preferisci rimanere aperto a nuove informazioni e opzioni (percepire o "P")?

I 16 tipi di personalità dell'MBTI si basano sulla combinazione di preferenze in ciascuna categoria, espresse come un codice di quattro lettere. Gli psicologi notano subito che non esiste un tipo ottimale e che l'obiettivo di conoscere il tipo di personalità è comprendere e apprezzare le differenze tra le persone. L'MBTI non misura tratti, abilità o carattere.

Mettere le cose in prospettiva

Nessuno classificherà questi tratti dei Big Five come buono o cattivo, ma piuttosto come profondamente diverso e ciascuno si adatta a modo suo ai problemi che le persone affrontano nella loro vita. Il percorso verso la consapevolezza di sé rimane l'obiettivo.

"Quindi forse ci sono due aspetti della conoscenza di noi stessi", dice Mayer. "Uno è sapere come funzionano le nostre personalità, e il primo elemento costitutivo di questo è conoscere le parti della personalità, che nel gergo di tutti i giorni sarebbero cose come timida o esuberante, estroversa o introversa, o coscienziosa o incurante. Una volta che hai quelle etichette, l'altra parte è sapere quando e come applicarle. "

La conoscenza di sé e la conoscenza delle altre persone è "un incontro della consapevolezza astratta, se vuoi, di come le personalità sono le stesse e differiscono, quindi come applicare queste etichette accuratamente a te stesso e alle altre persone", dice Mayer.

Le persone in grado di discernere come sono le reciproche personalità hanno un naturale vantaggio di adattamento.

Ed è importante notare, dicono gli esperti, che proprio come il mondo non è bianco e nero, non tutti noi siamo estroversi o introversi.

Queste esplorazioni della personalità ci consentono di essere aperti a ciò che è di valore per le altre persone e di ascoltare e comprendere le parole chiave che usano in modo da poter comunicare efficacemente con loro.

Ma lo studio della personalità è tutt'altro che un libro chiuso.

COME APPLICARE LE INFORMAZIONI SUL TIPO DI PERSONALITÀ

Estroverso Sensing (Se)

Estroversa Sensing (se) le persone danno il meglio in un ambiente stimolante con picchi sensoriali di ingresso. Quando si lavora con loro, fornire e incoraggiare il movimento, utilizzando pause produttive come riunioni a piedi e concentrarsi sulle sfide, consentendo risposte piene di risorse.

Introverted Sensing (Si)

Le persone con Introverted Sensing (Si) preferiscono ambienti a bassa distrazione e il tempo per rivedere le esperienze al fine di fondare nuovi apprendimenti. Quando lavori con loro, usa metodi passo passo per aiutarli a sviluppare abilità, con una road map per monitorare i progressi e riconoscere che potrebbero voler concentrarsi su un percorso o un obiettivo più a lungo di quanto potresti. Prestare attenzione quando si fornisce un feedback, inclusa la consapevolezza d'indizi non verbali come le espressioni facciali.

Introverted Intuiting (Ni)

Le persone Introverted Intuiting (Ni) hanno bisogno di tempo lontano dalla stimolazione esterna e dalle richieste banali per accedere a ricchi processi interni. Quando lavori con loro, renditi conto che traggono beneficio da un focus fisico o sensoriale (come usare un dito come guida durante la lettura) per rimanere concentrato e ritagliati del tempo per esplorare il futuro e le visioni di ciò che sarà, lavorando su le specifiche per realizzare quelle visioni.

Estroverso intuendo (Ne)

Estroversa intuendo (NE) la gente preferisce ingressi diversi per il brainstorming, in modo che quando si lavora con loro, permettono distrazioni sensoriali con televisione, radio e amici. Consentire ai loro obiettivi di fondersi da vari input, processi mentali e percorsi secondari piuttosto che spingere un processo lineare. Concentrati sui significati e sulle relazioni tra le idee, assicurandoti che le analogie funzionino bene. E usa un po' di umorismo, giochi di parole e giochi cognitivi simili.

Il pensiero estroverso (Te)

Il pensiero estroverso (Te) le persone usano il cervello in modo efficiente dal punto di vista energetico, contando principalmente sul vedere elementi misurabili, ascoltare parole e prendere decisioni. Preferiscono usare e rispondere a fatti e cifre e preferiscono l'uso di formati visivi / spaziali come grafici, diagrammi e griglie. Non confondere fiducia e velocità per competenza.

Pensiero introverso (Ti)

Le persone di pensiero introverso (Ti) tendono a fare affidamento su ragionamenti sofisticati e complessi che utilizzano metodi di ragionamento multipli, tra cui deduzione, categorizzazione, probabilità di ponderazione, ecc., e i loro processi di pensiero non sono direttamente collegati a input sensoriali, quindi il fare tende ad essere profondo e distaccato. Consenti tempo per chiarimenti, poiché questa persona fa e corregge gli errori, cercando di ottenere un'elevata precisione prima dell'implementazione. Fornire tecniche per aiutare a gestire dati sociali ed emotivi eccessivi, che potrebbero sopraffarli.

Sentimento estroverso (Fe)

Il sentimento estroverso (Fe) le persone prestano attenzione alle tue parole e al modo in cui potresti valutarle mentre mostrano pochissimi segni fisici esteriori di farlo. L'etica delle scelte e dei fallimenti delle persone è molto importante per loro, quindi lascia spazio per discutere considerazioni di giustizia e ingiustizia. Usa e rispondi a un linguaggio carico di valore, concentrandoti sulla scelta delle parole più che sul loro tono di voce, che può rimanere stabile anche se turbato.

Introverted Feeling (Fi)

Le persone Introverted Feeling (Fi) ascoltano attentamente, soprattutto per il tono di voce, le motivazioni, le parole che si collegano ai tuoi valori e ciò che non viene detto. Parla in modo ponderato, prenditi il tuo tempo e non avere fretta, perché dopo aver ascoltato, questa persona può sembrare sorprendentemente definitiva riguardo alle decisioni. Parla ai suoi valori, specialmente a quelli sentiti positivamente, rimanendo fedele a te stesso (nessun effetto fasullo).

CAPITOLO 5: ESERCIZI MENTALI PER ANALIZZARE LE PERSONE

La competenza in psicologia è un concetto ambiguo. Può significare davvero sapere esattamente cosa sta succedendo alle persone, o semplicemente essere aggiornati sulle scoperte di questo giovane campo, scoperte che non possono ancora dare a nessuno la capacità di sapere con precisione cosa sta succedendo alle persone (e potrebbero non farlo mai). Dobbiamo tutti leggerci nella mente degli altri, il che non è la stessa cosa che vederli *accuratamente: la* lettura implica sempre l'interpretazione. Agli psicologi dilettanti, spesso viene detto di smetterla: "Non psicanalizzarmi!" " Non *psicologizzarmi* !"

Psicologizzare (v.):

Analizza o considera in termini psicologici, soprattutto in modo disinformato.

Teorizza o specula sulla psicologia di qualcuno.

L'analisi psicologica è interessante, ma la psicologizzazione no. Qual è la differenza?

Quando qualcuno dice: "Non psicologizzarmi" o "Non psicanalizzarmi", sta dicendo che non si dovrebbe, non semplicemente che preferirebbero che tu non lo facessi. Implicano un divieto morale di teorizzare o speculare sulla loro psicologia. E perché qualcuno potrebbe volere un tale divieto? Probabilmente quel po' di farlo in modo disinformato.

Disinformato su cosa: idee in psicologia? Può essere. Ma più probabilmente, non è stato informato su come si sente veramente quella persona:

"Non psicologizzarmi. Non sai come mi sento! Ti dirò come mi sento. Non fingere di sapere meglio di me come mi sento! "

Conosciamo sempre i nostri sentimenti meglio di quanto li conoscano gli altri? Esempi che dicono il contrario sono facili da trovare: il ragazzo che pensa di essere arrabbiato quando ha paura; la donna che si convince di essere calma quando è agitata; o il leader che afferma solo di stare attento ai suoi concittadini (e forse ci crede anche) anche se le sue azioni sembrano molto più egoiste. Sarebbe bello se potessimo rivendicare l'ultima parola sui nostri stati psicologici, ma a quanto pare non possiamo.

Se non noi, allora chi? Gli osservatori esterni hanno l'ultima parola su come ci sentiamo? Certamente no. Hanno una prospettiva diversa ma potrebbero non essere meno prevenuti. Tutti noi formiamo le nostre impressioni individuali, e poi è la tua parola contro la nostra. Sentiamo la ricerca dell'ultima parola sull'analisi psicologica nell'uso di "solo":

- "Stai solo sulla difensiva."
- "Sei solo geloso."
- "Sto solo cercando di aiutare."
- "Sono solo onesto."
- "Ignora tutte le altre possibilità. Questa è l'unica vera spiegazione possibile ".

Può darsi che non venga mai bene condividere la tua opinione sui sentimenti e le motivazioni degli altri. È per questo che dicono che le persone nelle case di vetro non dovrebbero lanciare pietre. La gente semplicemente nega la vostra analisi, o ritorsione analizzando *voi*. Poi aumenterai: li chiamerai per le loro motivazioni e loro ti chiameranno per le tue ... e avanti e indietro andrai avanti e indietro senza fine se non l'esaurimento, circondato da un sacco di vetri rotti.

Tuttavia, vale la pena chiedersi: qual è l'alternativa? *Non* chiedersi e indovinare i sentimenti e le motivazioni dell'altro sembra fuori questione. Potrebbe essere diplomatico non menzionare mai quello che stiamo indovinando, ma rasenta il paternalismo, come se gli altri fossero troppo sensibili per ascoltare le nostre ipotesi. Ma poiché uno che tende a psicologizzare ad alta voce troppo spesso, ecco alcune linee guida con cui bisogna cercare di vivere:

1. **Non è scienza missilistica.** Newton ha detto: "Posso calcolare i movimenti dei corpi celesti, ma non la follia delle

persone". La psicologia non è scienza missilistica. È *più difficile, più difficile* da fare con qualsiasi tipo di precisione, comunque. Quando speculi, specula. Non fingere di avere un potere di calcolare maggiore di quello di Newton.

2. **Avvertimento in modo pulito.** Se ti trovi nel territorio delicato di dire alle persone cosa pensi possa succedere loro, fagli *sapere* che è un'ipotesi attraverso avvertimenti come "Penso che forse ...", "Mi chiedo se ...", o "Mi sembra ..."

3. **Fai attenzione ai peggiorativi e quando li usi, non fingere di non esserlo.** Anche molti termini dal suono clinico sono peggiorativi. Prendi *narcisista*, ad esempio, un termine sia diagnostico che offensivo. Oppure si consideri i famosi "quattro cavalieri dell'apocalisse (di una relazione)" di John Gottman: critica, disprezzo, ostruzionismo e atteggiamento difensivo. Si può affermare che questi sono semplici termini descrittivi per variabili indipendenti che conducono al fallimento del matrimonio. Ma prova a descrivere il tuo coniuge che utilizza una di queste quattro tecniche. In realtà, non farlo; prova a trovare parole più neutre. E se non puoi, allora non fingere che non abbiano connotazioni peggiorative.

4. **Non avvertire in modo sporco.** Parenti prossimi a parole come "solo" sono piccoli preamboli che pensiamo possano addolcire quanto segue: "Non voglio essere critico, ma penso che tu stia procrastinando"; o, "Con tutto il rispetto, penso che tu stia mentendo. " Non è credibile avvertire in questo modo; è offensivo. Se vuoi dire: "Con tutto il rispetto ...", seguilo con "... ti lascio decidere se ti sto mostrando il dovuto rispetto". Non pensare di poter requisire l'interpretazione di qualcun altro.

5. **Assumi mentre servi.** Sporchi avvertimenti rivelano un doppio standard: "Ti racconterò tutto sulle tue motivazioni, ma non osare provare a dirmi le mie. *Ti* dirò anche il mio. " In generale, se non puoi accettare altre persone che ti psicologizzano, non psicologizzarle, almeno non ad alta voce.

6. **Lancia due pietre.** Quando lanci una pietra in un'altra casa di vetro, lanciala anche a modo tuo. Troppo spesso, quando indoviniamo criticamente le motivazioni l'uno dell'altro, la prima

cosa che ci sfugge di mente è il ricordo di ogni cosa che abbiamo fatto, qualunque cosa noi critichiamo nei loro confronti. Dobbiamo contrastare attivamente questa tendenza, non con un vago "Certo, lo faccio anch'io", ma con il ricordo di momenti specifici in cui l'abbiamo fatto a palate.

7. **Riduci al minimo i salti.** Ci saranno momenti in cui dovrai saltare a una conclusione sulle motivazioni e sui sentimenti di qualcuno; ad esempio, se trovi prove che il tuo coniuge sta tradendo o il tuo partner in affari si sta appropriando indebitamente. In tali situazioni, il salto è appropriato. Hai bisogno della sua urgenza per il controllo dei danni; ad esempio, bloccare i conti bancari prima di essere ulteriormente rimossi. Altrimenti, saltare è pericoloso e probabilmente un'espressione di paura e altre emozioni distorcenti in te, che non riflette un cambiamento improvviso nella psicologia della persona che stai analizzando.

8. **Parlare alla tua mente è facoltativo.** Questo è sempre stato difficile, motivo per cui si studisno gli amici che si mordono la lingua. Possiamo pensare quello che vogliamo e possiamo fare tutte le ipotesi che vogliamo su ciò che spinge le persone. Ma non dobbiamo condividere quelle ipotesi, e quando lo facciamo, probabilmente è più "nota a noi stessi" che a loro. Se dovessimo psicologizzare le nostre motivazioni, diremmo che le condividiamo in parte perché non confidiamo che saremo in grado di resistere all'influenza delle loro motivazioni a meno che non le chiamiamo su di esse.

UN ESEMPIO

James (non è il suo vero nome) era un fumatore accanito, quindi dovevamo uscire dall'edificio per avere la lunga conversazione che speravo.

Avevo contattato James, un esperto interrogatore, perché ero un ufficiale dell'intelligence interessato a saperne di più sul rilevamento degli inganni. Mentre passeggiavamo in una zona erbosa sul lato sud della struttura della costa orientale, ho chiesto a James se pensava fosse possibile dire se un prigioniero stesse mentendo.

Ha preso una boccata d'aria profonda mentre considerava la mia domanda. "Bene," disse, con un debole sorriso sulle sue labbra, "più o meno."

Il mio respiro sembrava fumo di sigaretta nell'aria mattutina di febbraio quando ho chiesto: "Più o meno?"

Altri sbuffi, seguiti da un rituale in cui James lasciava cadere la sua sigaretta mezza fumata e la macinava sotto il tallone mentre ne accendeva un'altra. Mentre lo guardavo, mi è venuto in mente che stavo interrogando un interrogatore che non apprezzava essere interrogato. Quindi, insolitamente, ho aspettato pazientemente una risposta.

"Tutti noi [interrogatori] abbiamo certi 'indizi' a cui teniamo d'occhio", disse James, guardandomi di traverso attraverso una nuvola di fumo. "Cerchiamo, sai, movimenti degli occhi, troppa agitazione, troppa poca irrequietezza, cambiamenti nel tono della voce, incoerenze nelle linee temporali, postura. Ma sono arrivato a dubitare di queste cose, almeno quando sono io a fare le domande.

"Quello che mi piace fare ora è guardare qualcun altro porre domande a un detenuto. Ma non guardo il prigioniero. Guardo l'ufficiale che fa le domande. Il modo in *cui* reagisce alle *risposte* mi dice più di come reagisce il *detenuto* alle *domande*. ".

Ho chiesto: "Vuoi dire che l'interrogatore è una specie di diapason che risuona con le vibrazioni di un prigioniero, e cerchi vibrazioni d'inganno?"

"Più o meno", ha risposto. "Non posso dirti esattamente cosa sto raccogliendo, ma ho finito per fidarmi delle mie percezioni. Il fatto è, tuttavia, quando ho chiesto agli agenti se erano consapevoli di cambiare il loro comportamento quando pensavano che un ragazzo stesse mentendo, si sono offesi, perché, sai, non dovrebbero telegrafare ciò che pensano ".

Detto questo, James lanciò la sua sigaretta e tornò al caldo dell'edificio. L'interrogatorio dell'interrogante era terminato.

Anche se James ha lavorato con i criminali, la sua intuizione del "diapason" può aiutarti a fare un lavoro migliore nel leggere le persone comuni leggendo te stesso. Esatto: se vuoi capire il linguaggio del corpo di un'altra persona, inizia concentrandoti sul tuo linguaggio del corpo mentre interagisci con quella persona.

È abbastanza ovvio quando alcuni sorrisi siano forzati o genuini.

Sebastian Korb e colleghi dell'Università del Wisconsin hanno potuto prevedere in modo affidabile se i soggetti del test stavano visualizzando un sorriso falso o autentico semplicemente leggendo i dati elettromiografici (EMG) dei muscoli facciali dei soggetti.

Secondo la teoria dell'emozione di James-Lange e idee più recenti come la teoria dei marker somatici di Antonio Damasio, i muscoli facciali non si contraevano perché ti sentivi più felice guardando il sorriso genuino, ma esattamente l'opposto: le contrazioni muscolari che imitano sono avvenute per prime, innescando le tue sensazioni piacevoli.

La ricerca sui neuroni "specchio" nella corteccia motoria dei primati, insieme a studi elettromiografici di soggetti che osservano il comportamento degli altri, suggeriscono che le piccole contrazioni muscolari associate alla mimica inconscia si verificano di routine quando osserviamo il comportamento di altre persone, comprese le espressioni facciali, i gesti, andatura e persino manipolazione di oggetti.

È logico, quindi, che possiamo leggere meglio le emozioni delle altre persone prestando maggiore attenzione alle sensazioni fisiche nel nostro corpo.

Come abbiamo sottolineato in precedenza, concentrarsi sulle sensazioni fisiche può essere un modo migliore per sapere cosa stiamo realmente provando piuttosto che inventare direttamente i nostri sentimenti, perché il nostro cervello sociale si è evoluto per sopprimere sentimenti verso gli altri, in particolare emozioni negative.

La linea di fondo è che il tuo *corpo* può essere un diapason migliore per capire le emozioni delle altre persone rispetto alla tua mente.

La prossima volta che è davvero importante leggere un'altra persona - ad un appuntamento, un colloquio di lavoro, una trattativa o un incontro con il tuo capo, pratica la *consapevolezza sensoriale* (chiamata anche " consapevolezza ") per concentrarti meglio sul tuo corpo. La tecnica è semplice:

1. Fai alcuni respiri profondi, trattienili per 30 secondi, quindi espira.

2. Partendo dai piedi, esegui uno "scanner" immaginario lungo il tuo corpo, notando le sensazioni ai tuoi piedi, polpacci, cosce, addome, braccia, petto, gola, muscoli del collo e viso. Queste sono quelle che noi chiamiamo "sensazioni di base".

3. Ripeti l'esercizio un paio di volte finché non pensi di poter ricordare la tua "linea di base". (Questo esercizio è utile a molti livelli, uno dei quali è quello di rivelare la tensione cronica in alcune parti del corpo).

Ora sei pronto per essere un "diapason". Nelle situazioni in cui è importante leggere l'altra persona, fai un paio di respiri profondi e ripeti periodicamente la scansione immaginaria del tuo corpo, cercando partenze dalla tua linea di base. Questo richiede un po' di pratica perché normalmente ci concentriamo su altre persone quando interagiamo con loro. Ma sarai sorpreso di quanto velocemente riuscirai a farcela.

Possiamo dirti per esperienza personale che la tecnica funziona davvero.

E questo è l'aspetto chiave per leggere altre persone: i nostri corpi possono dirci cosa sta realmente accadendo, non cosa vogliamo che succeda.

CONCLUSIONI

Avete mai guardato qualcuno e pensare di averlo capito proprio da quello sguardo? Avevi ragione? O ti sei sbagliato su qualche aspetto della loro personalità? Che tu avessi ragione o torto, hai appena provato a leggere qualcuno, che è un'abilità che la maggior parte di noi vorrebbe avere. Dopotutto, se riesci a capire quando il tuo capo è di buon umore, sai quando chiedere un aumento, giusto? Quando sai che i tuoi genitori sono di cattivo umore, non è il momento di dir loro che hai graffiato la macchina. Si tratta di sapere cosa significa leggere le persone e come funziona.

Quando guardi qualcuno e senti di poter giudicare se è di buon umore o di cattivo umore, se è una persona simpatica o cattiva o qualsiasi altra cosa, le stai leggendo. In generale, leggere qualcuno significa dargli un'occhiata (e non deve essere solo una rapida occhiata) e sapere qualcosa su di lui senza che lui dica nulla. È una sensazione che provi guardandoli e osservando il modo in cui stanno, il modo in cui si guardano intorno, il modo in cui si muovono. Ci sono alcune caratteristiche diverse che potrebbero giocare nella tua opinione e comprensione di esse, ma la cosa più importante è che non ti hanno detto esplicitamente qualunque cosa sia.

Molte persone lanciano un'occhiata superficiale a qualcuno e credono di sapere qualcosa. Pensi a te stesso "oh, sembrano amichevoli" o "wow, sembrano sconvolti". Queste sono opinioni e pensieri istintivi che abbiamo non appena vediamo una persona. Quando iniziamo a parlare con loro, potremmo giungere a nuove conclusioni o persino mentre li guardiamo dall'altra parte della stanza. Forse non parli mai con quella persona, ma hai pensieri e idee sul tipo di persona che si basano su ciò che hai visto di loro. Li stai leggendo e se hai ragione o torto è un punto secondario.

PERCHÉ LEGGERE LE PERSONE È IMPORTANTE?

Perché dovresti preoccuparti anche di leggere le persone? Bene, ci sono diversi motivi per cui questa può essere una buona abilità. In primo luogo, a un livello più elementare, ti consente di sapere come dovresti avvicinarti a qualcuno. Se sembrano amichevoli, potresti essere più disposto ad avvicinarti con un sorriso e un saluto amichevole. Se sembrano infelici, potresti essere più propenso ad avvicinarti con una ragione piuttosto che fermarti a salutarlo. Se un amico sembra turbato, puoi chiedere loro cosa sta succedendo o cosa è successo. Capire come si sentono solo da una rapida occhiata può aiutarti ad anticipare qualunque cosa stia succedendo proprio in quel modo, e meglio diventi con l'abilità, meglio sarai nel parlare con le persone.

Se non sai come leggere le persone, potresti finire per interpretare qualcosa che fanno o un'azione o un'espressione facciale in modo errato, e potresti iniziare a presumere cose su una persona che non sono accurate. Forse vedi la loro faccia e pensi che sia una persona arrabbiata in generale quando è solo turbata per una situazione. Forse pensi che sembrino poco amichevoli, ma sono solo frustrati da qualcosa che sta accadendo intorno a loro. Imparando a leggere meglio, sarai in grado di migliorare la tua vita in molti modi.

Leggere le persone può aiutarti a sapere a chi avvicinarti con quella nuova fantastica idea (e quando avvicinarti) e da chi dovresti stare alla larga. Ti consente anche di sapere come presentare loro qualcosa, sia da un punto di vista fattuale che più divertente e creativo. Prima che tu te ne accorga, leggere le persone sarà per te una seconda natura se lo pratichi abbastanza spesso. E ciò che è ancora meglio è che probabilmente lo hai fatto per tutta la vita e non ci hai nemmeno pensato. Questo perché è qualcosa che anche i bambini proveranno di tanto in tanto, senza sapere quanto sia importante.

LEGGERE LE PERSONE DALL'INFANZIA

Quando eri bambino ti sei mai seduto su una panchina al parco o in veranda e guardavi le persone che passavano? Probabilmente l'hai fatto ad un certo punto, anche se è stato solo per pochi minuti. E poi guardi le persone e crei storie. Se stanno portando a spasso un cane, forse sono un dog sitter mentre si recano al parco. Se stanno portando una valigetta e camminano velocemente, sono in ritardo per una grande riunione (ovviamente quell'incontro potrebbe essere stato con gli alieni nella tua giovane mente, ma hai un'idea generale). Hai già interpretato ciò che vedi di qualcuno per creare una storia su di loro.

Invecchiando, usi gli stessi tipi di abilità per iniziare a leggere le persone ancora di più (e un po' più accuratamente). La tua comprensione delle espressioni facciali e della postura inizia a svilupparsi un po' di più e prima che te ne accorga puoi guardare qualcuno e sapere immediatamente cosa sta provando (almeno, la maggior parte delle volte). Tutto ciò che serve è un po' di coltivazione per le tue abilità d'infanzia e prima che tu te ne accorga sei sulla strada per un maggiore successo nella tua vita adulta.

A PARTIRE DALLE PERSONE CHE CONOSCI

Può essere più facile iniziare a leggere le persone che conosci prima di passare agli estranei. Queste sono persone di cui sai già cose, e quando le guardi, probabilmente puoi vedere cose che mostrano quei tratti. Se il tuo migliore amico è molto frizzante e amichevole con tutti, probabilmente puoi guardarlo e cogliere quel tratto. Prendi l'iniziativa e guardali, guarda cosa hanno in loro che mostra agli altri che sono frizzanti e amichevoli e poi cerca quei tratti nelle altre persone intorno a te.

Lo stesso vale per una varietà di tratti diversi. Imparando cosa cercare da persone che già sai possiedono quei tratti, ti stai preparando ancora meglio per il successo. Imparerai cose diverse che rivelano qualcosa su una persona e lentamente sarai in grado di arrivare ad alcuni dei fatti e delle caratteristiche più oscuri delle persone con questo metodo. Inoltre, non avrai problemi a lavorare nemmeno con perfetti sconosciuti. I tuoi amici e parenti sono la parte facile. Quando puoi leggere il tuo capo e sapere quando chiedere quell'aumento sarà difficile.

OTTENERE AIUTO PER LEGGERE LE PERSONE

Leggere le persone è un'abilità importante da imparare. Per la maggior parte delle persone, probabilmente si considera uno scenario del tipo "prendi o lascialo", giusto? Immagina che se riesco a leggere le persone allora bene, ma se non posso ... beh, non è stato fatto nulla di male, giusto? Bene, la verità è che leggere le persone ti aiuta molto nella tua vita e ti aiuta anche a essere una persona migliore, motivo per cui è un'abilità molto importante da avere, sia che tu abbia una comprensione rudimentale o più ampia.

Se non capisci come leggere le persone, è un'abilità che puoi sicuramente imparare. È qualcosa su cui puoi lavorare per te stesso semplicemente tornando a quei giorni d'infanzia in cui creavi storie per le persone che passavano. Ma è anche qualcosa su cui puoi costruire ulteriormente se t'impegni. La chiave è assicurarti di non smettere e di non rinunciare ai progressi che stai facendo. Potresti essere sorpreso di quanto puoi imparare in un breve lasso di tempo se ti sposti su queste abilità, anche a partire da persone che già conosci.

Per coloro che non sono sicuri da dove iniziare o come lavorare sulla lettura delle persone, è completamente possibile ottenere un aiuto professionale con il processo.

Questo libro ti dà le basi e i preconcetti per poter cominciare in modo efficiente e davvero positivo.

I passi più grandi saranno poi la percezione dettata dall'esperienza e l'acume che puoi limare con tanta pratica: hai già tutti gli strumenti per analizzare le persone in modo ottimale.

Lightning Source UK Ltd.
Milton Keynes UK
UKHW020009101122
411940UK00005B/76